工业和信息产业职业教育教学指导委员会“十二五”规划教材
高等职业教育财经类规划教材

理财产品营销实务

陈红玲 主编
陈小波 徐宣全 孙春华 副主编
李忠波 主审

電子工業出版社
Publishing House of Electronics Industry
北京 • BEIJING

内 容 简 介

本课程是投资理财专业的优质核心课程，直接对应商业银行个人理财工作岗位。

全书分为 8 个项目共 25 个模块，主要内容包括银行理财产品的营销、理财产品营销流程、理财产品营销环境分析、客户行为分析、理财产品市场调研与目标、理财产品营销策略及营销技巧、理财产品的网络营销。

本书可以作为高职高专院校投资理财、市场营销及相关专业的教材，也可供相关从业人员参考使用。

图书在版编目（CIP）数据

理财产品营销实务/陈红玲主编. —北京：电子工业出版社，2014.2
高等职业教育财经类规划教材
ISBN 978-7-121-19363-7

Ⅰ. ①理… Ⅱ. ①陈… Ⅲ. ①金融产品－市场营销学－高等职业教育－教材 Ⅳ. ①F830.9

中国版本图书馆 CIP 数据核字（2012）第 311863 号

责任编辑：张云怡
印　　刷：北京京华虎彩印刷有限公司
装　　订：北京京华虎彩印刷有限公司
出版发行：电子工业出版社
北京市海淀区万寿路 173 信箱　邮编 100036
开　　本：787×1 092　1/16　印张：14.75　字数：378 千字
版　　次：2014 年 2 月第 1 版
印　　次：2018 年 1 月第 2 次印刷
定　　价：31.00 元

凡所购买电子工业出版社图书有缺损问题，请向购买书店调换。若书店售缺，请与本社发行部联系，联系及邮购电话：（010）88254888，88258888。

质量投诉请发邮件至 zlts@phei.com.cn，盗版侵权举报请发邮件至 dbqq@phei.com.cn。

本书咨询联系方式：（010）88254573，zyy@phei.com.cn。

前言

为了适应高职高专教学改革和课程改革的需要，以及浙江省省级示范院校的建设，特别是省级重点专业投资与理财专业作为本次示范校重点建设项目，共开发了 8 门课程和教材，本教材是其中之一。

本书具有 3 个特色：

1．教学内容实现校企共建、校校共建。课程标准、课程设计以及能力的提炼均通过与招商银行宁波分行、临商银行合作，通过召开专家会议、到商业银行考察、专家来校座谈、专家具体修改等形式，实现校企间的合作；通过召开专业建设研讨会、与专家座谈、上门拜访等形式与宁波大学商学院、宁波城市学院进行沟通与共建，实现校际间的合作。

2．以项目内容为主线，通过项目驱动完成工作任务。课程建设全部采用项目建设法，穿插其他教学模式和方法。

3．课程设置与商业银行的理财客户经理岗位相匹配，学生通过本课程可以直接上岗，无须再培训。同时，也可以胜任其他金融机构如证券公司、保险公司的理财岗位。

课程目标定位：

本课程主要面向银行营业部的理财顾问、客户服务等岗位，依据上述岗位的理财产品营销工作任务（兼顾理财师资格要求）开发，目标是培养合格的银行理财营销从业者（理财营销服务能力强，拥有理财师资格证书），服务地方金融业发展。中远期目标是培养银行高级理财顾问和财富中心主任等。

课程教学内容：

本课程以职业教育项目课程理论为指导，基于理财产品营销工作任务，兼顾理财师资格的考试要求，开发了 8 个项目。

课程教学方法：

本课程采用项目教学模式。

1．任务分析与说明，教师说明模块的目标与任务。

2．制订计划，学生以项目任务书为依据，以不超过 8 人的小组为单位，商讨完成任务的分工和步骤，教师指导。

3．实施计划，各小组按照分工和步骤共同完成项目任务书，教师指导。

4．检查评估，学生组内自查，每组学生代表（每次课要轮流）上台汇报交流，教师点评学生任务完成情况，教师讲解理论知识，最后给出成绩。

5．总结和归档，学生自己动手将项目任务书、课后练习和任务以及能力自评表装订成册，教师分析总结并做出评价。

本教材由陈红玲提出编写计划、制定大纲并完成主要编写工作，书稿由宁波大学商学院李忠波先生审阅，招商银行宁波分行高级理财师陈小波先生对本稿提出了宝贵意见。本书由陈红玲主编，陈小波、徐宣全、孙春华副主编。

在写作过程中，作者参阅了大量文献资料，在此向一并向其作者表示感谢。由于时间仓促，书中难免存在错误和不当之处，恳请广大读者批评、指教。

目录

项目一

理财产品与银行理财产品营销

学习目标

掌握理财产品的含义、特征；了解理财产品的开发过程；了解理财产品的生命周期；掌握理财产品的类别；掌握理财产品营销的含义和特点；掌握理财产品营销的内容。

模块一 理财产品的含义及特征

【能力目标】 能正确辨别理财产品的概念和特征，能理解理财产品的开发过程和理财产品的生命周期，通过网络增强对理财产品的感性认识。

【活动目标】 通过分析、对比不同理财产品、掌握理财产品的含义、特征以及理财产品的开发和生命周期理论。

基本知识

一、关于金融产品

1. 金融产品的定义

金融产品（Financial Products）如股票、期货、期权、保单等就是金融资产（Financial Assets），也叫金融工具（Financial Instruments）或有价证券（Securities）。

金融产品指的是各种具有经济价值，可进行公开交易或兑现的非实物资产，也叫有价证券，如现金、汇票、股票、期货、债券、保单等。比如，我们可以用现金购买任何商品，包括金融产品；我们可以到银行承兑汇票（变成现金）；我们可以在相应的金融市场任意买卖（交易）股票、期货等；我们持有的债券、保单等到期可以兑现（变成现金）。

例如，张三前年看好股市，变卖房产用三百万元现金购买了股票，如今他的股票市值还不到两百万元，为了避免更大的损失，张三决定变卖股票购入保险。通过这个例子我们可以看到价值在不同的金融产品中转变和存在。

2. “一物四名”

所谓“一物四名”指的是同样的金融产品，根据不同的使用者，不同的目的，不同的作用等，有四种不同的名字，即金融产品、金融资产、金融工具和有价证券。以股票为例，对市场而言，股票是金融产品；对发行者而言，股票是融资的工具；对交易者而言，股票是投资或投机获利的工具；对公司财务而言，股票是金融资产或有价证券。至于说如何称谓一个金融产品更为合适，要看其内涵和具体情况。

3. 金融产品的产生

金融及其产品既不是天上掉下来的，也不是固有的。金融、金融市场、金融产品犹如一粒树种，在合适的土壤和时空中，随着人类社会的发展逐渐成长起来。金融产品是金融社会的产物；金融社会是在农业社会、工业社会的基础上逐渐发展起来的；金融产品是由农业产品、工业产品衍生而来的。

金融及其市场和产品并非虚拟也不应该是虚拟的。金融产品应由实物资产演变而来。事实上，绝大多数的金融产品都是由实物资产演变而来的。以股票为例，长城有限责任公司将其 1 000 万元实物资产通过资产证券化变为拥有 1 000 万元股票的股份制企业。这样，长城公司就拥有了金融资产或金融产品。以后该公司和金融机构还可以将股票进一步演变为股票期权、期货等。

4. 金融产品的分类

金融看似变化无常、错综复杂，因此，金融产品的划分也是多种多样，现简述如下。

首先，金融发展是一环扣一环、循序渐进的，因此金融产品可分为基础证券（如股票、债券等）和衍生（高级）证券（如期货、期权等）两大类；其次，根据所有权属性，金融产品又可分为产权产品（如股票、期权、认股证等）和债权产品（如国库券、银行信贷产品等）两大类。前者是产权关系，后者是债权关系。再者，根据预期收益判断，金融产品又可分为非固定收益产品（如股票、期权、基金等）和固定（也叫结构型）产品（如各种债券和信贷产品）。最后，根据时间长短，风险程度和交易场所等，金融产品又可分为短期产品、长期产品、低风险产品、高风险产品、货币（市场）产品和资本（市场）产品等多种类别。

5. 金融产品的创新

金融创新涵盖了对全能制度、机构、产品、市场结构等多方面创新，其中产品创新是核心内容。现代商业银行的竞争实质是产品竞争，产品优劣决定客户和市场，创新能力决定银行竞争能力。金融产品创新既可以为投资者提供风险管理的手段，成为企业管理财务、扩大融资渠道的工具，同时也可能引发系统性风险。

二、理财产品的概念

理财产品也称理财工具，是理财市场的交易对象。理财产品不同于一般工商企业的产品。亚瑟·梅丹将理财产品定义为：以特定市场为目标，由一种理财服务企业为用户所提供的一整套服务。

人民币理财产品，即由商业银行自行设计并发行，将募集到的资金根据产品合同约定投入相关金融市场及购买相关金融产品，获取投资收益后，根据合同约定分配给投资人的一类理财产品。

理财产品由核心产品、形式产品与扩展产品（附加产品）三个基本层次组成。

1. 核心产品

核心产品即利益产品，理财产品提供给客户的基本利益或效用，是顾客希望得到的主要服务，居于最中心地位。

2. 形式产品

形式产品是理财产品的具体形式，体现核心产品的外部特征以满足不同消费者的需求。

3. 扩展产品

扩展产品即附加产品，理财产品在满足顾客的基本消费需求之外，为顾客提供更多的服务与额外利益，这是理财产品的延伸与扩展。

三、广义理财产品组合

广义的理财产品是指，理财服务企业向市场上顾客提供的一切服务，包括存款、贷款、转账结算、财务管理等。

广义的理财产品组合是在基本的产品组合中包含了顾客对理财营销过程的感知，如图 1.1 所示。

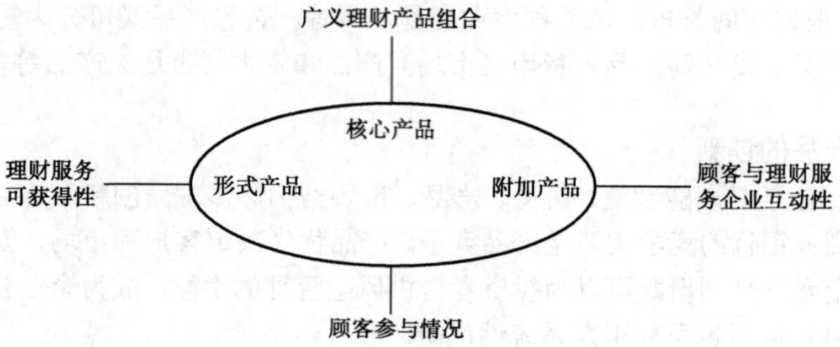

图 1.1　理财产品组合

四、理财产品的特征

理财产品一般具有以下特征：

（1）无形性。顾客在购买理财产品时无法看到，也无法感觉到，只能通过文字、数据等方式进行交流。

（2）不可分割性。理财产品的提供与服务的分配具有同时性，两者不能分开。

（3）累加性。获得理财产品的客户可以享受多种多样的理财服务。

（4）差异性。理财产品的质量因地、因人而异。

（5）易模仿性。理财产品容易被模仿，且模仿速度快。

（6）季节性。理财产品的需求因时间而异，体现出较强的季节性特征。

（7）增值性。人们购买理财产品的主要目的是期望所投入的资金带来超额回报。

优良理财产品应具备以下条件：

（1）保证投资者投资的安全性。

（2）有适当的利息率，能够为筹资人和投资人双方接受。

（3）流动性。

五、理财产品的开发和生命周期

1. 理财产品的开发

（1）新产品的概念。在生产销售方面，只要产品在功能或形态上发生改变，与原来的产品产生差异，甚至只是产品从原有市场进入新的市场，都可视为新产品；在消费者方面，则是指能进入市场给消费者提供新的利益或新的效用而被消费者认可的产品。

按产品研究开发过程，新产品可分为全新产品、模仿型新产品、改进型新产品、形成系列型新产品、降低成本型新产品和重新定位型新产品。

新产品有技术驱动型、市场拉动型两种开发模式。

（2）新产品开发程序如图 1.2 所示。

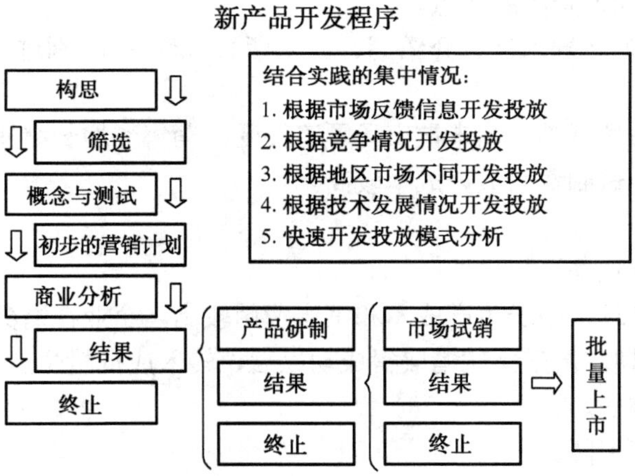

图 1.2　新产品的开发程序

（3）作为金融产品创新的银行理财产品开发，具有较高的技术含量，并有自己鲜明的特点。

首先，银行现有的品牌声誉或网点规模越大，就越能降低理财产品的新增营销费用，并扩大其市场占领份额。

其次，银行需具有丰富的金融经验和知识积累，方能在金融市场上为客户（投资者）设计和挑选出低风险、高收益的产品。这是因为金融机构对某一金融工具的开发或者对统一产品开发平台和定价系统的打造，需要经济、营销、统计、IT 技术以及法律等多种知识的有机集成。而这需要组织内部的长期积累和磨合，绝非一日之功所能形成。

最后，银行现有信贷规模与其对新产品的开发能力紧密相关。如对某类贷款的发放次数越多，银行通过统计就越能精准地掌握该类贷款的违约规律和客户需求特征，因而就越有助于银行为客户推出量身定做的理财产品。

2. 理财产品的生命周期

（1）生命周期的概念。理财产品生命周期是指某一产品从进入市场开始到最终退出市场的全部过程所经历的时间，包括引入期、成长期、成熟期、衰退期，如图 1.3 所示。

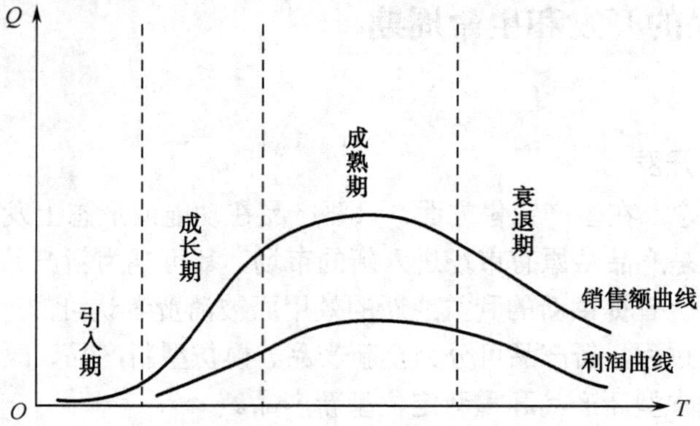

图 1.3　产品生命周期

（2）产品生命周期各阶段的特点。

第一阶段，引入期（导入期、介绍期、诞生期），指产品刚刚进入市场，处于向市场推广介绍的阶段。

① 产品刚进入市场试销，尚未被市场顾客接受，销售额增长缓慢。

② 生产批量小，试制费用大，成本较高。

③ 销售费用高。

④ 一般没有同行竞争。

⑤ 产品刚进入市场，由于生产成本和销售费用较高，企业在财务上往往是亏损的。

第二阶段，成长期，新产品试销取得成功以后，转入成批量生产和扩大市场销售阶段。

① 销售量迅速增长。

② 产品成本显著下降。

③ 销售成本大幅度下降。

④ 利润迅速上升。

⑤ 市场开始出现竞争者。

第三阶段，成熟期，指产品进入大批量生产，而在市场上处于竞争最激烈的阶段。

① 销售量达到最高点。

② 利润也达到最高点。

③ 市场竞争十分激烈。

④ 销售增长率趋于零，甚至会出现负数。

第四阶段，衰退期，指产品已逐渐老化，转入产品更新换代的新时期。

① 已有新产品开始进入市场，正在逐渐代替老产品。

② 市场销售量日益下降。

③ 市场竞争突出地表现为价格竞争，致使价格不断被迫下降。

（3）产品生命周期理论的意义。

① 产品生命周期理论揭示了任何产品都和生物有机体一样，有一个诞生—成长—成

熟一衰亡的过程，所以应不断创新，开发新产品。

② 借助产品生命周期理论，可以分析判断产品处于生命周期的哪一阶段，推测产品今后发展的趋势，正确把握产品的市场寿命，并根据不同阶段的特点，采取相应的市场营销组合策略，增强企业竞争力，提高企业的经济效益。

③ 产品生命周期是可以延长的。

活动练习

1. 选择一家银行的网站，调查了解其理财产品的种类。
2. 结合案例分析理财产品生命周期规律有何意义？

案　例

2007 年下半年以来，各个银行推出理财产品的速度明显加快，理财周期已经从原来的一年、两年，缩短到了一个月甚至三五天。尤其到了每年的 11 月、12 月，每个月市场上的产品都有十几款。专家建议，通过购买收益高的理财产品，不仅能完全弥补因为几次调息带来的成本增加，还能通过合理配置赚取收益差。

新股理财产品的投资时间也明显缩短，从之前的半年、一年，缩短到现在的几天。目前股市调整特征明显，大部分资金还是在场外寻求稳定的回报，所以各家银行都加快了打新股产品推出的速度。这有两个原因：一是市民的很多资金从股市回流，二是这些理财产品过去的收益表现让大家尝到了甜头。

模块二　银行理财产品的分类

【能力目标】　能辨别理财产品的分类。

【活动目标】　通过对银行理财产品分类的学习，掌握和辨别银行理财产品。

一、银行理财产品概念

银行理财产品是指商业银行在对潜在目标客户群分析研究的基础上，针对特定目标客户群开发设计并销售的资金投资和管理计划。在理财产品的这种投资方式中，银行只是接受客户的授权管理资金，投资收益与风险由客户或客户与银行按照约定方式承担。

就目前市场上理财产品来看，除了投资门槛外，对公理财产品与个人理财类产品区别不大。一般根据本金与收益是否保证，将银行理财产品分为保本固定收益产品、保本浮动收益产品与非保本浮动收益产品三类。另外按照投资方式与方向的不同，新股申购类产品、银信合作产品、QDII 产品、结构型产品等，也是我们经常听到和看到的。

二、银行理财产品分类

银行理财产品近些年来在我国发展势头迅猛，在类型上也可以说是丰富多样，有人民币理财、外币理财、保本保收益理财、保本浮动收益理财等，在期限上从 7 天到 3 个月、6 个月、1 年、2 年不等，从各个方面满足了客户的投资需求。具体说来，我国的银行理财产品有两种分类方式。

第一种，按标价货币分类，银行理财产品分为外币理财、人民币理财和双币种理财三类。

所谓外币理财，就是指只能用除人民币以外的外国货币来购买的理财产品。外资银行在外币理财的发行上表现十分活跃，这主要是由于外资银行拥有得天独厚的优势，对外国市场比较了解，且产品创新能力较强。外币理财按币种的不同，又可分为美元理财产品、欧元理财产品、澳元理财产品等。其中，2013 年以来，受澳洲加息政策的影响，相比其他外币理财而言，澳元理财产品的收益率也表现出了明显优势。2013 年 2 月，3 个月期的澳元理财产品平均年预期收益率为 2.55%，6 个月期的收益率为 5.2%。而 3 个月期美元理财产品的平均年预期收益率为 1.06%，6 个月期的收益率为 2.1%。外币理财给投资者提供了一个投资海外市场的渠道，但是，这需要投资者在购买外币理财时，对其产品设置及投向市场有一个清楚地了解，否则，投资者很可能血本无归。

人民币理财，是指只能用人民币购买的理财产品。人民币理财产品虽然起步晚于外币理财，但近年来发展势头迅猛。这一方面反映了投资者对中国经济发展的积极预期，另一方面也反映了中资银行已经逐步认识到理财销售这块“大蛋糕”的吸引力，积极投入到理财产品的开发和销售中去。目前，我国的人民币理财根据投资方向的不同，分为债券型、信托型、新股申购型和 QDII 型。例如，债券型人民币理财产品是指主要投资于国债、央行票据、政策性金融债等产品。由于其投资标的主要为信用等级较高的债券、短期货币工具等，因此是风险最低的银行理财产品之一。表 1.1 为人民币理财产品分类。

表 1.1　人民币理财产品分类

产品类型	产品介绍	产品特点	适合投资人群
债券类产品	主要投资于国债、央行票据、政策性金融债等非信用类工具，也投资企业债、企业短期融资券、资产支持证券等信用类工具	投资标的风险较低，收益比较固定	一种是投资风格较保守的投资者，可以低风险获得比定期储蓄高的收益，另一种是做了投资组合的投资者，可用此类产品降低组合风险
信托类产品	投资于商业银行或其他信用等级较高的金融机构担保、回购的信托产品或商业银行优良信贷资产收益权信托产品	虽然产品不保本，但产品收益较为稳定，风险相对较小	适合追求高收益，有较强风险承受能力的投资者

续表

产品类型	产品介绍	产品特点	适合投资人群
结构性产品	以拆解或组合衍生性金融商品如股票、利率、指数等，或搭配零息债券的方式组合而成的各种不同回报形态的金融商品	一般不以理财本金作投资，仅用利息部分，大多为100%保本，产品收益与挂钩标的有某种关系，通过公式等反映在合同上	适合追求高收益，有较强风险承受能力的投资者
新股申购类产品	集合投资者资金，通过机构投资者参与网下申购提高中签率	产品不保本，直接和新股申购获利有关，风险中等	适合想参与股票市场但是又不具备投资资本市场知识或时间或是厌恶炒股风险的投资者
QDII产品	取得代客境外理财业务资格的商业银行接受投资者的委托，将人民币兑成外币，投资于海外资本市场，到期后将本金及收益结汇后返还给投资者	产品一般不保本，多为投资港股、欧美股票、商品基金，资金全额投资该类标的，风险相对较大	对直接参与海外市场有信心，能够承受本金损失风险的投资者

双币种理财，是指以人民币和外币共同作为购买货币，并分别按照人民币理财产品和外币理财产品的方式运作，到期分别以人民币和外币支付收益的理财产品。或者，以人民币作为投资本金，将此本金产生的利息兑成外币并以外币理财模式运作，以外币返还本外币理财的整体收益的方式，也被称为双币种理财产品。

第二种，按收益类型分类，理财产品又分为保证收益类和非保证收益类两种类型。其中，非保证收益类理财产品按照是否保证本金又分为保本浮动收益和非保本浮动收益两种类型。从字面上看，这些理财产品也是容易误导投资者的关键所在，下面我们会着重分析其风险点。

例如，保证收益类理财产品，乍一看，既能保本又能保收益，对投资者来说好像不用承担什么风险，其实不然，投资者在购买理财产品之前都会被要求签订一份投资协议，很多投资者也没有仔细阅读就直接签名了。这时候一定要当心了，很多理财产品的合同条款中都会有一条叫“银行有权提前终止合约”的条款，这也是保本保收益类理财产品的风险所在。假如银行提前终止合约，本应该一年到期的理财产品，半年就到期了，这时投资者获得的收益率也由一年期的收益率变成了半年期的收益率，收益减少一半。除此之外，投资者还会面临将手里的闲置资金进行再投资的风险。因为投资者需要花时间去寻找合适的投资项目，即便找到了合适的投资项目，投资者又要考虑新项目面临的风险。资金都是有时间价值的，尤其对于大额资金的投资者来说，这样来回折腾既损失收益又浪费精力。

对于保本浮动收益类理财产品而言，从字面理解也很具诱惑性，起码可以在保证本金不受损失的情况下获取最大收益。其实，这类理财产品也是有风险的。保本浮动收益类理财产品又被称为“结构性存款”，它是由普通存款和衍生产品组合而成的，它的风险主要来自衍生产品这一部分，收益是与汇率、利率、债券、股票、基金、指数等金融市场参数挂钩的。投资该类理财产品需要投资者对衍生产品部分所挂钩的标的物有足够的了解，如果在不清楚地情况下就盲目买入，最后投资者的收益率很可能大打折扣或者颗粒无收。即使投资者对挂钩标的物的走势判断正确了，其收益率也有可能会受到影响。因为该类理财产品的收益计算方式对其收益率的影响也很大。保本浮动收益类理财产品的收益计算方式可分为区间累积型、挂钩型和触发型三类。拿区间累积型来说，它是指银行会先确定最高、最低的年收益率并设置利率参考区间，根据利率、汇率、指数等标的物在参考区间内运行的情况确定收益率。因此，即使产品设计者对某一挂钩市场走势判断正确，但假设参考区间设计的幅度过于狭窄，一旦投资标的物的表现在短时间内大幅上扬或下挫，直接跳开该设定区间，则会直接影响实际投资成果。

对于非保本浮动收益类理财产品而言，是指商业银行根据约定条件和实际投资情况向客户支付收益，并且不保证本金安全，投资者自行承担投资风险。该产品近年来发展速度很快，已经成为银行发行的主要理财品种。目前，常见的是一些打新股、类基金等产品。该类产品既不承诺保本，也不承诺保证收益，风险不言而喻。

三、各大银行的理财产品品牌

现在各大银行都推出了自己的理财产品品牌，主要面向高端客户群体，向他们提供更细心周到的理财服务。这些理财产品品牌有中国银行的“中银理财”，中国农业银行的“金博士理财”，中国建设银行的“乐当家理财”、招商银行的“金葵花理财”，中国光大银行的“阳光理财”，中国民生银行的“非凡财富”，中信银行的“贵宾理财”，兴业银行的“自然人生理财”，广东发展银行的“真情理财”，上海浦东发展银行的“诚信理财”，深圳发展银行的“天玑财富”等。

四、银行理财能力受制于“风控能力”

部分银行虽然在发行量、收益能力等方面有不错的成绩，不过由于风险控制能力的削弱，以及信息披露的不及时，导致最后在理财综合能力的排名上有所下滑，难以维持在发行量等方面的优势。

风险控制能力是衡量一个银行对于市场的把握度是否准确的重要因素，也是各大指标中银行最不容忽视的指标之一。房市调控、信贷紧缩等政策，除了是市场的规范需求外，对银行来说，主要是为了规避风险的需要。部分银行在发行理财产品时，由于相应风险控制措施的缺失，难以避免排名下滑较大的局面。

在各大银行中，风控能力较强的前两名是招商银行和民生银行。信息披露，是一个银行实力的又一佐证。尤其是作为一些上市的商业银行，其在社会经济活动中的特殊地位和作用越发的重要。

在 2010 年上半年年度银行理财产品的排名中，部分银行对理财产品的发行信息、运行信息和到期信息的披露不到位，严重影响了这些银行在理财能力综合排名的名次。理财产品信息披露规范性排名前三位的是：招商银行、光大银行、农业银行。

五、银行理财产品趋于短期化

由于近期股市已有触底反弹迹象，加上“通胀”、“升值”等市场因素的影响，部分投资者为了股市获利以及规避市场短期风险，会把资金选择性地流入到银行理财市场，但是这类资金一般都会选择短期产品，只有充裕的流动性资金，投资者才有可能在市场中不断套利。

伴随股市与楼市短期套利机会的到来，部分投资者面临资金闲置与随时出击的困扰，银行针对这类投资者专门研发推广了 1 天、3 天、5 天或 7 天等的超短期理财产品，这些产品的投资收益率必然是高于银行的活期存款的，所以，这时银行的短期理财产品必然成为他们的首选。在利率风险、股市机遇、通胀预期、楼市转向等市场形势不明晰的情况下，投资者的投资应该更加谨慎，银行短、平、快的理财产品不失为一个理智的规避风险的手段。

六、2010 年上半年银行理财产品评价：收益指数和景气指数继续上行

银行理财产品市场的景气指数在 2009 年底信贷新规政策影响下出现过大幅回落，而后由于对敲贷款式信贷产品的运行流畅，银行理财产品景气指数出现了新一轮的上涨行情。观察银行理财产品市场的收益指数可以发现，除在 2009 年 5 月和 2010 年 1 月两个时点出现过断点外，其余时间银行理财产品收益指数几乎呈一路上涨态势，主要原因在于 CPI 高企和不断增强的加息预期。定存利率、CPI 和银行理财产品收益率之间的联动关系值得后期进一步研究。分类收益指数的主要特点有：第一，稳健型产品的收益指数普遍上涨，如信用类、利率类和汇率类指数等；第二，高风险型产品的收益指数普遍回落，股票类产品的收益指数更是大幅下挫 22.22%，主要原因在于挂钩标的价格走势的起伏不定和涨跌各异。图 1.4 为 2010 年银行理财产品市场指数表现。

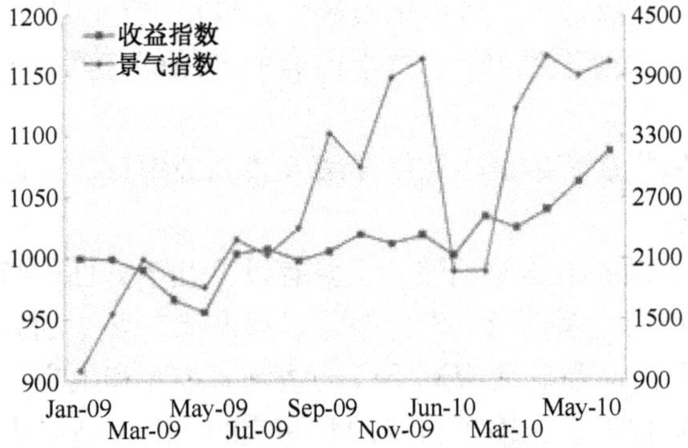

图 1.4 2010 年银行理财产品市场指数表现

（数据来源：中国社会科学院金融研究所金融产品中心）

1. 发行主体特点

2010 年上半年，82 家商业银行共发售产品 3 989 款。发售动力最高的为中国银行；市场规模最大的为农业银行；超额收益率最高的为遵义市商业银行，最差值表现最好的为南昌银行；多样化程度最高的为中国银行；到期产品收益水平最高的为花旗银行；可赎回产品占比最高的为花旗银行；可质押产品占比最高的为北京银行；有 23 家商业银行产品的信息透明度高达 100%；总体排名最高的为中国银行。

（1）发售动力：前五名依次为中行、交行、华一、招行和工行。

就产品的发售动力而言，2010 年上半年的产品发售表现出以下三个方面的主要特点：首先，上半年总体发售动力表现最好的前五名依次为中国银行、交通银行、华一银行、招商银行、工商银行。其中交通银行和中国银行在产品的发售方面保持了很高的连续性，从上半年度各个月份来看，这两家银行几乎每个月均在前五名榜单中占有一席之位。其次，通过和 2009 年上半年产品的发售情况比较，2010 年上半年共有 27 家银行是首次统计到有产品发售。其中 26 家为城市商业类银行，另外 1 家为外资的法兴银行。值得一提的是华一银行在这半年中产品的发售比较积极。但客观而言，华一银行的产品数量虽多，但产品的信息透明度不高，而且产品的同质化情况较为严重，产品种类较为单一。同样，2010 年上半年共有 10 家银行退出了产品的发售市场，其中有 3 家外资银行，7 家城市商业类银行。第三，共有 37 家商业银行的发售动力排名下降，齐商银行和顺德农村商业银行的下降幅度较为明显，其中有 25 家城市商业类银行。相反，有 17 家银行的发售动力排名有所上升。其中包括 5 家上市股份制银行，3 家国有控股类银行，7 家城市商业类银行和 2 家外资银行。农业银行的上升幅度最大，由去年同期的第 46 位，跃升至今年的第 10 位。

（2）市场规模：前五名依次是农行、工行、中行、交行和建行。

从市场规模的排名情况来看，一个最为显著的特点是市场规模的前五名被国有控股类银行所垄断，拔得头筹的依旧是农业银行。虽然农业银行在理财产品市场中的份额较小，但募集资金规模巨大。2010 年上半年农行发售的 122 款产品，有 120 款公布了募集规模。募集规模最小的产品，募集金额也在 1 亿元以上。粗略统计，农业银行在 2010 年上半年的总募集规模达到了 3000 亿元以上。另外，2010 年上半年有 38 家银行公布了产品的募集规模，总募集金额达到了 6885 亿元以上，募集规模最小的也在千万以上，需要说明的是由于并非所有的发行机构都公布募集金额数据，也并非所有的产品都有募集金额的相关说明，故上述统计说明仅限于已公布数据。

（3）收益能力：超额收益率前五名依次是遵义市商业银行、南昌银行、哈尔滨银行、滨海银行和南充市商业银行。

就新发产品的平均超额收益水平而言，主要有以下几个方面的特点：第一，占据超额收益前五名的银行均为城市商业类银行。作为银行理财产品市场中的新秀，城市商业类银行的客户辐射范围较小，理财产品品牌效应远不及一些国有控股和上市股份类银行。所以其给出的预期收益率偏高，一定程度上压缩了自身的利润空间，削足适履来吸引投资者。超额收益排名居首的遵义市商业银行仅发售 1 款信用类产品，该款产品预期收益为 6%。第二，2010 年上半年共有 12 家商业银行的排名有所上升，其中齐鲁银行的表现较好；共有 31 家机构排名有所下降，其中恒生银行的表现较差。

（4）最差值表现：前五名银行依次为南昌银行、哈尔滨银行、恒丰银行、齐鲁银行和遵义市商业银行。

2010 年上半年，最差值表现最好的前五名银行依次为南昌银行、哈尔滨银行、恒丰银行、齐鲁银行和遵义市商业银行，均为城市商业类银行。南昌银行和遵义市商业银行分别只发行了 1 款产品。同比表现来看，共有 10 家商业银行的最差值表现排名有所提高，其中天津银行去年同期排名第 45 位，今年升至第 7 位，表现较好。共有 31 家商业银行的最差值表现排名有所降低，其中恒生银行的表现较差。恒生银行的超额收益和最差值指标排名下降幅度最大，主要原因在于恒生银行上半年共发售了 9 款结构类产品，其中有 8 款产品因信息不明无法进行评价，一款可评价产品的超额收益和最差值表现较差。

（5）信息透明度：23 家机构产品的信息透明度达 100%。

就发行主体的信息透明度而言，主要有以下两个方面的特点：第一，2010 年上半年有 23 家银行产品的信息透明度达 100%，其中上海银行、西安市商业银行等 2 家商业银行连续 5 个月的信息透明度为 100%，法兴、花旗等 9 家银行上半年有 4 个月份的信息透明度为 100%。产品信息公开程度较高，产品说明书较为规范。第二，从同比表现来看，共有 28 家机构的信息透明度排名有所下降，其中恒生银行的下降幅度较为明显，其发售的 9 款产品中有 8 款产品信息不明，从而导致其产品透明度大幅下滑，共有 10 家机构的信息透明度排名有所上升，其中江苏银行的表现较好。

（6）流动性指标：有 14 家银行所发产品设置了提前赎回权，北京银行的可质押产品比率最高。

2010 年上半年，银行理财产品市场的流动性指标排名呈现以下三个方面的主要特点：第一，81 家发售机构产品的总体平均委托期限为 0.6 年，较 2009 年上半年的 0.81 年，缩短了 0.21 年。有 15 家银行的平均委托期限在 1 年以上，期限最长的为湛江市商业银行，其他商业银行产品的平均委托期限都在 1 年以内，其中广州市商业银行产品的存续期最短。第二，上半年共有 6 家银行设置了质押条款，就 82 家发售机构来说，这个比例相当小。其中，北京银行的可质押比率高达 100%。第三，本月有 14 家商业银行对其在售产品设置了提前赎回条款，花旗银行的可赎回比率最高。

（7）多样化程度：前五名依次为中国银行、工商银行、光大银行、汇丰银行和交通银行。

银行理财产品市场的多样化程度呈现以下两个方面的主要特点：其一，多样化程度排名的前五名中，有 3 家国有控股类银行。1 家上市股份制银行和 1 家外资银行，中国银行的多样化程度值最高，为 100%。可以看出，国有控股类银行在产品的投资方向以及投资币种方面较为全面，覆盖面较大。第二，有 19 家商业银行的多样化程度排名有所提高，其中汇丰银行的上升幅度较大。有 26 家银行的多样化程度排名有所下降，其中有 5 家机构的下降幅度较为明显，产品的投资方向较去年上半年相比较为单一，致使其多样化程度明显下降。

（8）综合排名：前五名依次为中国银行、交通银行、华一银行、农业银行和南昌银行。

总体而言，2010 年上半年综合排名的前五位依次是中国银行、交通银行、华一银行、农业银行和南昌银行，而 2009 年上半年的前五排名情况是泉州银行、交通银行、招商银行、建设银行和重庆银行。与 2009 年相比，2010 年上半年国有控股类银行占了综合排名的重头。除交通银行之外，2009 年榜单内的其他四家银行均被替换出局。其中，中国银行在 2010 年上半年的各月表现都比较突出，半年中有 4 个月均排在综合排名榜单的首位，原因在于中国银行单个指标信息全面且均表现不俗。综合排名后五位的商业银行依次为恒生银行、大庆市商业银行、昆山农村商业银行、齐商银行和顺德农村商业银行，这五家商业银行的市场规模、超额收益表现和信息透明度水平较低。

2. 理财产品特点

（1）基本分布特点。

2010 年上半年，银行理财产品共发售产品 3989 款，平均期望收益和平均最差值分别为

2.49%和 1.88%，到期产品 2227 款，到期产品的平均名义到期收益为 3.01%。

总体而言，较 2009 年上半年，2010 年上半年银行理财产品新发产品数量同比大幅上涨，增幅为 86.23%，短期产品、利率类以及混合类产品是产品数量暴增的主要增长点。期望收益和最差值分别上涨了 32 个基点和 20 个基点，主要原因在于上半年后五个月连续的负利率逼迫商业银行不得不提高产品的预期收益水平。然而，2010 年上半年到期产品的名义到期收益较 2009 年同类指标的跌幅明显，跌幅达 61 个基点，主要原因在于短期产品数量的增多且短期产品的年化收益水平较低。银行理财产品市场时序图如图 1.5 所示。

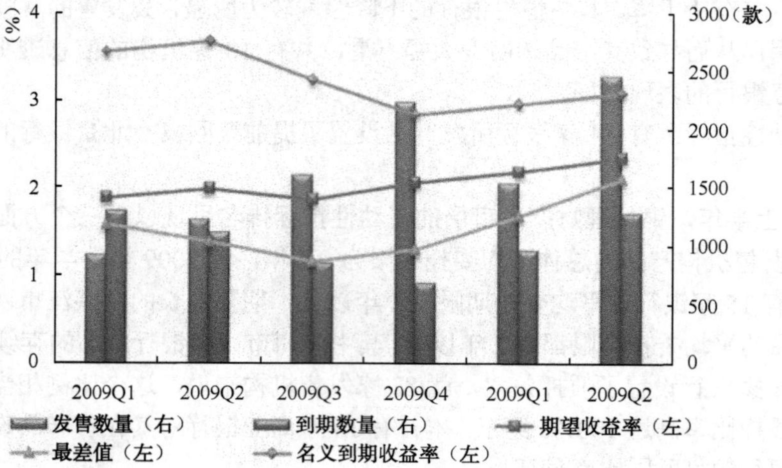

图 1.5　银行理财产品市场时序图

数据来源：中国社会科学院金融研究所金融产品中心

① 资产类特点。普通类产品中利率类产品一枝独秀。2009 年底，监管机构连续推出两则信贷类理财产品的监管，导致信贷类理财产品在 2010 年年初大幅缩减。为满足商业银行的融资需求和进一步扩大中间业务收入，商业银行将理财业务的重心落脚于利率类产品，上半年在售的 3989 款产品中有 2039 款为利率类产品，位居榜首。其次是混合类产品的发售数量，混合类产品多以投资方向不明的组合管理类产品为主，此类产品的潜在风险我们已在前面多期报告中予以提示，期望能引起监管机构和发行主体的共鸣。正所谓“上有政策、下有对策”，监管机构禁止商业银行购买自身成立的信托计划，但并未限制购买由它行信贷资产设立的信贷产品，所以上半年中后期“对敲”信贷资产模式的信贷类理财产品成为一种时尚，并成为信贷类理财产品发售的一种主要方式，从而成就了信贷类理财产品第三名的较好成绩。

结构类产品占比一降再降。在售 3989 款产品中仅有 137 款股票、商品和汇率结构类产品，仅占产品总量的 3.43%。受累于股票市场的连续下跌和新股申购的连连破发，发行主体很少设计挂钩内地上市公司股票的结构类产品，多发挂钩港股、美股和台股等上市公司股票的结构类产品，新股申购类理财产品更是很少发行。42 款汇率类产品多为挂钩美元兑欧元、澳元和日元汇率的区间和看涨型产品。受欧洲主权债务危机影响，欧元兑美元汇率大幅下挫，从而也导致部分看涨欧元兑美元汇率产品到期实现了最低收益，在理财市场上引起了不小波澜。在售的 20 款商品挂钩结构类产品中，有 12 款为黄金挂钩结构性产品，其中有 10 款为看涨结构，有两款为看跌结构。如前所述，黄金价格目前已处于历史高位，未来走势将直接影响这 12 款银行理财产品的到期表现。

信用类产品的投资价值最高，原因在于发行主体在信用类产品中几乎都嵌入了发行主体的信誉作为担保。由于多数利率类产品都设计了保息条款，所以利率产品的风险水平最低。股票类的风险收益水平均高于其他类产品的相应指标，再次体现了股票类产品高风险高收益的固有特性。

② 发行主体特点。国有控股银行新发产品总量超过股份制银行发售产品总量。一般而言，股份制商业银行的发售动力和创新动力都远远高于国有控股银行。然而，2010 年上半年的表现却有所不同，国有控股银行以 1548 的新发产品数量位居产品发售总量的榜首，主要原因在于系列产品和开放式动态管理类产品的发售。城市商业银行有迎头赶上的态势，外资银行仅发售 134 款产品，且多为结构类产品。

城市商业银行产品的投资价值最高，因为该类银行的融资成本较高，所以他们发售产品的预期收益水平较高，风险水平较低。城市商业银行产品的投资价值明显高于国有控股银行，主要原因在于部分高风险的结构类产品降低了产品的投资价值。外资银行产品的风险收益水平依然较高，但外资银行到期产品的名义到期收益率却明显高于其他三类银行，这表明虽然外资银行的部分产品是零收益，甚至是负收益，但也不乏有较高收益的产品，从而推高了外资银行整体的名义到期收益率。

③ 其他方面。人民币产品数量最多，澳元产品风险水平最低。人民币产品占据理财产品市场 83.30%的市场份额，绝大多数由中资银行贡献，后面依次是美元、港币、澳元等投资币种产品的发售数量。2010 年上半年，银行理财产品市场共发售欧元类产品 58 款，远低于去年同期该币种产品的发售数量。澳元产品投资价值的主要原因在于澳元的基准利率远高于其他投资币种，但如今想起澳元在 2008 年的过山车式表现，依然让人们不寒而栗。

短期产品较多，收益率曲线呈正常的上翘型。受高流动性需求和加息预期影响，理财产品市场多发期限 3 个月以下的短期产品，1 年期及以下产品几乎占理财产品市场总量的 96.46%。期望收益率和名义到期收益水平基本呈正常的上翘型，但 1 年半至 2 年和 2 年以上产品的名义到期收益率明显低于其他期限产品，主要原因在于这两个期限跨度内多为高风险高收益的结构类产品，部分低收益到期产品平滑了产品整体的收益水平。

非保本类产品的期望收益率最高，保本浮动收益型产品的风险水平最低。区间型产品的数量最多，其主要构成是利率挂钩结构产品，且由于该类产品多为保息浮动收益型产品，这也成就了该类产品的高投资价值。除 111 款看涨型产品外，理财产品市场还发售了 7 款看跌型产品和 2 款波动型产品。

（2）主要创新盘点。

2010 年上半年，银行理财产品市场可谓是暗流涌动，表面上风平浪静，水底却波涛汹涌。风平浪静主要表现在银行理财产品市场 2010 年以来并无重大创新和明显转折，而波涛汹涌则指监管机构不断加强信贷类理财产品的监管并一度叫停信贷类理财产品的发售。这也预示未来的银行理财产品市场可能需要“转变银行理财产品增长方式、调整银行理财结构”。

投资方向的创新主要体现在以下四个方面：第一，“对敲”信贷资产的信贷理财产品，如中国工商银行的“稳得利”第 4 期信托投资型产品的投资方向为国有控股银行和全国性股份商业银行存量信贷资产转让项目或新增贷款项目以及企业信托融资项目，首现“交叉持贷”型产品。第二，国内股指期货概念产品的推出，如光大银行发售与沪深 300 股指期货的交易标的沪深300指数相联结的股票类产品。第三，首先挂钩国内黄金价格产品，如中国农业银行发售首款挂钩“上海黄金交易所9995黄金价格”的结构性产品。第四，再现石油挂钩产品，自原油价格由历史高位回落以来，银行理财产品市场少有设计石油挂钩的结构类产品，工行发售的2010年第1期“珠联币合”ZL1001产品有望打破这一僵局，再现挂钩WTI原油价格的区间型结构类产品。

产品设计结构的主要创新有：第一，多结构混合产品明显增多，如2010年1月东亚银行首发既有看涨结构又有区间结构的牛熊双赢系列产品等。第二，首现多维看跌型产品，如花旗银行发售的“1年期挂钩3种货币汇率美元票据”产品。第三，双向产品的发售，即对同一标的而言，既设计看涨型产品，又设计看跌型产品，可以让持有不同投资理念的投资者购买，作为提供交易的做市商，商业银行可以赚取双份手续费，且有可能无须承担任何损失，如汇丰银行发售的三个月货币挂钩澳元结构性投资系列产品。

专属产品进一步普及，如“元旦”、“春节”、“劳动节”、“青年节”、“端午节”和“母亲节”等节日专属产品，再如“世博”和“低碳”等概念专属产品。

计息方式的主要创新有：第一，首现复利计息型产品，中国农业银行推出“金钥匙：安心快线”系列低风险产品，该款产品为滚动式开放产品，产品主要亮点在于复利计息，即所谓的“利滚利”，1天型产品年化收益可达1.55%；第二，观察期有收益，募集期也有收益，部分发行主体将处于募集期内的募集资金投资于本行发售的开放式产品，以取得高于原来活期存款利率的收益水平，值得发行主体借鉴；第三，分期支付型产品兑现承诺，光大银行教育理财E计划兑现分期的承诺“兑付三分之一本金，支付第一年收益4.3%”。

除此之外，银行理财产品市场还有以下几个方面的主要亮点：第一，外币开放式和滚动结构类产品的发行，具体案例如中行的澳元7日自动滚续理财产品和深发展银行的聚财宝飞越计划2010年1号人民币产品；第二，招行“金葵花”空中理财专家——安心回报人民币88号理财计划采用了电话销售的营销策略；第三，中国银行首次尝试公布处于存续期内的中银平稳系列信贷类理财产品的运作情况；第四，招商银行在“金葵花”焦点联动系列之石油股票表现联动计划产品中设置撤单机制，即允许投资者在认购期内随时撤单；第五，建设银行发售的“周周大丰收”5年期开放式理财产品有两点新意，一是不定期无规则调整预期最高收益水平，二是发行人、托管人和信托财产保管人分属于不同的金融机构，规避了潜在的道德风险；第六，光大银行稳健一号4月15日再度分红，累计分红达每份额1.2元；第七，在负利率和加息预期的双重压力下，各商业银行相继提高产品的预期收益水平，如工行于2010年4月调高两大系列8款理财产品预期收益水平10个基点；第八，溢价现象，台州商业银行“稳进账”信托贷款理财计划实现3.28%的实际收益，高于3.28%的预期收益；第九，上市公司购买稳健型理财产品的热情不减，如东阿阿胶发布公告称将利用自有资金2亿元购买中国农业银行“本利丰”人民币信托产品。

（3）热点透视。

漫谈“涉金”产品。受全球经济复苏前景不明和欧洲主权债务危机不断深化的影响，投资者的避险情绪不断升温，相继购买避险资产黄金，从而推动了黄金价格一路上涨，由此推动涉金产品数量的不断飙升。纵观涉金理财产品，不外乎以下三类：一类是传统的挂钩黄金价格结构类产品，有关此类产品的相关叙述已在前文给出，在此不予赘述；第二类是以黄金支付的“以金代收”类产品，如深发展银行发售的“金娃娃”2010年1号人民币产品，用实物黄金支付投资者的到期收益；第三类是购买银行理财方可以一定价格购买给定黄金的"搭售"型产品的设计理念，如工行发售的 2010 年第一期"如意金"复合理财产品三个月款 XT1028，发行方规定只有在购买该产品后才可购买该行的"如意金"产品。

信贷类产品的"夜宴"。无论是产品数量，还是产品的募集资金，信贷类产品在 2009 年中后期达到了历史最高水平，同样也潜藏着巨大风险。为此，监管机构相继推出较为严厉的监管政策以控制该类产品的发售。但信贷资产依然是商业银行的主要资产，信贷资产的腾挪转让需求依然较为强烈。为应对监管需求，商业银行相继推出对敲信贷资产和内含信贷资产的组合管理类产品这两个"变脸"运作模式。然而，此类产品的运作丝毫未能分散和规避原有风险，值得监管机构和发行主体深思。

低碳产品和区域产品的"概念"性。全球气候变暖和节能减排需求的不断加大催生了一轮"低碳热"。银行理财产品市场也相继推出与"低碳"概念相关的银行理财产品，大致可分为三种主要类型：第一，挂钩二氧化碳价格等的结构类产品，前期已有商业银行设计类似产品并取得不俗收益；第二，挂钩绿色信贷的信贷类理财产品，如挂钩 CDM 项目贷款等；第三，纯"低碳概念"型产品，如前述的低碳公益产品等。除低碳产品外，区域类产品是当前理财产品市场的另一"概念"，目前仅有特供特定区域投资的区域型产品和投资特定区域的区域型产品，鲜有设计挂钩区域概念股票的结构类产品，这一空白值得发行主体予以重视。

（4）潜在问题评析。

低收益一直困扰着银行理财产品市场。全球金融危机导致的资产价格回落引发的银行理财产品零收益、负收益问题自 2008 年年初以来一直困扰着银行理财产品市场。2010 年 4 月 6 日，深发展银行首次发行双周滚动发行产品"聚财宝飞越计划 2010 年 1 号人民币产品"到期仅实现 0.1%的最低年化收益，不免为该产品的滚动发行蒙上阴影。目前，银行理财产品市场通过设置保本保息条款、警戒线等措施来规避上述现象。

"晋息存款"的汇率风险。中国银行香港分行近期连续发售时间阶梯型的港币理财产品，将 1 年的投资期限按季分为 4 个付息期，前两个付息期的收益为 0.3%，后两个付息期的收益为 0.46%。发行主体有权在规定时间对该款产品进行提前赎回，且当提前赎回事件发生时，发行主体将用美元支付投资者的本息收益。如此一来，产品潜在投资币种港币和收益支付币种美元之间的汇率风险。

"名不符实"和"貌合神离"现象值得关注。当年，中国银行发售的多款结构性产品的投资方向为国内银行间债券市场上流通的国债、央行票据、国开债、进出口行债和农发债等高信用金融产品及债券回购等金融衍生品，而与挂钩标的相关的金融衍生品无关，不免让人联想起"为发结构类产品而发结构类产品"的情况。

模块三　银行理财产品营销概述

【能力目标】　能撰写理财产品营销的调研报告。

【活动目标】 通过对理财产品营销概述的学习，掌握理财产品营销的主要内容，撰写理财产品营销的调查报告。

基本知识

一、营销的含义和起源

根据市场需要组织生产产品，并通过销售手段把产品提供给需要的客户，这一过程称为营销。在具有不同的政治、经济、文化的国家，营销不应该一成不变。即使在同一个国家，在消费品行业、B2B 行业（Business to Business Industries）和服务业，营销方式也是不同的。而在同样的行业里，不同的企业也有着各自不同的营销方式。营销学是关于企业如何发现、创造和交付价值以满足一定目标市场的需求，同时获取利润的学科。营销学用来辨识未被满足的需要，定义、量度目标市场的规模和利润潜力，找到最适合企业进入的细分市场，并向该细分市场供给产品。

营销也可以理解为：就以知道市场需求，抓住市场需求欲望，以最好的方案进行推广、扩充，营造需求氛围，并进行目标销售，达到广告效应、品牌效应，以树立品牌性。所以营销的另一个概念就是推广，从而提高曝光率。

作为一门学科，营销学开始于 20 世纪上半叶。那时主要出现在与分销（尤其是批发和零售）相关的课程中。但是，当时经济学正陷于追求纯理论的学术冲动之中，人们忽略了这门和经济正常运行关系密切的新兴学科。供求曲线只是表明了均衡时的价格水平，却没能解释从生产商通过批发商一直到零售商的价格链。因此，早期的市场营销学者填补了经济学家研究的空白。不过，经济学仍然是营销学之母。

当今，由于互联网经济的兴起，营销学已经独立于各种经济理论学说，成为一门商贸大众热捧的学科，它糅合了心理学、统计学。

二、理财产品营销

理财产品营销是营销管理与理财产品相结合的产物，是营销管理理论在理财产品上的全过程运用，包括理财业务市场细分、选择目标市场、价值定位、开发特定产品、确立价格和分销、品牌经营直至促销推广的全过程。

具体来说，理财产品营销是指理财企业以理财市场为导向，对用户从人文、心理以及行为上的差异进行细分，选择对自身最有利可图的目标市场，设计出“合适的”理财产品和服务，运用整体营销手段传递并提供目标客户，以获得、保持、增加顾客，在满足客户的需要和欲望的过程中实现自身利益目标的过程。

理财产品营销是理财企业在理财产品层面上展开的营销管理活动，是理财企业营销的一个组成模块，其特点表现为以下 4 个方面。

1. 理财产品营销注重企业形象

理财产品的特殊性，不是实体，而是无形的，客户的购买行为建立在对理财企业信任的基础上。客户对理财产品及其知名度的认识，首先是从对其提供者——理财企业的认识开始的，客户如何在众多的具有同性质的理财产品中做出选择在绝大程度上取决于他对理财机构的信任程度与好感程度。因此，在理财产品营销中，商业银行、理财公司等理财机构都非常注重自身形象。

2. 理财产品营销注重人性化和情感

理财产品营销要求所有营销人员面对不同的客户，能迅速判断识别出客户的个性化需求，有选择地将本企业的理财产品推荐给客户并将产品的相关特性与客户的需求匹配起来传递给客户，最大限度地满足客户的需求，为客户提供更为人性化的服务。理财机构在理财产品营销时，必须注重加强人性方面的情感价值，通过附加某种特定的文化，使之与目标客户群体的价值观、信仰产生共鸣。

3. 理财产品营销注重品牌营销

由于理财产品的同质性，不同的理财机构提供的同一类型的理财产品在功能上差别不大，客户在选择理财产品或服务的时候往往首先不是被理财产品功能带来的服务赢利或便利所吸引，而是首先被其所熟知的满意的品牌所吸引。

4. 理财产品营销注重全员营销

理财产品营销纵向上涉及总行、分行、支行和网点，横向上涉及信用卡、会计、办公室等众多部门，需要全员的共同协作，进行整体营销。

三、2011 年我国银行理财市场发展状况

1. 2011 年银行理财产品热点回顾

（1）资金面紧张致收益率高涨，超短期产品受市场追捧。

1 个月以下期的超短期理财产品以其高流动性为最大特色在理财产品市场中占据一席之地，2008 年这类产品发行量占理财市场的比例为 10.64%，2009 年为 17.56%，2010 年持续上升为 23.74%，而 2011 年这个比例更是高达 30.28%。不同的是 2011 年超短期理财产品以其高收益吸引众人眼球，受到市场极大的追捧，成为整个银行理财产品市场的热点。

超短期理财产品发行最初是为了向有短期资金的个人和机构投资者提供保值增值的理财渠道，同时增强银行在理财产品发行期限和流动性安排方面的多样性和丰富性。随着 2010 年下半年以来紧缩性货币政策持续实施，短期资金成本上涨并高位运行，同时在信贷额度受到限制、银行面临更加严格的存贷比考核的形势下，2011 年超短期理财产品发行量曾连续五个月超过 1 个月至 3 个月期产品。

（2）“资产池”运作模式大行其道，创新之下需防范风险。

2011 年，资产池类理财产品发行备受市场和监管层的关注，这类方式运作的理财产品

最初由具备大规模理财资金优势的大行发起。它原本的运作模式是将同系列或者同类型不同时期发行的各款理财产品所募集资金统一到一个资产池中进行投资管理，该资产池投资于符合该系列或者该类型理财产品所规定的各种投资标的。其整体投资收益作为确定各款理财产品收益的依据，也就是说，将该资产池内所有资产整体的预期到期收益率作为各款理财产品收益定价基础，这区别于传统理财产品根据单款理财产品投资期内实际运作收益决定理财产品价格的方式。这种运作模式可以形成大规模和连贯性的资金优势，并且通过对募集资金灵活的投资管理提高产品整体的运作效率。

随着 2010 年下半年以来市场流动性的紧缩，各家银行使出浑身解数揽存吸储，银行理财产品之间的“价格战”愈演愈烈，很多中小银行因为无法及时推出一些有竞争力的高流动性、高收益的理财产品，存款流失严重，为了保护传统存贷业务，增加中间业务收入，他们也开始追随大行建立资产池。在银行实际业务经营中，资产池运作方式主要以操作流程和工作台账来体现。理财资金募集完成后，并没有建立独立账户，而是由“资金池”进入“资产池”。“资金池”通过滚动发售理财产品滚动募集资金，“资产池”集合投资资产并进行内部调剂匹配，资金部门主要控制的是“资金池”内的最低流动性，保证不出现流动性风险。银行通过期限错配、资产回购、内部利润转移等多种手段达到理财产品短期限、高收益的要求。

在资产规模增长受限、流动性需求增加的情况下，各家商业银行往往将自身的债券、贷款、票据等打包成理财产品，通过压缩表内资产以获取业务发展空间和流动性支持。这种“资产池”模式目前是国内商业银行主流的资产管理模式，在优化银行传统业务结构、增加中间业务收入以及促进金融产品创新方面发挥了重要作用。

目前，债券类产品和组合投资类产品主要采用资产池的运作方式，2010 年这两类产品为 7 640 款，2011 年高达 16 020 款，但这种发展速度也逐渐暴露出一些问题：部分银行将各种期限、各种类型理财产品募集的资金集合后投资到配置了多种资产的资产池进行集合运作，导致多个理财产品同时对应多笔资产，背离监管政策和法规；部分银行凭借滚动发行、动态管理以及信息透明度低等特点，做高该类理财产品的收益，并将其发行和到期时间集中安排在存贷比考核时点，“资产池类”理财产品演变为商业银行的存款吸纳工具和资产负债调节工具。

（3）“网银专享”理财产品热销，银行理财渐入“网络时代”。

“网银专享”理财产品，是仅通过网上银行发行的理财产品，这些产品只在网上销售，总体收益水平高于同期限的柜面销售产品。随着各银行网上银行服务的日益完善，银行理财销售不断从传统柜台向电子渠道转移。网上理财的方便性、快捷性和不受时空限制等优势得到了市场的高度认可，越来越多的客户形成了使用网上银行进行投资理财的习惯。2011 年，银行理财产品销售竞争逐渐从网下蔓延到网上，各银行理财产品纷纷“触网”，“网银专享”理财产品快速发展。

对投资者而言，在网上购买“网银专享”理财产品，不用奔波于各个银行之间，免去了排队等候的烦恼，大大节省了时间；能在家享受 24 小时服务，随时在“网银超市”选择适合自己的产品，且产品的申购条件、基本要素一目了然，交易灵活自由，十分方便。

银行将理财产品放于网络销售，一方面减少了网点柜面压力，降低了人力、营销等经营成本；另一方面，因网上银行产品、服务的丰富性对银行完善服务、稳定客户群发挥着非常重要的作用，理财产品上网销售能大大提升银行的服务层次与消费者满意度，所以银行会提高产品收益，引导客户通过网上银行购买理财产品。

（4）上市公司热衷购买银行理财产品，背后动力和无奈并存。

2011 年，为抑制通货膨胀央行 6 次上调存款准备金率，3 次加息，1 次下调存款准备金率。一系列宏观调控政策使金融市场资金面紧张程度达到近年之最，资金借贷利率高企；加上欧美等发达经济体出现债务危机，对我国出口持续造成冲击，导致了实体经济的不景气，企业毛利率持续下降。在这种情况下，为求资产保值增值，上市公司纷纷将闲置资金投向理财市场，于是 2011 年出现了 A 股历史上少见的“理财产品投资潮”。

据统计，2008 年有 4 家上市公司发布购买理财产品的公告；2009 年增至 5 家；2010 年增至 18 家；截至 2011 年 12 月 31 日，2011 年共有 87 家上市公司发布了关于利用自有闲置资金购买理财产品的公告，总投资额达 304.7 亿元，较 2010 年增加十几倍。2011 年上市公司一次或多次购买银行、信托类理财产品，少则 500 万元，多则几十亿元。

2. 2011 年银行理财产品到期情况

（1）QDII 产品运行情况。

① 2011 年“债机”四伏，全球经济增速放缓。

2011 年全球经济在复苏的希望中再次跌落谷底。世界主要经济体表现不尽如人意，发达国家主权债务危机频发，导致全球金融市场动荡，国际大宗商品和基础资源的价格波动剧烈。

距 2008 年全球金融危机全面爆发已三年，经过 2009 年、2010 年各国政府大规模的经济刺激，2011 年第一季度世界经济复苏曙光初现，资本市场也延续 2010 年走势，震荡上扬。3 月 11 日，日本东部地区发生强烈地震并引发海啸，由此带来的灾难性后果给世界经济复苏蒙上第一层阴影。

2011 年第二、三季度，“美债危机”的进展及最终解决方案成为市场关注的焦点。从美国两党间为达成“减赤”而展开拉锯战，到 8 月 5 日晚间标普调降美国 AAA 评级，市场信心遭受严重打击，全球金融市场大部分股指急剧下挫，道琼斯工业指数在一周内跌幅超过 5%。9 月 22 日，市场未等到 QE3 的刺激，取而代之的是美联储推出 4000 亿美元的扭转操作，但投资者普遍认为此举对经济恢复影响有限，加之美联储调低美国未来经济增速，全球金融市场更是雪上加霜。

2011 年全面浮出水面的“欧债危机”似乎成了全球资本市场的不定时炸弹，市场随时关注着欧盟解决危机的最新进展，资本市场的起伏波动也无不与之相关。葡萄牙、爱尔兰、意大利、希腊和西班牙逐一爆出主权债务危机，各国为争取欧盟救援基金，不断努力削减社会福利支出，又进一步在其国内引发政治危机，用一个“乱”字来形容毫不为过。在金融市场上，投资者大幅抛售股票、大宗商品等风险资产，欧元货币也遭到投资者质疑从而出现大跌。

进入第四季度，全球市场走势出现分化，受全球经济增速放缓预期的影响，大宗商品等风险资产遭遇大规模抛售，在避险情绪影响下，资金回流到美元资产及美国市场，美股走强；欧洲方面“债务危机”稍有缓和，致使欧洲主要股指出现小幅上扬；但亚洲市场则仍然遇冷，新兴经济体经济增速下滑风险加大、资金回流发达经济体、投资者信心缺乏等因素使得亚太主要股指仍处于单边下挫走势。

② 全球股市低迷，商品价格波动剧烈。

2011 年全球股市低迷，走势较为强劲的美国股市年末较年初仅勉强收平，欧洲股市和亚太股市均大幅下挫。美国 AAA 评级遭调降成为全年股市下跌的一个分水岭，持续已久的欧洲债务问题始终影响着全球资本市场。

从各市场来看，美国三大股指内受本国经济复苏放缓、外受“欧债危机”等影响，全年维持震荡走势。截至 2011 年 12 月 29 日，道琼斯指数全年涨幅 6.13%，表现最佳；标准普尔 500 指数微涨 0.43%；以科技股为主要权重的纳斯达克指数下跌 1.48%。

2011 年 7 月“欧债危机”全面升级，因欧盟内部各成员国经济联系密切，关系错综复杂，政府、银行等资金风险敞口大面积暴露。受此影响，欧洲市场主要指数从 7 月份开始全线大幅下挫。泛欧股指、法国 CAC 指数、德国 DAX 指数全年跌幅在 15%～18%。而英国富时 100 指数全年取得-5.65%的收益，在欧洲市场上表现最佳。

在全球经济低迷的大背景下，虽然亚洲新兴经济体的增长形势乐观，但受累于外部市场因素，亚太地区主要股指仍普遍震荡下行。2011 年东京证券市场受 3 月份大地震及福岛核事故、“欧债危机”、海外资金撤出等影响，日经 225 指数 12 月 30 日收于 8 455.35 点，成为 1982 年以来的最低年末收盘点位。新加坡海峡时报指数全年下跌 16.21%，股指波幅为 23%，成为 2008 年国际金融危机爆发以来表现最差的一年。香港恒生指数、台湾加权指数、上证综合指数全年跌幅均超过 20%，这一方面是受外围市场低迷的影响，另一方面也与我国通胀居高不下、经济增速放缓、国内消费不振等内部因素有关。

③ 九成 QDII 产品净值下滑，固定收益类投资产品业绩较好。

受海外资本市场及商品市场表现的影响，银行系 QDII 产品在 2011 年表现惨淡，约九成产品净值增长率为负。

截至 2011 年 12 月 30 日，全年运行的 QDII 产品共 241 款，其中 2011 年以来取得正收益的产品仅 28 款，占比 11.62%，与 2010 年超过 90%的产品获得正收益的情形不可同日而语。所有产品 2011 年的平均收益率为-12.99%，相比 2010 年的 13.32%大幅下降。

可见，QDII 产品的风光早已不再。全球经济形势不明，市场前景黯淡，直接影响着 QDII 产品的收益；产品收益的大幅下降，严重打击了投资者信心，导致 2011 年 QDII 产品的市场认可度急剧下降，大部分银行停止发行该类产品。其中一些面临到期却仍然大幅亏损的产品，发行机构不得不通过展期的方式，延长投资时间，以期减少投资者损失。

2011 年，在运行的 241 款产品中，有 219 款为外资银行发行，其中 2011 年净值增长为正的有 26 款，平均净值增长率为-12.98%；中资银行的 22 款产品中 2 款净值增长率为正，平均净值增长率为-13.10%。

（2）类基金产品运行情况。

与银行系 QDII 产品类似，2011 年各投资标的市场的萎靡也波及到了类基金产品的收益。2011 年仅 3 款（占比 6.38%）类基金产品取得正收益，超过九成产品净值增长为负。截至 2011 年 12 月 30 日，全年运行的类基金产品共计 47 款，所有产品 2011 年的平均收益率为-12.09%。

2011 年净值增长率最高的是工商银行的“‘精赢’系列证券投资 2009 年第 1 期”产品，涨幅 4.88%。

截至 2011 年 12 月 30 日，在运行的 47 款产品中，累计收益率为正的产品有 13 款，占比为 27.66%，产品累计平均收益率为-10.00%。

从单款产品来看，累计收益率最高的是光大银行的“阳光稳健一号资产管理计划”产品，最新累计收益率达到 22.42%；光大银行的“阳光基金宝—同赢 5 号 4”产品、交通银行的“得利宝天蓝 5 号”产品累计收益率分别为 14.63%、13.10%。

从银行角度来看，2011 年运行中的类基金产品分属于 9 家银行。民生银行、光大银行产品数量较多。2011 年，全部 9 家银行类基金产品年平均收益率均为负。负收益率在个位数的仅交通银行为-0.53%、中信银行为-1.16%、邮储银行为-5.35%。统计自产品发行以来的累计净收益，交通银行、中信银行和邮储银行取得正收益；其余 6 家银行累计净收益均为负数。

3. 2011 年银行理财产品创新评点

（1）滚动型结构性理财产品问世，发行频率每周一期。“金葵花”焦点联动系列之欧元汇率区间表现联动 28 天理财计划为招商银行创设的一款滚动型结构性理财产品。

该款理财计划以发行“子计划”的形式销售，发行频率为每周一期，每期子计划的认购期为每周一 10:30 至当周三 17:00，当周四为该子计划的投资起始日，第四个周四为到期日。子计划呈现出滚动发行方式，投资者于每周均可购买到该款理财计划，但招商银行保留暂停发行子计划的权利。该款理财计划的投资币种为人民币，投资期限为 28 天（如某子计划到期日遇节假日则顺延至下一个工作日到期），投资金额为 10 万元并可以 1 万元的整数倍递增。

（2）儿童版理财产品庆“六一”，意外保障显现母子情。工商银行于 2011 年“六一”国际儿童节到来之际，推出首款儿童专属理财产品，产品为儿童提供保险保障服务。

该款儿童版理财产品为高净值客户专属“保中宝”系列之“伴你童行”产品。产品销售期间为 2011 年 5 月 30 日至 2011 年 6 月 7 日，投资起始日为 2011 年 6 月 8 日，投资期限为 356 天。产品发行规模计划为 1 亿元至 30 亿元，投资币种为人民币，投资起点为 5 万元并可以 1000 元的整数倍递增。

该款产品除了具备投资理财的功能外，还为投资者提供保险保障服务。购买该款产品的投资者本人及其满足条件的子女将自动成为由生命人寿保险股份有限公司承保的“伴你童行”亲子综合保险计划的被保险人，享有相应的保险利益，保险期间为 2011 年 6 月 20 日 0 时至 2012 年 6 月 19 日 24 时。若投资者每投资一份理财产品，即购买金额为 5 万元，就可不仅为理财产品投资者本人（主被保险人）提供 5 万元的意外伤害保险和 3000 元的意外伤害医疗费用保障，同时还为投资者的子女（连带被保险人）提供 2 万元的意外伤害保险和 2000 元的意外伤害医疗费用保障，另外还有累计服务价值最高 20 万元的境内紧急救援服务。

（3）加息通道下，随息而动产品可抵御利率风险。在加息环境下，为顺应市场需求，我国银行理财市场出现了一些随息而动的理财产品，它们能够打消投资者对于加息而产生利率风险的忧虑。

从 2010 年 10 月至 2011 年年底，我国央行已经上调存贷款基准利率 5 次，每次上调幅度均为 0.25 个百分点。在此加息期间，浙江泰隆商业银行于 2011 年 3 月 2 日推出“金管家理财”钱潮 1102 期（抗加息型）产品，产品发行规模为 3500 万元，投资起始日为 2011 年 3 月 8 日，投资期限为 92 天，投资币种为人民币，投资对象主要以配置银行间市场主体评级 AA-以上、债券评级 AA 以上的企业债为主且投资比例不高于理财资产的 61%，同时部分配置银行存款。

（4）高端手表成为另类产品标的，投资者可选择获取手表实物。继红酒、艺术品以及金条等另类投资产品面世之后，高端手表也成为投资标的加入到另类理财产品大军之中。

2011 年 11 月 8 日，农业银行推出 2011 年第一期“金钥匙 • 天工”海鸥陀飞轮表理财产品，并按照手表价值划分为 A、B、C、D 四款产品。产品为保本浮动收益型，投资币种为人民币，投资起始日为 2011 年 11 月 18 日，于 2012 年 11 月 19 日到期，可见其投资期限为 367 天。

这四款产品是农业银行、天津信托有限责任公司以及天津海鸥手表集团三方合作创立的，农业银行将理财募集资金投资于天津信托的“海鸥手表受益权信托计划”，该信托计划 100%投资于银行间货币市场工具。产品到期后投资者可自行选择获得现金或者手表，这些手表市场价值在几万元至十多万元不等。如选择现金方式，投资者可获得本金和预期收益率的货币收益；如选择手表方式，到期时可获得一款约定款式的海鸥陀飞轮手表，同时还可获得预期收益率的货币收益。

（5）银行系 TOT 产品首次设置“安全垫”，10%亏损由投资顾问承担。随着 TOT 产品队伍的不断壮大，中国银行于 2011 年推出了首款带有“安全垫”的分级阳光私募组合基金理财产品，为银行系 TOT 产品的又一次创新。

“中银安心成长组合”（TFOT，Trenched Fund of Trust）人民币理财产品发行于 2011 年 9 月 19 日，销售结束日为 2011 年 11 月 17 日，实际发行规模达到 6.25 亿元。“安心成长组合”的投资起点为 30 万元，并可以 1 万元的整数倍递增，这与百万级别投资门槛的阳光私募基金相比还是低了许多。产品投资期限为 5 年，每年将有一次开放申购赎回时间，首次开放时间为 2012 年 11 月 20 日。产品开放期间投资者可获得收益分配，投资管理人也将获得相应的业绩报酬。

四、理财产品营销策略的基本内容

1. 营销组合概述

营销组合指的是企业在选定的目标市场上，综合考虑环境、能力、竞争状况对企业自身可以控制的因素，加以最佳组合和运用，以完成企业的目的与任务。

营销组合是企业市场营销战略的一个重要组成部分，是指将企业可控的基本营销措施组成一个整体性活动。市场营销的主要目的是满足消费者的需要，而消费者的需要很多，要满足消费者需要所应采取的措施也很多。因此，企业在开展市场营销活动时，就必须把握住那些基本性措施，合理组合，并充分发挥整体优势和效果。

营销组合这一概念是由美国哈佛大学教授尼尔•鲍顿（N. H. Bor den）于 1964 年最早采用的，并确定了营销组合的 12 个要素。随后，理查德•克莱维持教授把营销组合要素归纳为产品、定价、渠道、推广。

市场营销组合是制定企业营销战略的基础，做好市场营销组合工作可以保证企业从整体上满足消费者的需求。市场营销组合是企业对付竞争者强有力的手段，是合理分配企业营销预算费用的依据。

2. 产生与发展

1960 年，麦卡锡提出了著名的 4P 组合。麦卡锡认为，企业从事市场营销活动，一方面要考虑企业的各种外部环境，另一方面要制定市场营销组合策略，通过策略的实施，适应环境，满足目标市场的需要，实现企业的目标。麦卡锡绘制了一幅市场营销组合模式图，图的中心是某个消费群，即目标市场，中间一圈是四个可控要素：产品（Product）、地点（Place）、价格（Price）、促销（Promotion），即 4Ps 组合。在这里，产品就是考虑为目标市场开发适当的产品，选择产品线、品牌和包装等；价格就是考虑制订适当的价格；地点就是讲要通过适当的渠道安排运输储藏等把产品送达目标市场；促销就是考虑如何将适当的产品，按适当的价格，在适当的地点通知目标市场，包括销售推广、广告、培养推销员等。图的外圈表示企业外部环境，它包括各种不可控因素，如经济环境、社会文化环境、政治法律环境等。麦卡锡指出，4Ps 组合的各要素将要受到这些外部环境的影响和制约。

以后，市场营销组合又由 4Ps 发展为 6Ps，6Ps 是由科特勒提出的，它是在原 4P 的基础上增加了政治（Politics）和公共关系（Public Relations）两个要素。6Ps 组合主要应用实行贸易保护主义的特定市场。随后，科特勒又进一步把 6Ps 发展为 10Ps。他把已有的 6Ps 称为战术性营销组合，新提出了 4P：研究（Probing）；划分（Partitioning），即细分（Segmentation）；优先（Prioritizing），即目标选定（Targeting）；定位（Positioning），称为战略营销。他认为，战略营销计划过程必须先于战术性营销组合的制定，只有在搞好战略营销计划过程的基础上，战术性营销组合的制订才能顺利进行。菲利浦•科特勒在讲到战略营销与战术营销的区别时指出："从市场营销角度看，战略的定义是企业为实现某一产品市场上特定目标所采用的竞争方法，而战术则是实施战略所必须研究的课题和采取的行动。"现在，战略营销与战术营销的界线已日趋明朗化，通用汽车公司等已按这两个概念分设了不同的营销部门。

20 世纪 90 年代，又有人认为，包括产品、价格、销售渠道、促销、政治力量和公共关系的 6'P 组合是战术性组合，企业要有效地开展营销活动，首先要有为人们（people）服务的正确指导思想，又要有正确的战略性营销组合（市场调研 probing、市场细分 partitioning、市场择优 prioritizing、市场定位 positioning）的指导。这种战略的 4'P 营销组合与正确的指导思想（people）和战术性的 6'P 组合就形成了市场营销的 11'P 组合。90 年代，美国市场学家罗伯特•劳特伯恩提出了以"4C"为主要内容的作为企业营销策略的市场营销组合即"4C 理论"，是指针对产品策略，提出应更关注顾客的需求与欲望；针对价格策略，提出应重点考虑顾客为得到某项商品或服务所愿意付出的代价；并强调促销过程应用是一个与顾客保持双向沟通的过程。

3. 营销组合特点

市场营销组合作为企业一个非常重要的营销管理方法，具有以下特点。

（1）市场营销组合是一个变量组合。构成营销组合的"4Ps"的各个自变量，是最终影响和决定市场营销效益的决定性要素，而营销组合的最终结果就是这些变量的函数，即因变量。从这个关系看，市场营销组合是一个动态组合。只要改变其中的一个要素，就会出现一个新的组合，产生不同的营销效果。

（2）营销组合的层次。市场营销组合由许多层次组成，就整体而言，"4Ps"是一个大组合，其中每一个 P 又包括若干层次的要素。这样，企业在确定营销组合时，不仅更为具体和实用，而且相当灵活；不但可以选择四个要素之间的最佳组合，而且可以恰当安排每个要素内部的组合。

（3）市场营销组合的整体协同作用。企业必须在准确地分析、判断特定的市场营销环境、企业资源及目标市场需求特点的基础上，才能制定出最佳的营销组合。所以，最佳的市场营销组合的作用，绝不是产品、价格、渠道、促销四个营销要素的简单相加，即 $4Ps \neq P+P+P+P$，而是使他们产生一种整体协同作用。就像中医开出的重要处方，四种草药各有不同的效力，治疗效果不同，所治疗的病症也相异，而且这四种中药配合在一起进行治疗，其作用大于原来每一种药物的作用之和。市场营销组合也是如此，只有他们的最佳组合，才能产生一种整体协同作用。正是从这个意义上讲，市场营销组合又是一种经营的艺术和技巧。

（4）市场营销组合必须具有充分的应变能力。市场营销组合作为企业营销管理的可控要素，一般来说，企业具有充分的决策权。例如，企业可以根据市场需求来选择确定产品结构，制定具有竞争力的价格，选择最恰当的销售渠道和促销媒体。但是，企业并不是在真空中制定的市场营销组合。随着市场竞争和顾客需求特点及外界环境的变化，必须对营销组合随时纠正、调整，使其保持竞争力。总之市场营销组合对外界环境必须具有充分的适应力和灵敏的应变能力。

市场营销组合理论以系统理论为指导，把影响市场营销效果的各个可以控制的因素组织起来，给企业领导人提供一个科学地分析和运用各个经营手段的思路和方法，导致企业市场营销整体效果最优化。市场营销组合策略具有以下几点。

（1）市场营销组合是企业市场战略的核心。

（2）市场营销组合式企业进行竞争的有力手段。

（3）市场营销组合式协调企业内部各部门工作的“纽带”。

（4）市场营销组合有利于合理分配企业的销售费用预算。

4. 营销组合的理论意义

（1）市场营销组合的出现，意味着市场经营观念完成了新旧观念的转变，即发展到了新观念——市场营销观念。市场营销观念的核心是以目标顾客的需要为中心，实行市场营销组合，着眼于总体市场，从而取得利润，实现企业营销目标。在这里，市场营销组合作为营销手段至关重要。

（2）市场营销组合体现了现代市场营销学一个重要特点，那就是具有鲜明的“管理导向”，即着重从市场营销管理决策的角度，着眼于买方行为，重点研究企业市场营销管理工作中的各项战略和策略，从而使决策研究法在诸多研究方法中显示出其概括性强、适应面广的优点，并成为研究市场营销问题普遍采用的重要方法。

（3）市场营销组合的理论基础是系统理论。它以系统理论为指导，向企业决策者提供了为达，到企业营销整体效果而科学地分析和应用各种营销手段的思路和方法。

① 运用系统论的观点，对系统进行结构分析。可以从系统的开放与闭合、系统的层次结构、系统的构成要素等方面深入分析。

② 运用系统论的观点，对系统与外部环境联系方式分析，根据系统具有处理和转换功能，系统与外部环境是通过物质、能量、信息输入系统转换再将物质、能量、信息输出系统的方式进行联系的。企业作为一个开放系统，一方面，企业从外部环境输入信息、能源、原

材料，这是企业开展营销活动的基础，体现了外部环境对企业营销活动的制约性，企业须对此表示出较强的适应性，并随时依据其变化，制定调整营销战略和策略。另一方面，企业通过主动性和创造性营销，向外部环境提供产品或劳务，传播信息，来影响外部环境，从而使外部环境朝着有利于企业营销目标的方向发展。

③ 系统论的整体观强调整体的功能大于各要素功能之和，且具有各要素都不具备的新的属性和特点。这对于理解一个系统的性质特别重要，而研究系统内务要素的交互作用和整体功能比注意个别要素的功能更重要。根据这一原理，市场营销组合意味着将各种手段进行最佳组合，使其相互协调，综合地发挥尽可能大的作用。因此，企业营销之成败，在很大程度上取决于上述四方面策略的选择和它们的综合运用效果，市场营销组合的神奇魅力正在于此。

营销组合的实践意义

5. 营销组合的实践意义

对于企业来说，营销因素组合在企业实际工作中的实践意义表现在以下几个方面。

（1）制定营销战略的基础。营销战略本质上就是企业经营管理的战略，而营销战略主要是由企业目标和营销因素协调组成的。由于制定市场营销战略的出发点是完成企业的任务与目标，以投资收益率、市场占有率或其他目标为比较选择的依据来进行营销组合是比较符合实际的。

作为企业营销的战略基础，营销因素组合既可以四个因素综合运用，也可以根据产品与市场的特，分别重点使用其中某一个或某两个因素，设计成相应的销售策略，这是一个细致复杂的工作。

（2）应付竞争的有力手段。企业在运用营销因素组合时，必须分析自己的优势和劣势是什么，以便扬长避短。

在使用营销因素组合作为竞争手段时，要特别注意两个问题：

第一，不同行业不同产品，侧重使用的营销因素应当不同。

第二，企业在重点使用某一营销因素时，要重视其他因素的配合作用，才能取得理想的效果。

（3）为企业提供系统管理思路。在实践中，人们认识到，如果以市场营销组合为核心进行企业的战略计划和工作安排，可以形成一种比较系统的、从点到面、简明扼要的经营管理思路。许多企业根据市场营销组合的各个策略方向去设置职能部门和经理岗位，明确部门之间的分工关系，划分市场调研的重点项目，确定企业内部和外部的信息流程等等。企业的财务部门也会在完成财务报表的同时，按照 4Ps 数据列表，为企业分析资金运用、固定成本与变动成本支出等情况提供信息。运用营销因素组合，可以较好地协调各部门之间的工作。

五、如何成为一名优秀的银行理财产品营销员

（1）首先要对所从事的工作有认同感。就商业银行市场营销这一业务，它是新兴行业，是应近年汇率机制的改革，人民银行对外披露“要逐步放开国内企业和个人自由购买外汇，引导境内机构和个人外汇资金进入境外资本市场”而迅速发展起来的金融经纪业务。它既符合国家外管局“多管齐下疏通资本流出渠道，取消境外投资购汇限制，增加外汇流出，缓解人民币升

值压力，另一方面通过企业境外投资，提高外汇储备的使用效率”等一系列国家金融政策的需要，也同时符合金融市场和经纪业务的发展方向，有着极强的生命力和市场需求。外汇投资业务作为一项高起点、高技术含量、高收益的理财服务越来越受欢迎。因此其市场空间和发展前景是可以用“非常看好”来形容的。

（2）要对营销产品的专业知识有极强的了解，是开拓争取客户的基本手段。例如，技术分析、基本面分析，财经资讯动向的把握等，要能打动客户，成为懂业务、懂操作的行家。做一个杰出的推销员应该能与客户对答如流和在最短的时间内给客户满意的答复，因此对营销产品的专业知识有极强的了解是必需的。

（3）懂得营销的技巧。包括客户资源的掌握、了解和动态跟踪，在日常要通过一切可能的途径去获取客户群体的资料，对获取的客户资料进行必要的划分、分类，注重信息储存、保密，及时筛选、分析、利用、跟进。杰出的推销员还应该有自己的执行计划，其内容包括：应该拜访的目标群，寻找最佳拜访时间和贴近顾客的方法，甚至提供营销的解说技巧和解决方案，帮助顾客解除疑虑，让其快速做出决定成为公司忠诚的客户。

（4）永不言败的勇气。做营销如同人生的缩影，过程中通常会遭遇到挫折，被他人拒绝，碰到很多无法预估的困难，要不气馁，化困难为挑战，永不言败。永不放弃是从事任何工作的人都应该保持的积极态度。特别是做营销，要成为一名成功的推销员，首先需要下定决心，将营销工作视为终身工作，当成神圣的使命来做。不怕吃苦，持续地努力，直至成功。

案 例

最活跃的城市商业银行：杭州银行理财客户4万周周推新品

杭州银行的主要业务均在浙江及周边地区，尤其是理财市场竞争激烈的杭州。而杭州银行的个人理财业务也是从这里开始起步。“我们银行几乎每周都有新产品推出，仅2009年上半年就发行了51款，发行规模超过30亿元。”杭州银行上海分行一位理财经理告诉记者，杭州银行的产品线日益丰富，有适合高端客户的集合资金信托计划、券商集合理财以及以金融衍生品、私募股权为投向的银行理财产品，也有适合中端客户的以信贷资产、银行间债券等为投向的银行理财产品。

投向小企业融资，最高收益8%。作为中国私营经济最为发达的地区，浙江中小企业融资需求特别大。开发信贷类理财产品时，杭州银行也针对中小企业开发了不少产品。

2008年，杭州银行在全国发行了第一只以小企业融资为投向的银行理财产品，在市场上引起了强烈反响。该产品为“幸福理财”0819期个人理财计划（信托贷款型），产品募集资金投资于“中投西湖区小企业债权投资之平湖秋月集合资金信托计划”。这款产品于2008年9月12日开始发售，理财计划所募集资金将用于向杭州市西湖区内的小企业发放信托贷款，预期年收益率8%。2009年，“幸福理财”0926期个人理财计划正式成立，这是0819期产品的最新延续。其将认购资金委托给中投信托有限责任公司，设立“中投余杭区中小企业债权信托基金”单一资金信托，并取得信托受益权。中投信托有限责任公司已按相关信托文件的约定于2009年6月23日向15家企业发放了总额为5000万元人民币的信托贷款，并委托杭州银行余杭支行履行信托贷款资产管理人职责。这款产品的预期年收益率为4.5%。“针对中小企业的信贷开发出个人理财产品在市场上都是比较少的。”熟悉杭州银行的人士认为，这跟杭州银行熟悉当地经济环境有关。“首先必须要有成熟的经济环境，优质的中小企业很多，还款能力有保证，其次，有类似的金融实践，在浙江，民间拆借比较普遍，利用信托的方式发放贷款也有实施的可能性。”

5 年开发 40 000 客户。2009 年 7 月，杭州银行浦东支行开业。这是杭州银行在上海的第二家支行，也是在全国理财市场布局上迈出的又一步。目前，杭州银行已先后在舟山、上海、北京、深圳、宁波等地布点，建立起了布局更加合理、功能更为完善的经营网络，正朝打造成为“立足浙江、在长三角地区具有竞争优势，在长三角以外其他城市具有经营特色的区域性商业银行”的目标逐步迈进。

六、银行理财业务发展趋势

1. 发行规模扩大化

理财产品的发行数量近几年增速迅猛。2009 年上半年，我国有 70 家银行共发行理财产品 2 431 款。其中，中资银行发行的理财产品市场占比达到了 90%，是理财产品市场中的发行主体。从目前的理财产品市场状况来看，银行理财产品将继续快速发展。但从一定程度上来说，银行理财产品数量的增长将到达一种较为平稳的状态，之前的井喷式发展主要是由于先前的产品基数小，随着基数的不断增加以及银行理财产品发展规划的成熟，银行将更多地重视其理财产品的质量和投资方向等因素。

2. 投资方向多元化

信贷方向是理财产品不可忽视的一个方向，由于信贷类理财产品收益稳定，这类理财产品深受消费者青睐，所以在未来理财产品市场中，信贷类理财产品仍将是主要的种类之一。相比而言，股票类理财产品受市场影响较大，2007 年多家银行推出了很多股票、基金类理财产品，效果很好。但随着 2008 年证券市场的低迷，股票、基金类理财产品的发展也开始变缓，国外次贷危机的影响也造成了股票、基金类理财产品的发行受阻。因此，未来股票、基金类理财产品的发展还会受到资本市场的影响，其发行规模有可能出现急剧增长或急速下降的情况。而银行也会时刻跟踪、分析市场行情，对于银行而言，股票、基金类理财产品的收益率是非常诱人的，这类理财产品会得到持久的关注。另外，2009 年 7 月初，银监会发布了《关于进一步加强商业银行个人理财业务投资管理有关问题的通知》，规定银行理财资金不得投资于二级市场股票或与其相关的证券投资基金，以及未上市企业股权和上市公司非公开发行或交易的股份。《通知》发布以来，各银行在股权投资类产品上的发行无疑受到重大影响，在一定程度上会降低银行发行该类理财产品的热情。

此外，随着国外经济的复苏和投资环境的好转，在一定程度上将促进外币理财产品和 QDII 理财产品的复苏。但这两类理财产品更需要的是投资者的认可和接受，由于之前的负收益给投资者带来了负面影响和悲观情绪，这种信心仍需要一段时间来重新建立和恢复。

最后，结构性理财产品也将是我国商业银行未来发展的趋势和方向，这类理财产品设计较为复杂，但其收益率较高，我国商业银行业已经开始关注这类理财产品的研发和推广。目前与国外大银行合作较多，之后会逐渐趋向于进行独立的产品设计、市场推广和产品销售，这将是我国商业银行开展结构性理财产品的必经之路。

3. 客户定位细分化

我国商业银行一直以来都比较重视对产品的设计和发行，没有认真和充分考虑理财产品对投资者的适用性，忽视了对投资者理财需求的分析和研究。因此未来我国银行应该关注对投资者群体的细致划分，倾向于为其定制多元化和个性化的服务。同时，面对越来越多的高端投资者和富裕阶层，银行也会更加关注高端投资者的产品需求，保持对高端投资者的优质服务，达到对理财市场的深度挖掘。

4. 重视产品风险

经历了次贷危机的洗礼之后，很多投资者都非常关注理财产品的安全性，担心出现理财产品亏损的情况，越来越多的投资者偏向于购买“稳定型”理财产品。在面对投资者这种投资心态的变化时，银行也做出了相应的调整，将控制风险放在第一位，在未来开展业务时，也会倾向于发行货币类、债券类等收益稳定的理财产品。银行对于市场风险的分析会更加细致，在产品设计阶段，也会将风险控制置于首要位置，提升风险意识。

活动练习

找一家商业银行，通过网络信息收集，写出该银行理财产品营销的发展历程。

习题和能力训练

一、理论自测题

1. 名词解释

金融产品　　理财产品　　市场营销

2. 简答题

（1）简述理财产品的三层次理论。

（2）理财产品有哪些特征？

（3）简述产品寿命周期各阶段的特点。

（4）简述理财产品营销策略的基本内容。

二、单元案例

最活跃的城市商业银行：杭州银行理财客户 4 万，周周推新品

杭州银行的主要业务开设地区为浙江省各个地区，尤其是理财市场竞争激烈的杭州市。而杭州银行的个人理财业务也是从这里开始起步的。“我们银行几乎每周都有新产品推出，仅2009年上半年就发行了51款，发行规模超过30亿元。”杭州银行上海分行一位理财经理告诉记者，杭州银行的产品线日益丰富，有适合高端客户的集合资金信托计划、券商集合理财以及以金融衍生品、私募股权为投向的银行理财产品，也有适合中端客户的以信贷资产、银行间债券等为投向的银行理财产品。

“投向小企业融资，最高收益8%。”作为中国私营经济最为发达的地区，浙江中小企业融资需求特别大。开发信贷类理财产品时，杭州银行也针对中小企业开发了不少产品。

2008年，杭州银行面向全国发行了第一只以小企业融资为投向的银行理财产品，在市场上引起了强烈反响。该产品为“幸福理财”0819期个人理财计划（信托贷款型），产品募集资金投资于“中投西湖区小企业债权投资之平湖秋月集合资金信托计划”。

这款产品于2008年9月12日开始发售，理财计划所募集的资金将用于向杭州市西湖区内的小企业发放信托贷款，预期年收益率8%。2009年，“幸福理财”0926期个人理财计划正式启动，这是0819期产品的最新延续。其将认购资金委托给中投信托有限责任公司，设立“中投余杭区中小企业债权信托基金”单一资金信托，并取得信托受益权。中投信托有限责任公司已按相关信托文件的约定于2009年6月23日向15家企业发放了总额为5 000万元人民币的信托贷款，并委托杭州银行余杭支行履行信托贷款资产管理人职责。这款产品的预期年收益率为4.5%。“针对中小企业的信贷开发出个人理财产品在市场上都是比较少的。”熟悉杭州银行的人士认为，这跟杭州银行熟悉的当地经济环境有关。“首先必须要有成熟的经济环境，优质的中小企业很多，还款能力有保证，其次，有类似的金融实践，在浙江，民间拆借很普遍，利用信托的方式发放贷款也有实施的可能性。”

“5年开发40 000客户。”2009年7月，杭州银行浦东支行开业。这是杭州银行在上海的第二家支行，也是在全国理财市场布局上迈出的又一步。目前，杭州银行已先后在舟山、上海、北京、深圳、宁波等地布点，建立起了布局更加合理、功能更为完善的经营网络，正在向成为“立足浙江、在长三角地区具有竞争优势，在长三角以外其他城市具有经营特色的区域性商业银行”的目标迈进。

截至2008年，杭州银行资产总额达到1 289.43亿元；存贷款余额分别为1 100.90亿元和780.64亿元，上半年实现利润总额8.2亿元，净利润6.8亿元，净资产收益率（半年）达到13.23%，不良贷款率仅为0.78%，拨备覆盖率达到180.4%。

该行的个人理财业务始于2004年，从最初单一的国债回购业务到现如今的债券投资类、信托融资类、信贷资产受让类等业务，规模逐渐变大，目前理财投资客户逾4万人。

杭州银行的理财产品主要分为“幸福理财”和“价值连城”两大系列。“幸福理财”系列主要包括杭州银行自行开发、自行销售的理财产品。产品种类包括债券投资型、票据投资型、信贷资产转让型、信托贷款型、股权收益权型等，适合各类风险偏好的投资者进行资产配置。而“价值连城”系列则是由杭州银行牵头，联合浙江省内9家城市商业银行成立个人理财业务合作平台，建立“价值连城”联合品牌。

结合案例分析以下问题：

1．杭州银行为什么要开发新产品？

2．杭州银行产品创新策略给我们带来了什么启示？

分析要求：学生分析案例提出的问题，拟出案例分析提纲；小组讨论，拟订案例分析报告；班级交流，教师对案例分析报告进行点评；在班级展出附有教师点评的小组案例分析报告，供学生比较研究。

案例考核： 包括形成性考核和案例报告考核，考核指标与标准参见本书附录——考核手册中的“考核表 2”。

三、单元实训

1. 实训题目

实训题目： 理财产品设计业务胜任能力训练。

与某商业银行联系，组织一次理财新产品设计活动，让学生通过参加此次设计活动，对新产品设计有更深入的了解，能编写新产品设计活动方案并组织实施，能对新产品设计活动进行分析评估，提出改进建议，撰写新产品设计活动分析报告。

实训目标： 通过实践训练，培养学生胜任新产品开发设计能力与核心职业能力；通过践行职业道德规范，促进健全职业人格的塑造。

实训内容：

（1）专业技能与能力：学生分组组建公司，按照新产品开发程序的要求，编写理财新产品设计活动方案，并按照程序组织实施，最后对设计结果进行分析和评价，提出改进建议，完成新产品分析报告。

（2）相关职业核心能力：初级训练。

（3）相关职业道德规范：内化级践行。

实训要求：

（1）将“职业核心能力培养（初级）”和“职业道德素质养成（内化级）”相关训练内容（见附录考核表表 2-1 和考核表 3-1-2）融入“专业技术能力”训练中。

（2）在实施“理财产品设计活动”业务胜任力训练同时，参照附录考核表 3-1-2 的相关“评估标准”，强化考核表 2-1 选项的“职业核心能力”和“职业道德能力”训练。

（3）实训前要求学生了解本实训的目标、内容与要求，熟记表 2-6、表 2-7 和考核表 3-1-2 中“评估指标”与“评估标准”的内涵，并将后者作为本实训的技能训练点和考核点来准备。

实训时间： 本项目学习后的课余时间，用一周时间完成。

操作步骤：

（1）将班级学生分成若干学习小组，教师布置实训任务。

（2）各小组根据新产品开发程序的要求，编写理财产品设计活动方案。

（3）教师和银行专家对各小组的活动方案进行指导。

（5）各学习小组对活动方案进行分析评价。

（6）各学习小组在班级进行交流、讨论。

成果形式： 撰写“某银行理财新产品设计活动分析报告”。

2. 实训考核

活动过程考核： 根据学生参加与实训全过程的表现，就表 1.1 中各项“评估指标”与“评估标准”，针对“职业核心能力培养”与“职业道德素质养成”的训练效果，评出个人“分项成绩”与“总成绩”，并填写“教师评语”。

表 1.1 “活动过程”成绩考核表

	评估指标	等　级	选　项	评估标准	分项成绩
职业核心能力（50%）	自我学习（10%）	初级	√	参照“考核手册”考核表 3-1-2 中相应等级的“评估标准”	
	信息处理（10%）	初级	√	参照“考核手册”考核表 3-1-2 中相应等级的“评估标准”	
	数字应用	初级		参照“考核手册”考核表 3-1-2 中相应等级的“评估标准”	
	与人交流（10%）	初级	√	参照“考核手册”考核表 3-1-2 中相应等级的“评估标准”	
	与人合作（10%）	初级	√	参照“考核手册”考核表 3-1-2 中相应等级的“评估标准”	
	解决问题（10%）	初级	√	参照“考核手册”考核表 3-1-2 中相应等级的“评估标准”	
	革新创新	初级		参照“考核手册”考核表 3-1-2 中相应等级的“评估标准”	
职业道德素养（50%）	职业观念（10%）	内化	√	对职业、职业选择、职业工作、营销人员职业道德和企业营销伦理等问题具有正确看法	
	职业情感（10%）	内化	√	对职业有愉快的主观体验、稳定的情绪表现、健康的心态、良好的心境，具有强烈的职业认同感、职业荣誉感和职业敬业感	
	职业理想（10%）	内化	√	对将要从事的职业种类、职业方向与事业成就有积极的向往和执著的追求	
	职业态度（10%）	内化	√	对职业选择有充分的认知和积极的行动	
	职业良心（10%）	内化	√	在履行职业义务时具有强烈的道德责任感和较高的自我评价能力	
	职业作风	内化		在职业实践和职业生活的自觉行动中，具有体现职业道德内涵的表现	
总成绩 100%：					
教师评语	签名： 20　年　月　日				

实训课业考核：根据实训中要求的学生“实训课业”的完成情况，结合表 1.2 中各项“课业评估指标”与“课业评估标准”，评出个人和小组的分项成绩与总成绩，并填写“教师评语”与“学生意见”。

表 1.2 “实训课业”成绩考核表

课业评估指标	课业评估标准	分项成绩
1. 某银行理财新产品设计活动方案（30%）	1. 激发产品创意的方法是否可操作 2. 市场可行性的检测方法是否可操作 3. 预算是否合理 4. 语言简洁，逻辑性强	
2. 某银行理财新产品设计活动效果（30%）	1. 分工明确，业务协调 2. 顾客对新产品的评价	
3. 改进某银行理财新产品设计活动建议（20%）	1. 具有针对性 2. 描述清晰 3. 改进措施具有一定的可操作性	
4. 分析报告的写作（20%）	1. 格式的规范性 2. 内容的完整性、科学性 3. 结构的合理性 4. 文理的通顺性	
总成绩（100%）：		
教师评语	签名： 20　年　月　日	
学生意见	签名： 20　年　月　日	

项目二

理财产品营销流程及营销计划

学习目标

熟悉理财产品营销流程的含义和选择时应考虑的因素；掌握理财产品营销流程的设计原则和设计步骤；熟悉理财产品营销计划应包括的各项内容；掌握如何有效地执行和控制理财产品营销计划。

模块一 理财产品营销流程

【能力目标】 能运用理财产品营销流程和营销计划的知识为商业银行等制订理财产品营销计划。

【活动目标】 熟悉理财产品营销计划应包括的各项内容；能有效执行和控制理财产品营销计划。

基本知识

一、理财产品营销流程及其选择

理财产品营销流程是指理财产品营销的全过程。随着理财业的发展，尤其是理财产品营销的发展，现代理财产品营销流程较之以往的简单营销发生了很大的变化。

理财产品营销流程的选择直接制约和影响着整个理财产品营销计划和策略的制定和执行效果。商业银行选择营销流程一般应考虑以下因素：

一是产品因素，它包括理财产品的类别、服务对象和价格等；

二是市场因素，这里主要考虑的是理财产品消费者的服务需求，即市场需求量、市场分散程度和售后服务等；

三是理财企业自身的条件，包括理财企业的类型、理财企业规模与实力、理财企业对市场是否熟悉等；

四是营销成本和效益的评价，这也是营销流程选择的最终因素。理财企业在做出选择之前，对各种可供选择的营销流程的费用、风险和利润都要进行详细的分析、评价和比较。

二、理财产品营销流程设计

理财产品营销流程的设计是一项艰巨复杂的系统性工程，不能简单行事。尽管如此，我们还是可以总结出一套理财产品营销的基本流程图，为理财产品的营销工作做简单的指导。

理财产品营销流程设计主要应该遵循三个原则：一是创立有价值的营销流程，能为公司带来利润，能提高客户的忠诚度和满意度；二是注重异质化的流程建设，体现公司的差异化；三是创建难以模仿的营销流程模式，例如使流程的畅通具备一定的专业技能和管理知识、品牌忠诚度或市场控制能力等。

理财产品营销一般要经过营销环境分析，理财产品购买者行为分析，目标市场选择，确定理财产品营销的价格、渠道和促销策略，营销流程效果评估几个步骤。下面对这一基本流程进行说明。

第一步，营销环境分析。这一步主要是分析理财产品的营销环境，包括宏观营销环境和微观营销环境。这一步的核心是比较本公司与目标竞争对手在同等市场形势下，在公司品牌、产品特色、政策灵活性、市场占有率和成本变动趋势等方面的差别。

第二步，理财产品购买者行为分析。在设计流程的时候，不能光盯着自身现状，而应该把目光对准终端客户，多从他们的角度去考虑和设计流程。在这一步骤中，理财企业要分析购买者需求，找出影响购买者行为的因素，掌握购买者决策的过程。

第三步，目标市场选择。根据不同客户群体对特定服务项目重要程度的认识进行客户细分，并为每个细分群体确定能为其提供的最优服务。之后，对各类客户进行比较，选择目标客户群。

第四步，确定理财产品营销的价格、渠道和促销策略。比较不同营销策略，判断不同营销策略组合的收入、成本和资金需求情况，包括营销价格的客户接受度，营销渠道在运转过程中所能达到的覆盖率以及促销队伍的规模和成本等。

第五步，营销流程效果评估。营销流程效果评估的主要工作内容是对营销流程工作是否按时、保质的完成，是否达到预期的效果等进行评估；还要确定工作过程中的问题，决定是否需要对营销流程进行调整或者重新规划。

模块二　理财产品营销计划

【能力目标】　熟悉理财产品营销计划应包括的各项内容；掌握如何有效的执行和控制理财产品营销计划；能运用理财产品营销流程和营销计划的知识为商业银行制订理财产品营销计划。

【活动目标】　熟悉理财产品营销计划应包括的各项内容；能有效地执行和控制理财产品营销计划。

基本知识

一、理财产品营销计划概述

理财产品营销工作如果缺乏计划将会导致行动和经费开支上的混乱，使理财企业在市场竞争中处于劣势地位，因此每个理财企业必须用计划来对待市场。营销计划是理财产品市场营销过程中最重要的工作之一。

理财营销计划是营销领导层酌情对企业在计划期内的营销目标、战略措施、行动方案以及计划实施和控制的筹划。营销计划主要用于描述使用营销资源达到营销目标的方法，虽然听起来简单，但实际上很复杂，资源和目标在理财企业之间会发生变化，即使在同一个理财企业中，也会因为时空的变化而有所不同。营销计划是一个不断重复的过程，在执行过程当中，应该不断进行检讨与修正。

二、理财产品营销计划的内容

营销计划的内容将随着决策层需要的不同而不同。大多数营销计划，特别是理财产品计划和品牌计划主要包括下列内容：计划实施摘要、企业当前的营销状况、机会和问题分析、确定营销目标、营销战略措施、行动方案、营销预算、控制等。

1. 计划实施摘要

计划的开头模块应该有一个关于本计划的主要目标和措施的概括说明。理财产品市场营销计划需要提交上级主管或有关人员审核。由于上级主管一定有充足的时间阅读全文，因此可以通过摘要把计划的中心描述出来，便于上级主管迅速了解、掌握要求，抓住计划要点。

计划实施摘要主要是简单描述目前的形势、选择的战略、制定的目标、主要的行动步骤和可能的财务结果。这个模块一般有 2～3 页，占整个计划长度的 10%左右。

2. 企业当前营销状况

在摘要之后，营销计划的一个主要内容是提供该理财产品当前营销状况简要而明确的分析。

（1）市场状况：这里列出为其服务的市场的数据。市场的范围有多大，包括哪些细分市场，各细分市场近几年营业额有多少，顾客需求状况以及影响顾客购买行为的各种环境因素如何等。

（2）竞争状况：对主要竞争对手进行辨认，并逐项描述各个竞争对手在规模、质量、定价、分销、营销策略等方面的特征，并恰当地了解他们的意图和行为。

（3）产品状况：列表表述主要理财产品近几年来的销售额、价格、贡献毛利和净利润，以了解影响产品销售和利润增长的主要问题及今后的努力方向。

（4）分销状况：说明各个分销渠道上的理财产品销售数量以及每个渠道的发展变化趋势。注意分销商和经销商力量上的变化，渠道成本的变化，以明察其效益和存在的主要问题。

（5）宏观环境状况：这一模块描述宏观环境的主要变化趋势，如人口环境、经济环境、技术环境、政治法律、社会文化等，因为他们与企业产品的前景有着某种联系。

3. 机会和问题分析

这里是对理财产品计划期营销中所面临的主要威胁和机会以及对自身优、劣势的分析。首先是进行机会威胁分析，即营销经理应辨认企业所面临的主要机会和威胁。然后进行优势和劣势分析。通过以上分析，确定在计划中应注意的主要问题。

机会/威胁分析（O/T 分析）。机会和威胁是指影响企业发展的外部因素。“机会”指营销环境中存在着的对公司产品销售的有利因素；“威胁”是指在营销环境中对产品销售的不利因素。计划中指出这些因素以便提出一些可能采取的措施。经理人员还应对机会和威胁在重要性和可能性上进行分类。

优势/劣势分析（S/W 分析）。优势和劣势是指企业内部因素，如产品质量、产品组合、营销能力、价格、成本和企业的声誉、形象、生产和管理能力等。优势是指企业可以在战略中应用的一些因素；劣势指的是公司需要加以改正的一些不足之处。在进行了机会威胁和优劣势分析后，要确定在计划中必须注意的主要问题，对这些问题的讨论，将决定公司会产生什么样的目标、战略和行动方案。

4. 确定营销目标

营销目标也就是在本计划期内要达到的目标，主要有财务目标和营销目标。

（1）财务目标：即计划期的任务完成以后必须实现的赢利性目标，如投资报酬率、利润率、现金流量等。

（2）营销目标：企业的产品只有在市场中实现销售才能转化为货币而实现财务目标，因此，财务目标必须转化为营销目标才能实现。营销目标可以是销售收入、市场占有率、品牌知名度、分销网点数目、平均价格等。

（3）确定目标时应注意：每一个目标应该有一个既明确又能测量的形式，并且有一个应该完成的规定期限。各个目标应该具有内部的统一性。各类目标应有轻重缓急之分，且具有层次性。这些目标具有激励性和可行性，即既有足够的挑战性，又能激发员工的最大潜力。

5. 营销战略措施

即达到上述营销目标的基本途径或手段，它包括目标市场、营销组合、市场定位、营销费用中的主要决策。

（1）目标市场：在营销战略措施中应首先明确企业的目标市场，即企业准备服务于哪个或哪几个细分市场。

（2）营销组合：企业准备在各个细分市场采取哪些具体的营销策略，如产品、渠道、定价和促销等方面的策略。

（3）市场定位：按所选择的市场定位，确定企业产品的特色。

（4）营销费用：根据上述措施确定营销费用水平。在制定营销策略的过程中，营销经理需要和那些对成功和失败有很大关系的人员进行合作，共同研讨。一个产品经理应该和采购、制造部门的人员商量，以明白他们是否有能力购买到足够的材料和生产足够的产品来满足计划中的销售水平；和财务主管商量，以清楚可得到的足够资金。

6. 行动方案

行动方案是指营销策略还需要转化成具体的活动程序。要做些什么？何时开始？何时完成？由谁负责？需要多少成本？按上述问题把每项活动都列出详细的程序表，以便于执行和检查。

要全盘考虑市场营销战略实施过程中涉及的各种因素、每个环节以及所有内容，把具体的战术或行动用图表形式描述出来，标明日期、活动费用和责任人，使整个战术行动方案一目了然，便于执行和控制。

7. 编制预算方案

在营销计划中还要编制出各项收支的预算。决定目标、战略和战术以后，编制一份类似损益报告的辅助预算。在预算书的收入栏列出预计的单位销售数量、平均净值；在支出栏列出分成细目的生产成本、储运成本以及各种市场营销费用，收入与支出的差额就是预算的赢利。它将成为有关部门、有关环节安排和进行采购、生产、人力资源以及市场营销管理的依据。

8. 控制

计划书的最后一个环节是控制，用以监督计划的进程。典型的做法是将计划规定的目标和预算按季度分解，以便于理财企业的上层管理部门进行有效的监督检查，及时了解各个阶段的销售成绩，掌握未能完成任务的部门、环节，分析原因，督促未完成任务的部门改进工作，以确保营销计划的完成。此外，还要制定和附列应急计划，目的是事先考虑可能出现的重大危机和可能出现的各种困难。

项目活动 能有效执行理财产品营销计划

【活动目标】 熟悉执行理财产品营销计划应包括的各项内容；掌握如何有效的执行和控制理财产品营销计划。

基本知识

一、如何有效执行理财产品营销计划

执行和控制理财产品营销计划，是整个理财产品营销管理过程中极其重要的步骤，是建立和运行营销计划系统、营销组织系统、营销控制系统的工作过程。制定市场战略目标和营销计划，仅仅是理财产品营销管理工作的开始。

理财企业所制定的营销战略中的营销计划最后必须被忠实有效地执行，这便是营销管理的核心职能所在。它要求理财企业要建立一个能够成功执行计划的组织，制定对计划实施起支持作用的政策和运作程序，诸如营销活动的控制评估系统。以达到既定结果为目标，采取必要的激励措施，鼓励销售人员努力向理财企业的营销目标而奋斗，营造一种有利于计划实施和执行的企业文化和工作环境，建立公司的市场信息系统和信息情报交流反馈系统，使所有的销售人员都能始终如一地完成他们的任务。

理财企业的营销计划制订得越缜密，执行得越有效，就越有可能在市场上成为一个强有力的竞争者，就越有可能在市场上获得成功。即使最优秀的理财产品营销计划，不执行也等于零。所以，有了理财产品营销计划后，就要积极执行，合理控制，努力实现计划目标。执行和控制理财产品营销计划是理财产品营销管理过程的最后一个步骤，也是理财产品营销管理过程中一个关键性的、极其重要的步骤。

1. 执行理财产品营销计划

执行理财产品营销计划，是指将营销计划转变为具体营销行动的过程，即把企业的经济资源有效地投入到理财企业营销活动中，完成计划规定的任务、实现既定目标的过程。理财企业要有效地执行市场营销计划，必须建立起专门的市场营销组织。理财企业的市场营销组织通常由一位营销副总经理负责，他有两项任务：一是合理安排营销力量，协调企业营销人员的工作，提高营销工作的有效性；二是积极与制造、财务、研究与开发、采购和人事等部门的管理人员配合，促使公司的全部职能部门和所有员工同心协力，千方百计地满足目标顾客的需要，保质保量地完成理财产品营销计划。实践上，营销部门在开展营销工作时的有效性，不仅依赖于营销组织结构的合理性，而且取决于营销部门对营销人员的选择、培训、指挥、激励和评价等活动。只有配备合格的营销管理人员，充分调动他们的工作积极性和创造性，增强其责任感和奉献精神，把计划任务落实到具体部门、具体人员，才能保证在规定的时间内完成计划任务。可见，高效合理的营销组织和德才兼备的营销人员是执行计划的必备条件。

（1）制定行动方案。必须明确理财产品营销计划中的关键性环境、措施和任务，并将任务分配到个人或小组。方案还应包括具体的时间表，即每一项行动的确切时间。

（2）调整组织结构。组织结构与计划的任务相一致，同理财企业自身的特点、环境相适应。也就是说，必须根据企业战略、理财产品营销计划的需要，适时改变、完善组织结构。现在最为流行的是客户经理制营销组织模式。

理财机构营销组织的职能如图 2.1 所示。

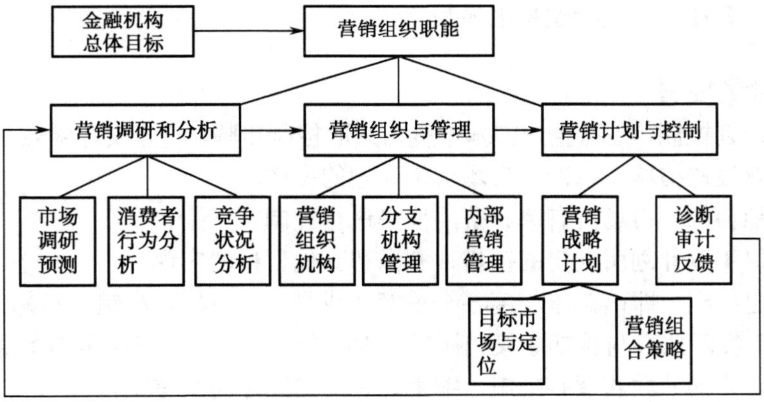

图 2.1 理财机构营销组织的职能

（3）形成规章制度。必须明确与计划有关的各个环节、岗位、人员的责、权、利，各种要求以及衡量、奖惩条件。

（4）协调各种关系。为了有效实施营销计划，计划实施系统的行动方案、组织结构、建章立制、人力资源管理和企业文化五大要素必须协调一致，相互配合。

2. 计划实施中的问题与原因

在营销计划的实施中常出现这样的情况，一个好的营销计划并没有带来好的营销业绩，究其原因，主要有以下几点。

（1）计划脱离实际。企业的营销战略和营销计划通常是由上层的专业计划人员制定的，而实施则要依靠基层的营销管理人员执行。两类人员之间的不协调，就会导致计划脱离实际。

（2）长期目标和短期目标相矛盾。计划常常涉及企业的长期目标，但企业对具体实施市场营销计划的企业营销管理人员的评估，往往是根据其短期的工作绩效做出的，如销售量、市场占有率或利润率等，因此，营销人员常选择短期行为，这样就出现了长期目标与短期目标之间的矛盾。

（3）因循守旧的惰性。企业当前的经营活动往往是为了实现既定的战略目标，新的战略如果不符合企业的传统和习惯就会遭到抵制。新旧战略的差异越大，实施新战略可能遇到的阻力也就越大。要想实施与旧战略截然不同的新战略，常常需要打破企业传统的组织结构和运行流程。

（4）缺乏明确具体的行动方案。许多计划之所以失败，就是因为缺乏一个能够使企业有关部门协调一致作的实施方案。一个详尽的实施方案，能够规定和协调各部门的活动，编出详细周密的项目时间表，明确各部门理应担负的责任。这样的实施方案，是计划顺利实施的前提与保障。

二、控制理财产品营销计划

在执行理财产品营销计划的过程中可能会出现许多意外情况，理财企业必须行使控制职能以确保营销目标的实现。即使没有意外情况，为了防患于未然，或为了改进现有的营销计划，理财企业也要在计划执行过程中加强控制。

1. 年度计划控制

所谓年度计划控制，是指企业在本年度内采取控制步骤，检查实际绩效与计划之间是否有偏差，并采取改进措施，以确保市场营销计划的完成。

内容：对销售额、市场占有率、费用率等进行控制。

目的：确保年度计划所规定的销售、利润和其他目标的实现

步骤：确定标准，即确定本年度各个季度（或月）的目标，如销售目标、利润目标等；绩效测量，即将实际成果与预期成果相比较；因果分析，即研究发生偏差的原因；采取纠正措施，即通过必要的补救和调整措施，缩小计划与实际之间的差距。

工具：企业可以用五种绩效工具核对年度计划目标的实施程度，即销售分析、市场占有率分析、市场营销费用率分析、财务分析、顾客态度追踪。

（1）销售分析。

销售分析衡量并评估实际销售额与计划销售额之间的差距。

① 销售差距分析：主要用来衡量造成销售差距的不同因素的影响程度。

② 地区销售量分析：用来衡量导致销售差距的具体产品和地区。

（2）市场占有率分析。

揭示企业同竞争者之间的相对关系，在正常情况下，市场占有率上升表示市场营销业绩提高，在市场竞争中处于优势；反之，说明在竞争中失利。

① 市场占有率下降。有时候，企业调整经营战略、市场营销战略，主动减少一些不能赢利的产品，使得总销售额下降，影响到市场占有率。如果企业的利润反而会有所增加，那么这种市场占有率的下降是可以接受的。可能由于新竞争者进入市场而致市场占有率下降。

② 分析市场占有率。市场机会大的企业，其市场占有率一般应高于市场机会小的竞争

者，否则其效率就有问题。

（3）市场营销费用率分析。

年度计划控制要确保企业达到销售计划指标时，市场营销费用没有超支。

① 如果费用率变化不大，在安全范围内，可以不采取任何措施。

② 如果变化幅度过大，上升速度过快，接近或超出上限，就必须采取有效的措施。

2. 赢利控制

（1）赢利能力分析。通过财务报表和数据处理，把已获利润分摊到诸如产品、地区、渠道、顾客等各个因素上面，从而衡量每个因素对企业最终赢利的贡献大小及获利成本。

（2）最佳调整措施的选择。赢利能力分析的目的在于找出妨碍获利的因素，以便采取相应措施，排除或者削弱这些不利因素的影响，由于可供选择的调整措施很多，企业必须在全面考虑之后做出定夺。

为了评估和控制市场营销活动，国外有些企业专门设置了“市场营销控制员”的岗位，他们一般都在财务状况和市场营销方面受过良好的专业训练，能够担负复杂的财务分析及制定市场营销预算的工作。

3. 效率控制

（1）销售队伍的效率。衡量销售队伍的效率高低可以从几个方面进行：每次推销访问平均所需的时间、平均收入、平均成本、费用以及订货单数量；每次推销能够发展的新客户数量，丧失的老客户数量；销售队伍成本占总成本的百分比等。

（2）广告效率。广告效率的高低可以从以下几个方面进行衡量：广告成本是多少；各种工具引起人们注意、联想和喜爱的程度；受到影响的人在整个受众中所占比重；顾客对广告内容、方法的意见；广告播出前后顾客对品牌、产品的态度是否有所变化。

（3）促销效率。促销效率包括各种各样流动顾客兴趣和试用的方法及其效果。每次促销活动的成本，对整个市场营销活动的影响。

（4）分销效率。衡量分销效率的指标有以下几点：分销网点的市场覆盖面；渠道中各级各类成员发挥的作用和潜力；分销系统的布局、结构及改进方案；存货控制、仓储位置和运输方式的效果。

4. 战略控制

战略控制的目的是确保企业目标、政策、战略和措施与市场营销环境相适应。

市场营销环境是复杂多变的，企业的营销战略必须适应这一变化，通过不断地评审和信息反馈，不断地修正战略。这里有两种工具可以利用，即营销稽核和营销效益等级评核。

市场营销稽核又叫市场营销审核，其任务是对企业或战略业务单位的营销环境、目标、战略和营销活动方面进行独立的、系统的、综合的定期审查，以发现营销机会，找出问题所在，提出改善营销工作的行动计划和建议，以供决策参考。

（1）市场营销环境稽核。

企业进行市场营销必须对市场宏观和微观营销环境进行分析，并在分析的基础上，制定企业的市场营销战略。这种分析是否正确，需要经过市场营销审计的检验。而且制定好的市场营销战略还要随着营销环境的变化而变化，还要经过营销审计的检验。审计的内容包括宏观环境审计和微观环境审计两个模块。

（2）市场营销战略稽核。

企业能否按照市场营销导向确定自己的任务、目标，是否能选择与企业的任务、目标相一致的竞争地位，是否能合理地配置市场营销资源并确定合适的市场营销组合，使市场营销目标、市场营销环境、市场营销资源三者之间达到动态平衡，需要经过市场营销战略审计的检验。

（3）市场营销组织稽核。

市场营销组织稽核主要是评价企业的市场营销组织在执行市场营销战略方面的组织保证程度和对市场营销环境的应变能力，包括：企业是否有坚强有力的市场营销主管人员，这些人员是否有明确的责任和权力，是否能按产品、用户、地区等有效地组织各项市场营销活动，是否有一支训练有素的销售队伍，对销售人员是否有健全的激励、监督机制和评价体系，市场营销部门与企业其他部门的沟通情况和合作关系等。

（4）市场营销系统稽核。

企业的市场营销系统包括市场营销信息系统、市场营销预测系统、市场营销计划系统、市场营销控制系统。因此，对市场营销系统的稽核就是对这四大系统的有效性审计。

（5）市场营销年度计划稽核。

① 检查销售计划的执行情况；

② 检查市场占有率；

③ 检查市场营销费用率；

④ 检查资金的运用情况；

⑤ 检查企业对顾客的反应和变化，以及有何追踪措施。

（6）市场营销赢利能力稽核。

市场营销赢利能力稽核是在企业赢利能力分析和成本效益分析的基础上，审核企业的不同产品、不同市场、不同地区及不同销售渠道的赢利能力，审核进入或退出、扩大或缩小某一具体业务对赢利能力的影响，审核市场营销费用支出情况及其效益，进行市场营销费用—销售分析，包括销售队伍费用和销售额之比，促销费用和销售额之比，销售管理费用和销售额之比，以及资本净值报酬率和资产报酬率分析等。

活动练习

商业银行市场营销流程设计及营销计划制订（存款业务、贷款业务、理财产品等）。

习题和能力训练

一、理论自测题

1. 名词解释

理财营销计划

2. 简答题

（1）简述理财营销计划的内容。

（2）如何有效执行理财产品营销计划？

（3）如何控制理财产品营销计划？

二、单元案例

银行理财产品层出不穷 订好理财计划再购买

目前，各银行基本都有不同于储蓄存款的理财产品，这是在向投资者提供理财顾问服务的基础上，接受投资者的委托和授权，按照与投资者事先约定的投资计划和方式进行投资和资产管理的业务活动。投资者需要授权银行代表自己，按照合同约定的投资方向和方式进行投资和资产管理，投资收益与风险由投资者或投资者与银行按照约定方式承担。所以银行理财产品更偏重于投资。

具体而言，商业银行经营的理财计划大致可分为三种：一是保证收益理财计划。该理财计划是指商业银行按照约定条件向客户承诺支付最低固定收益，银行承担由此产生的投资风险，超出最低固定收益的其他收益由银行和客户按照合同约定分配。二是保本浮动收益理财计划。该理财计划是指商业银行按照约定条件向客户保证本金支付，本金以外的投资风险由客户承担，并依据实际投资收益情况确定客户实际收益的理财计划。三是非保本浮动收益理财计划。该理财计划是指商业银行根据约定条件和实际投资收益情况向客户支付收益，并不保证客户本金安全的理财计划。

银行理财产品与储蓄存款相比，在流动性、风险、收益、税收、交易方式、产品类型等方面都有很大的不同。

首先，与储蓄相比，银行理财产品流动性相对较差，通常银行都会事先规定能否提前终止，终止的日期等，有时客户提前终止还需要承担一些损失。

其次，从风险角度来看，储蓄存款相对是最安全的。理财产品的风险要视其投资方式和投资标的而定，比如利率挂钩型产品包含利率风险，汇率挂钩型产品包含汇率风险，信用挂钩的产品包含信用风险等。而储蓄仅需面对通货膨胀和存款机构破产不能偿付本息的风险。

第三，理财产品的收益率只是“预期收益率”，最终实现的收益率要看整个理财期间投资标的的表现而定。由于各银行的理财产品都由其自行定价，因此，哪怕是期限、结构等完全相同的产品，在收益率上也有可能不同。而储蓄存款的利息收益是明确的，商业银行执行中国人民银行制定的统一存款利率。

第四，储蓄存款按规定必须由银行代扣代缴利息税。而理财产品因结构不同在税收方面的处理也有不同情况，有的是银行只代扣代缴基础存款部分的利息税，有的是全部不代缴。

那么，投资者应该如何选择适合自己的理财产品呢？一般而言，选择适合自己的理财产品应该做到以下三点：

一要了解自己。投资者在投资前，需要仔细考虑自己的理财目的、资金量、理财时间、背景知识、对风险的认识等问题。选择哪种理财产品是顾客自己的权利，但是对所选的产品承担相应的风险也是顾客自己的责任。因此，投资者要在了解自己的基础上，考虑清楚后再付诸行动。

二要了解产品。投资者应尽量选择自己相对熟悉的产品，比如对股票相对比较了解，可以选择与股票挂钩的产品；如对外汇相对比较熟悉，则可以选择与汇率挂钩的产品。即便原来没有任何背景知识，也应该在购买前详细咨询独立的理财师，或要求银行专业理财人员详细解释。

三要了解机构。投资者应事先了解哪些金融机构可以销售理财产品。因为不同的金融机构在理财产品和配套服务方面有不同的特色和专长，因此投资者可以选择最适合自己的产品和自己觉得最值得信赖的金融机构。

此外，投资者不宜盲目跟风。应该辨别理财计划的期限、投资方向和选择权结构，特别是理财计划的类型，辨明理财计划是否保证最低收益、是否保证本金。同时，投资者应了解理财计划是否给予交易各方以中止权，在什么样的条件下给予交易各方以中止权。最终结合自己的理财目的和风险收益偏好来选择产品。

值得投资者注意的是，“高收益必定伴随着高风险，但高风险未必最终能带来高收益”。不同理财产品的风险种类不同，相同的理财产品购买时机、购买价格等因素不同，所需承受的风险程度也可能不同。就目前的理财产品而言，一般业内普遍认同的规律是：保证收益类产品的约定收益较低，风险也较低；非保证收益类产品的收益潜力较大，但风险也较高。因此，投资者在投资不同的理财产品时，不能只看到产品描述的预期收益，而忽视了相应的风险。而应根据自身对理财产品风险的理解能力和承受能力，选择适合自己的产品类型。

问题：投资者该如何选择适合自己的理财产品？提出自己的解决方案。

分析要求：学生分析案例提出的问题，拟出案例分析提纲；小组讨论，拟出案例分析报告；班级交流，教师对案例分析报告进行点评；在班级展出附有教师点评的小组案例分析报告，供学生比较研究。

案例考核：包括形成性考核和案例报告考核，考核指标与标准见本书附录考核手册中的考核表2。

三、单元实训

1. 实训题

实训题目：营销绩效管理业务胜任力训练。

与某商业银行联系组织一次理财产品营销绩效管理活动，让学生通过参加理财产品营销绩效管理活动，对理财产品营销绩效管理有更深入的了解，能编写营销绩效管理考核方案并组织实施。

实训目标：通过实践训练，培养学生胜任营销绩效管理职业核心能力；通过践行职业道德规范，促进健全职业人格的塑造。

实训内容：

（1）专业技能与能力：学生分组组建公司，按照给定的银行和理财产品要求，对银行和产品进行调查，编写营销绩效管理活动方案。

（2）相关职业核心能力：初级训练。

（3）相关职业道德规范：内化级践行。

银行资料：某银行是地方银行，中等规模，该银行希望在NB市进行理财产品开发，经过3年努力成为NB市同行业的领先者，该行的行长需要制定本行营销绩效管理方案，对所属的营销人员进行绩效管理。

实训要求：

（1）将"职业核心能力培养（初级）"和"职业道德素质养成（内化级）"相关训练内容（见附录表2-1和考核表3-1-2）融入"专业技术能力"训练内容中。

（2）在实施"理财产品设计活动"业务胜任力训练同时，参照考核表3-1-2的相关"评估标准"，强化附录表2-1选项的"职业核心能力"和"职业道德能力"训练。

（3）实训前要求学生了解本实训的"目标"、"内容" 与"要求"，熟记附录表2-6、表2-7和考核表3-1-2中"评估指标"与"评估标准"的内涵，并将后者作为本实训的技能训练点和考核点来准备。

实训时间：本项目学习后的课余时间，用一周时间完成。

操作步骤：

（1）将班级学生分成若干学习小组，由教师布置实训任务。

（2）了解该银行和理财产品的基本情况，确定调查目的、对象、内容和方法。

（3）根据营销绩效管理步骤和要求，教师和银行专家对各小组的活动方案进行指导。

（4）各学习小组对活动方案进行分析评价。

（5）各学习小组在班级内进行交流、讨论。

成果形式：撰写"某银行营销绩效管理考核方案"。

2. 实训考核

活动过程考核：根据学生参加与实训全过程的表现，就表2.1中各项评估指标与评估标准，针对职业核心能力培养与职业道德素质养成的训练效果，评出个人分项成绩与总成绩，并填写教师评语。

表2.1 "活动过程"成绩考核表

	评估指标	等　级	选　项	评估标准	分项成绩
职业核心能力（50%）	自我学习（10%）	初级	√	参照"考核手册"考核表3-1-2中相应等级的"评估标准"	
	信息处理（10%）	初级	√	参照"考核手册"考核表3-1-2中相应等级的"评估标准"	
	数字应用	初级		参照"考核手册"考核表3-1-2中相应等级的"评估标准"	
	与人交流（10%）	初级	√	参照"考核手册"考核表3-1-2中相应等级的"评估标准"	
	与人合作（10%）	初级	√	参照"考核手册"考核表3-1-2中相应等级的"评估标准"	
	解决问题（10%）	初级	√	参照"考核手册"考核表3-1-2中相应等级的"评估标准"	
	改革创新	初级		参照"考核手册"考核表3-1-2中相应等级的"评估标准"	

续表

	评估指标	等级	选项	评估标准	分项成绩
职业道德素养50%	职业观念（10%）	内化	√	对职业、职业选择、职业工作、营销人员职业道德和企业营销伦理等问题具有正确看法	
	职业情感（10%）	内化	√	对职业有愉快的主观体验、稳定的情绪表现、健康的心态、良好的心境、具有强烈的职业认同感、职业荣誉感和职业敬业感	
	职业理想（10%）	内化	√	对将要从事的职业种类、职业方向与事业成就有积极的向往和执著的追求	
	职业态度（10%）	内化	√	对职业选择有充分的认知和积极的倾向性行动	
	职业良心（10%）	内化	√	在履行职业义务时具有强烈的道德责任感和较高的自我评价能力	
	职业作风	内化		在职业实践和职业生活的自觉行动中，具有体现职业道德内涵的表现	
总成绩（100%）：					
教师评语	签名： 20　年　月　日				

实训课业考核：根据实训所要求的学生“实训课业”完成情况，参照表2.2中各项课业评估指标与课业评估标准，评出个人和小组的分项成绩与总成绩，并填写教师评语与学生意见。

表2.2 “实训课业”成绩考核表

课业评估指标	课业评估标准	分项成绩
1. 银行与理财产品调查（20%）	1. 调查目标合理 2. 调查资料翔实 3. 资料运用恰当	
2. 营销绩效管理考核方案制定步骤（20%）	1. 方案制定步骤 2. 步骤之间逻辑关系清楚	
3. 方案的可操作性（30%）	1. 方案明确、具体、具有针对性 2. 描述清晰 3. 激励措施具有一定的可操作性	
4. 考核方案的写作（30%）	1. 格式的规范性 2. 内容的完整性、科学性 3. 结构的合理性 4. 文理的通顺性	

续表

<table>
<tr><td colspan="2">课业评估指标</td><td>课业评估标准</td><td>分项成绩</td></tr>
<tr><td colspan="3">总成绩（100%）：</td><td></td></tr>
<tr><td>教师评语</td><td colspan="3">签名：
20　年　月　日</td></tr>
<tr><td>学生意见</td><td colspan="3">签名：
20　年　月　日</td></tr>
</table>

项目三

理财产品营销环境分析

学习目标

掌握理财产品营销环境的概念、构成、特点及理财营销活动与理财营销环境的关系；熟悉理财产品营销环境的分析方法及应对策略；熟悉宏观营销环境的各项内容；熟悉微观营销环境的各项内容。

模块一　理财产品营销环境及其特点

【能力目标】　能运用理财产品营销环境的有关知识分析银行理财产品的营销环境；能针对某一创新理财产品进行详细的营销环境分析。

【活动目标】学习理财产品营销环境及其特点。

基本知识

【例 3.1】　普通百姓在通胀环境下如何理财？

宏观经济形势：2009 年的时候，中国经济靠的是固定资产投资的独轮车。但是就 2010 年而言，固定资产投资 10 月份增长 22.4%，消费增长 8.6%，进出口总额增长 36.3%，出口增长速度 34%。如果大家对 2009 年当年的宏观经济是有信心的，2010 年和 2011 年三驾马车并驾齐驱推动的中国经济就没有理由过度悲观。

几个热门经济现象：

1. 房地产。2011 年房地产行业只是增幅缩小，增速放慢。这个时候，房地产的价格起点比较高，涨幅比较小，占用全额资金，流动比较低，灵活性差，吸引力小。

2. 基金。加息会使基金理财产品的吸引力上升。目前世界经济包括中国的宏观经济存在很多不确定因素，会增加客户对这类稳健型产品的需求。

3. 黄金等实物商品。其价格跟美元的利率是连在一起的，如果美元贬值，这类商品的价值会上涨；如果美元升值，这类商品的价格会下跌。

4. 股票。2011 年中国宏观经济的基本面支持股市继续上扬，没有理由过度悲观。同时，宏观经济过热，基本面支撑过弱，上涨空间不会超过 30%，没有理由盲目乐观。

对与通胀博弈的普通投资者的一些建议：

投资者关注理财产品的“三性平衡”，即流动性、安全性和收益性。流动性强、安全性高、兼顾收益性的理财产品，应该成为普通消费者投资的首选。提醒客户关注复合型功能的产品，它们的产品优势突出，表现更加稳健。

一、银行理财产品营销环境概述

银行营销环境是指对银行营销及经营绩效起着潜在影响的各种外部因素或力量的总和，它是银行的生存空间，也是银行开展营销活动的基本条件。

根据与银行营销活动的密切程度不同，银行环境可以分为具体环境和一般环境。具体环境也称直接营销环境或作业环境，指与实现银行营销目标直接相关的那部分环境，包括金融政策、法律、客户、竞争者、市场等。一般环境也称为间接营销环境或宏观环境，指对银行影响较间接的约束力量，包括政治、经济、人口、社会文化、科学技术等。

理财企业的营销环境可以分为微观环境和宏观环境两大类：

微观环境指与理财企业紧密相连，直接影响企业营销能力的各种参与者。微观环境包括企业内部因素和企业外部的供应商、营销中介、顾客、竞争者和公众等因素。

宏观环境指影响微观环境的一系列巨大的社会力量，代表企业不可控制的变量。宏观环境包括人口、经济、自然、技术、政治法律和文化六大因素。

二、商业银行营销环境的特征

营销环境是银行生存和发展的前提与条件，而环境是复杂多变的，银行要想在变化的环境下驾驭市场，应了解环境的一些基本特点。

1. 差异性

银行所面临的营销环境是各不相同的，这不仅表现在不同的银行会受到不同环境的影响，而且同一银行在不同时期有不同的环境，甚至连同一种环境对不同银行也会产生不同的影响。这就使得银行要对自己所面临的特定环境采取不同的营销策略。

2. 变化性

银行的营销环境是多变的，这主要因为构成营销环境的内容是多方面的，而每一项内容都会随着社会、经济的发展而不断变化。当然，环境各因素的变化又是有差异的，有的变化大，有的变化小；有的变化影响是全局性的，有的变化影响则是局部性的；有些变化可以预料，而大多数变化则难以预料。环境的不确定性程度，是由环境各因素的变化程度和复杂程度决定的。对环境变化程度的分析，可以知道我们目前是处于一个相对稳定的环境还是一个动荡的环境中；对复杂程度的分析，则可以了解构成环境因素的数量和广度。银行营销的成败，取决于对环境变化的认识和适应程度，因此银行要根据环境的变化及时调整营销策略。

3. 相关性

银行营销环境不是由某个单一的因素决定的，而是受制于一系列因素。如银行产品的价格不仅要受客户需求及银行供给的影响，而且还要受到经济发展与国家货币财政政策的制约。营销环境因素相互影响的方式与作用程度也是不同的，有些可以通过调查、分析进行评估，而有些就难以估计了。因此，银行应尽量对影响营销环境的各因素进行全面分析与预测，以便尽可能地把握环境因素之间的相互作用。

4. 针对性

银行分析营销环境的目的是为了更好地适应环境，保证营销活动顺利开展，所以银行应集中精力去研究它所要适应的环境因素。当然，对这些环境因素，银行不仅要主动地去适应，更应采取积极措施，不断创造与开发对自己有利的环境，以更好地求得生存和发展。

三、理财产品营销环境分析方法

1. 企业内外情况对照分析法

内外模块分析，有时被称为 SWOT 分析，是指一个公司需要界定其内在资源的强势与劣势，以及外在环境的机会和威胁。SWOT 分析实际上是对银行内部和外部各方面内容进行综合和概括，进而分析银行的优势（Strengths）、劣势（Weaknesses）、面临的机会（Opportunities）和威胁（Threats）的一种方法。

所谓 SWOT 分析实际上是综合概括企业内、外部条件，分析其优势、劣势及面临的机会和威胁的一种方法。

只要是在市场经济条件比较充分、资源流动性较高的情况下，都可以将 SWOT 分析作为评价方法来使用。

S——Strength，是指比较分析该产业在外部市场环境、内部经营方面相对于其他竞争对手的优势。

W——Weakness，是指比较分析该产业在外部市场环境、内部经营方面相对于其他竞争对手的劣势。

O——Opportunity，分析在目前的市场竞争态势下企业生存和发展的机会。

T——Threat，分析在目前的市场竞争态势下企业面临的威胁和挑战。

【例 3.2】　沃尔玛 SWOT 分析

优势（Strengths）：

1. 沃尔玛是著名的零售业品牌，它以物美价廉、货物繁多和一站式购物而闻名。

2. 沃尔玛的销售额近年有明显增长，并且在全球范围内扩张（例如，沃尔玛收购了英国的零售商 ASDA）。

3. 沃尔玛的一个核心竞争力是由先进的信息技术所支持的国际化物流系统，在该系统支持下，每一件商品在全国范围内的每一家卖场的运输、销售、储存等物流信息都可以被清晰地看到。

4. 沃尔玛的一个焦点战略是人力资源的开发和管理。优秀的人才是沃尔玛在商业上成功的关键因素，为此，沃尔玛投入大量时间和金钱对优秀员工进行培训，并使他们建立企业忠诚度。

劣势（Weaknesses）：

1. 沃尔玛建立了世界上最大的食品零售帝国。尽管它在信息技术上具有优势，但因为其巨大的业务拓展，这可能导致其对某些领域的控制力不够强。

2. 沃尔玛的商品涵盖了服装、食品等多个部门，它可能在适应性上比起更加专注于某一领域的竞争对手存在劣势。

3. 该公司是全球化的，但是目前只开拓了少数几个国家的市场。

机会（Opportunities）：

1. 采取收购、合并或者战略联盟的方式与其他国际零售商合作，专注于欧洲或者大中华区等特定市场。

2. 沃尔玛的卖场当前只开设在少数几个国家，因此，拓展市场（如中国、印度）可以带来大量的新机会。

3. 沃尔玛可以通过新的商场地点和商场形式来获得市场开发机会，在更接近消费者的商场和建立在购物中心内部的商店可以使过去仅仅是大型超市的经营方式变得多样化。

4. 沃尔玛的机会存在于对现有大型超市战略的坚持。

威胁（Threats）:

1. 沃尔玛在零售业的领头羊地位使其成为所有竞争对手的赶超目标。

2. 沃尔玛的全球化战略可能使其在它所在的业务国家遇到政治上的问题。

3. 多种消费品的成本趋于下降，原因是制造成本的降低。造成制造成本降低的主要原因是生产外包给了低成本国家和地区。

4. 成本下降导致了价格竞争，并在一些领域内造成了通货紧缩。恶性价格竞争是一个威胁。

SWOT 分析法如图 3.1 所示。

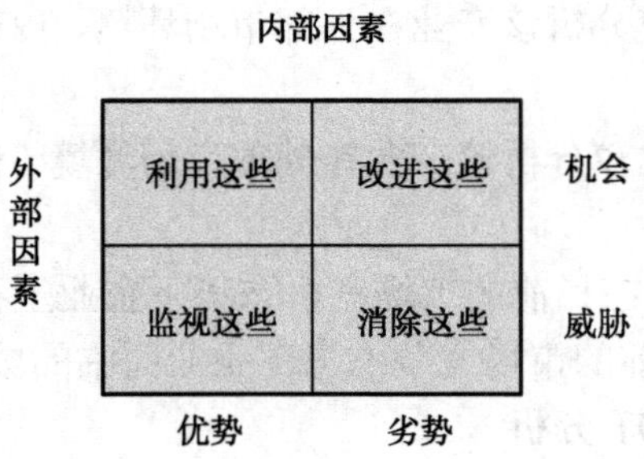

图 3.1　SWOT 分析法

2. 优势或劣势分析

一个企业具有了优势就具有了超越其竞争对手的能力，或者具有了公司所特有的能提高公司竞争力的东西。企业竞争优势主要表现为：技术技能优势、无形资产优势、人力资源优势、组织体系优势、竞争能力优势。

组织的劣势是指能力和资源方面的缺少或者缺陷。可能导致内部弱势的因素有缺乏具有竞争意义的技能技术；缺乏有竞争力的有形资产、无形资产、人力资源、组织资产；关键领域里的竞争能力正在丧失。

3. 矩阵数据分析法

（1）矩阵数据分析法的概念。

什么是矩阵数据分析法？矩阵数据分析法（Matrix Data Analysis Chart）是新的质量管理工具之一。

矩阵图上各元素间的关系如果能用数据定量化表示，就能更准确地整理和分析结果。这种可以用数据表示的矩阵图法，叫做矩阵数据分析法。

数据矩阵分析法的主要方法是主成分分析法（Principal component analysis），利用此法可从原始数据中获得许多有益的情报。主成分分析法是一种将多个变量化为少数综合变量的多元统计方法。矩阵数据分析法与矩阵图法类似。它们的区别在于矩阵图法不是在矩阵图上填符号而是填数据，形成一个分析数据的矩阵。它是一种定量分析问题的方法。

（2）矩阵数据分析法的原理。

在矩阵图的基础上，把各个因素分别放在行和列，然后在行和列的交叉点中用数量来描述这些因素之间的对比，再进行数量计算、定量分析，确定哪些因素相对比较重要。

（3）矩阵数据分析法的应用时机。

当我们进行顾客调查、产品设计或者其他方案选择时，往往需要确定考虑哪几种因素，然后权衡这些因素的重要性，按重要性进行排队，得出加权系数。譬如，我们在做产品设计之前，向顾客调查对产品的要求，利用这个方法就能确定哪些因素是临界质量特性。

（4）与其他工具结合使用。

① 可以利用亲和图（affinity diagram）把这些要求归纳为几个主要方面，然后进行对比，再汇总统计，定量给每个方面进行重要性排队。

② 过程决策图执行时确定哪个决策合适时可以采用。

③ 质量功能展开。两者有差别的。本办法是各个因素之间的相互对比，确定重要程度，而质量功能展开可以利用这个方法的结果。用来确定具体产品或者某个特性的重要程度。

（5）如何使用矩阵数据分析法。

下面通过例子介绍如何进行矩阵数据分析法。

① 确定需要分析的各个方面。我们通过亲和图得到以下几个方面，需要确定它们相对的重要程度：易于控制、易于使用、网络性能、和其他软件的兼容性、便于维护。

② 组成数据矩阵。用 Excel 或者手工把这些因素分别输入表格的行和列，如表 3.1 所示。

表 3.1　矩阵数据分析法

	A	B	C	D	E	F	G	H
1		易于控制	易于使用	网络性能	软件兼容	便于维护	总分	权重%
2	易于控制	0	4	1	3	1	9	26.2
3	易于使用	0.25	0	0.20	0.33	0.25	1.03	3.0
4	网络性能	1	5	0	3	3	12	34.9
5	软件兼容	0.33	3	0.33	0	0.33	4	11.6
6	便于维护	1	4	0.33	3	0	8.33	24.2
	总分之和	34.36						

③ 确定对比分数。自己和自己对比的地方打 0 分。以“行”为基础，逐个和“列”对比，确定分数。“行”比“列”重要，给正分。分数范围从 9 分到 1 分。打 1 分表示两个重要性相当。譬如，第 2 行“易于控制”分别和 C 列“易于使用”比较，重要一些，打 4 分。和 D 列“网络性能”比较，相当，打 1 分……如果“行”没有“列”重要，给重要分数的倒数。譬如，第 3 行的“易于使用”和 B 列的“易于控制”前面已经对比过了，是 4 分，现在取 4 的倒数，即 1/4=0.25。和 D 列“网络性能”比，没有“网络性能”重要，反过来，“网络性能”比“易于使用”重要，打 5 分，现在取倒数，就是 0.20。实际上，做的时候可以围绕以 0 组成的对角线对称填写对比结果就可以了。

④ 加总分。按照行把分数加起来。在 G 列内得到各行的总分。

⑤ 算权重分。把各行的“总分”加起来，得到“总分之和”。再把每行“总分”除以“总分之和”得到 H 列每个行的权重分数。权重分数越大，说明这个方面越重要，如“网络性能”为 34.9%，最为重要，其次是“易于控制”26.2%。

四、银行面对环境营销的对策

1. 银行对付环境威胁的对策

企业对付环境威胁的对策主要有 3 方面，如表 3.2 所示。

表 3.2 企业对付环境威胁的对策

采取对策	内　容
对抗策略	试图限制或扭转不利因素的发展
减轻策略	通过改变营销策略，以减轻威胁的程度
转移策略	将受威胁的产品转移到其他市场或进行投资转移，实行多角化经营

2. 银行调节市场需求的策略

营销管理实质就是需求管理，市场营销环境变化的综合反映便是市场需求。而市场需求基本上可以划分出八种状态，针对不同的市场需求可以采取不同的市场营销策略。这八种需求的状态为：

（1）扭转性营销策略——负需求；
（2）刺激性营销策略——无需求；
（3）开发性营销策略——潜在需求；
（4）恢复性营销策略——衰退需求；
（5）同步性营销策略——波动需求；
（6）保持性营销策略——饱和需求；
（7）限制性营销策略——超额需求；
（8）抵制性营销策略——有害需求。

【活动】 用 SWOT 分析法分析某一商业银行的环境，并进行小组讨论和 PPT 汇报。

模块二 宏观营销环境

【能力目标】 能运用宏观营销环境的有关知识分析银行理财产品的宏观营销环境。
【活动目标】 学习理财产品宏观营销环境及特点。

基本知识

什么是宏观营销环境？宏观营销环境指对企业营销活动造成市场机会和环境威胁的主要社会力量。分析宏观营销环境的目的在于更好的认识环境，通过企业营销努力来适应社会环境及其变化，达到企业营销目标。宏观营销环境所包含的内容如图 3.2 所示。

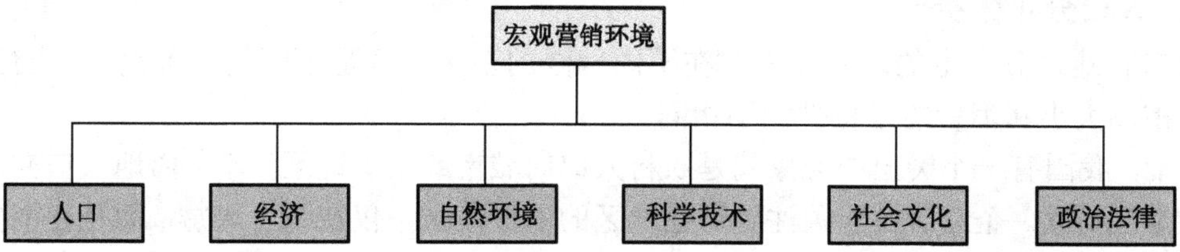

图 3.2　宏观营销环境包含内容

一、人口环境分析

人口环境是市场的第一要素。人口数量直接决定市场规模和潜在容量，人口的性别、年龄、民族、婚姻状况、职业、居住分布等也对市场格局产生着深刻的影响，从而影响着企业的营销活动。企业应重视对人口环境的研究，密切关注人口特性及其发展动向，及时调整营销策略以适应人口环境的变化。

1. 人口数量分析

人口数量是决定市场规模的一个基本要素。如果收入水平不变，人口越多，对食物、衣着、日用品的需要量也越多，市场也就越大。企业营销首先要关注所在国家或地区的人口数量及其变化，尤其对人们生活必需品的需求种类和数量影响很大。

2. 人口结构分析

（1）年龄结构。不同年龄的消费者对商品和服务的需求是不一样的。不同年龄结构就形成了具有年龄特色的市场。企业了解不同年龄结构所具有的需求特点，就可以决定企业产品的投向，寻找目标市场。

（2）性别结构。性别差异会给人们的消费需求带来显著的差别，反映到市场上就会出现男性用品市场和女性用品市场。企业可以针对不同性别的不同需求，生产适销对路的产品，制定有效的营销策略，开发更大的市场。

（3）教育与职业结构。人口的教育程度与职业不同，对市场需求表现出不同的倾向。随着高等教育规模的扩大，人口的受教育程度普遍提高，收入水平也逐步增加。企业应关注人们对报刊、书籍、电脑这类商品的需求变化。

（4）家庭结构。家庭是商品购买和消费的基本单位。一个国家或地区家庭单位的多少以及家庭人员的多少，可以直接影响到某些消费品的需求数量。同时，不同类型的家庭往往有不同的消费需求。

（5）社会结构。我国绝大部分人口为农业人口，农业人口占总人口的60%～70%左右。这样的社会结构要求企业营销应充分考虑到农村这个大市场。

（6）民族结构。我国是一个多民族国家，民族不同，其文化传统、生活习性也不相同。具体表现在饮食、居住、服饰、礼仪等方面的消费需求都有自己的风俗习惯。企业营销要重视民族市场的特点，开发适合民族特性、受其欢迎的商品。

3. 人口分布分析

人口有地理分布上的区别，人口在不同地区的密集程度是不同的。各地人口的密度不同，其市场大小和消费需求特性均不相同。

当前，我国有一个突出的现象就是农村人口向城市或工矿地区流动，内地人口向沿海经济开放地区流动。企业营销应关注到这些地区的消费需求不仅在量上增加，而且在消费结构上也产生了变化，应该提供更多适销对路的产品以满足这些流动人口的需求，这是潜力很大的市场。

二、经济环境分析

经济环境是影响企业营销活动的主要环境因素，它包括收入因素、消费支出、产业结构、经济增长率、货币供应量、银行利率、政府支出等因素，其中收入因素、消费结构对企业营销活动影响较大。

1. 消费者收入分析

收入因素是构成市场的重要因素，甚至是更为重要的因素。因为市场规模的大小归根结底取决于消费者的购买力大小，而消费者的购买力取决于他们收入的多少。企业必须从市场营销的角度来研究消费者收入，通常从以下四个方面进行分析。

（1）国民生产总值。它是衡量一个国家经济实力与购买力的重要指标。国民生产总值增长越快，国民对商品的需求和购买力就越大，反之越小。

（2）人均国民收入。用国民收入总量除以总人口的比值即为人均国民收入。这个指标大体反映了一个国家人民生活水平的高低，也在一定程度上决定商品需求的构成。一般来说，人均收入增长，对商品的需求和购买力就大，反之就小。

（3）个人可支配收入。指在个人收入中扣除消费者个人缴纳的各种税款和交给政府的非商业性开支后剩余的部分，可用于消费或储蓄的那部分个人收入，这部分个人收入构成实际购买力。个人可支配收入是影响消费者购买生活必需品的决定性因素。

（4）个人可任意支配收入。指在个人可支配收入中减去消费者用于购买生活必需品的费用支出（如房租、水电、食物、衣着等项开支）后剩余的部分。这部分收入是消费需求变化中最活跃的因素，也是企业开展营销活动时所要考虑的主要对象。这部分收入一般用于购买高档耐用消费品、娱乐、教育、旅游等。

（5）家庭收入。家庭收入的高低会影响很多产品的市场需求。一般来讲，家庭收入高，对消费品需求大，购买力也强；反之，需求小，购买力也弱。另外，要注意分析消费者实际收入的变化。注意区分货币收入和实际收入。

2. 消费者支出分析

随着消费者收入的变化，消费者支出会发生相应变化，继而使一个国家或地区的消费结构也发生变化。

（1）消费结构。德国统计学家恩斯特·恩格尔于 1857 年发现了消费者收入变化与支出模式，即消费结构变化之间的规律性。

（2）恩格尔系数。恩格尔所揭示的这种消费结构变化通常用恩格尔系数来表示，即：

恩格尔系数＝食品支出金额/家庭消费支出总金额

恩格尔系数越小，食品支出所占比重越小，表明人民生活富裕，生活质量高；恩格尔系数越大，食品支出所占比重越高，表明人民生活贫困，生活质量低。

恩格尔系数是衡量一个国家、地区、城市、家庭生活水平高低的重要参数。企业从恩格尔系数可以了解目前市场的消费水平，也可以推知今后消费变化的趋势及对企业营销活动的影响。

3. 消费者储蓄分析

消费者的储蓄行为直接制约着市场消费量购买的大小。当收入一定时，如果储蓄增多，现实购买量就减少；反之，如果用于储蓄的收入减少，现实购买量就增加。

居民储蓄倾向受到利率、物价等因素变化的影响。人们储蓄目的也是不同的，有的是为了养老，有的是为未来的购买而积累，当然，储蓄的最终目的主要也是为了消费。企业应关注居民储蓄的增减变化，了解居民储蓄的不同动机，制定相应的营销策略，获取更多的商机。

4. 消费者信贷分析

消费者信贷也称为信用消费，指消费者凭信用先取得商品的使用权，然后按期归还贷款，完成商品购买的一种方式。

信用消费允许人们购买超过自己现实购买力的商品，创造了更多的消费需求。随着我国商品经济的日益发达，人们的消费观念大为改变，信贷消费方式在我国逐步流行起来，值得企业去研究。

三、政治法律环境分析

法律政治环境是影响企业营销的重要宏观环境因素，包括政治环境和法律环境。政治环境引导着企业营销活动的方向，法律环境则为企业规定经营活动的行为准则。政治与法律相互联系，共同对企业的市场营销活动产生影响并发挥作用。

1. 政治环境分析

政治环境是指企业市场营销活动的外部政治形势。一个国家的政局稳定与否，会给企业营销活动带来重大的影响。如果政局稳定，人民安居乐业，就会给企业营销创造良好的环境。相反，政局不稳，社会矛盾尖锐，秩序混乱，就会影响经济发展和市场的稳定。企业在市场营销中，特别是在对外贸易活动中，一定要考虑东道国政局变动和社会稳定情况可能造成的影响。

政治环境对企业营销活动的影响主要表现为国家政府所制定的方针政策，如人口政策、能源政策、物价政策、财政政策、货币政策等，都会给企业营销活动带来影响。例如，国家通过降低利率来刺激消费的增长；通过征收个人收入所得税调节消费者收入的差异，从而影响人们的购买行为；通过增加产品税，对香烟、酒等商品的增税来抑制人们的消费需求。

在国际贸易中，不同的国家也会制定一些相应的政策来干预外国企业在本国的营销活动，主要措施有：进口限制、税收政策、价格管制、外汇管制、国有化政策。

2. 法律环境分析

法律环境是指国家或地方政府所颁布的各项法规、法令和条例等，它是企业营销活动的准则，企业只有依法进行各种营销活动，才能受到国家法律的有效保护。近年来，为适应经济体制改革和对外开放的需要，我国陆续制定和颁布了一系列法律法规，例如《中华人民共和国产品质量法》、《企业法》、《经济合同法》、《涉外经济合同法》、《商标法》、《专利法》、《广告法》、《食品卫生法》、《环境保护法》、《反不正当竞争法》、《消费者权益保护法》、《进出口商品检验条例》，等等。企业的营销管理者必须熟知相关的法律条文，才能保证企业经营的合法性，运用法律武器来保护企业与消费者的合法权益。

对从事国际营销活动的企业来说，不仅要遵守本国的法律制度，还要了解和遵守国外的法律制度和相关国际法规、惯例和准则。例如前一段时间欧洲国家规定禁止销售不带安全保护装置的打火机，这无疑限制了中国低价打火机的出口。日本政府也曾规定，任何外国公司进入日本市场，必须要找一个日本公司与其合伙，以此来限制外国资本的进入。只有了解掌握了这些国家相关的贸易政策，才能制定有效的营销对策，在国际营销中争取主动。

四、社会文化环境分析

社会文化环境是指在一种社会形态下已经形成价值观念、宗教信仰、风俗习惯、道德规范等的总和。

任何企业都处于一定的社会文化环境中，企业营销活动必然受到所在社会文化环境的影响和制约。为此，企业应了解和分析社会文化环境，针对不同的文化环境制定不同的营销策略，组织不同的营销活动。企业营销对社会文化环境的研究一般从以下几个方面入手。

1. 教育状况分析

受教育程度的高低影响到消费者对商品功能、款式、包装和服务要求的差异性。通常文化教育水平高的国家或地区的消费者要求商品包装典雅华贵、对附加功能也有一定的要求。因此企业营销开展的市场开发、产品定价和促销等活动都要考虑到消费者受教育程度的高低，采取不同的策略。

2. 宗教信仰分析

宗教是构成社会文化的重要因素，宗教对人们消费需求和购买行为的影响很大。不同的宗教有自己独特的礼仪、商品使用的要求和禁忌。某些宗教组织甚至在教徒购买决策中有决定性的影响。为此，企业可以把影响大的宗教组织作为自己的重要公共关系对象，在营销活动中也要注意到不同的宗教信仰，以避免与其发生矛盾和冲突，从而给企业营销活动带来损失。

3. 价值观念分析

价值观念是指人们对社会生活中各种事物的态度和看法。不同文化背景下，人们的价值观念往往有很大的差异，消费者对商品的色彩、标识、式样及促销方式都有自己不同的意见和态度。企业营销必须根据消费者不同的价值观念设计产品，提供服务。

4. 消费习俗分析

消费习俗是指人们在长期经济与社会活动中所形成的一种消费方式与习惯。不同的消费习俗具有不同的商品要求。研究消费习俗不但有利于组织好消费用品的生产与销售，而且有利于正确、主动地引导健康的消费。了解目标市场消费者的禁忌、习惯、避讳等是企业进行市场营销的重要前提。

五、自然环境分析

自然环境是指自然界提供给人类各种形式的物质资料，如阳光、空气、水、森林、土地等。随着人类社会进步和科学技术的发展，世界各国都加速了工业化进程，这一方面为社会创造了丰富的物质财富，满足了人们日益增长的需求；另一方面，又使人们面临着资源短缺、环境污染等问题。从 20 世纪 60 年代起，世界各国开始关注经济发展对自然环境的影响，并成立了许多环境保护组织，促使国家政府加强环境保护的立法。这些问题都给企业营销带来了挑战。对营销管理者来说，应该关注自然环境的变化趋势，并从中分析企业营销的机会和威胁，从而制定相应的对策。

1. 自然资源日益短缺分析

自然资源可分为两类，一类为可再生资源，如森林、农作物等，这类资源是有限的，可以再次生长，但必须防止过度采伐森林和侵占耕地。另一类资源是不可再生资源，如石油、煤炭、银、锡、铀等，这种资源的储藏量有限，随着人类的大量地开采，有的矿产已接近枯竭的边缘。自然资源短缺，将使许多企业面临原材料价格上涨、生产成本大幅上升的威胁；另一方面又迫使企业研究更合理地利用资源的方法，开发新的资源和代用品，这又为企业提供了新的资源和营销机会。

2. 环境污染日趋严重分析

工业化、城镇化的发展对自然环境造成了很大的影响，尤其是环境污染问题日趋严重，许多地区的污染已经严重影响到人们的身体健康和自然生态平衡。环境污染问题已引起各国政府和公众的密切关注，这对企业的发展是一种压力和约束，要求企业为治理环境污染付出一定的代价，但同时也为企业提供了新的营销机会，促使企业研究控制污染的技术，兴建绿色工程，生产绿色产品，开发环保包装。

3. 政府干预不断加强分析

自然资源短缺和环境污染加重的问题，使各国政府加强了对环境保护的干预，颁布了一系列有关环保的政策法规，这将制约一些企业的营销活动。有些企业由于治理污染需要投资，影响扩大再生产，但企业必须以大局为重，要对社会负责，对子孙后代负责，加强环保意识，在营销过程中自觉遵守环保法令，担负起环境保护的社会责任。同时，企业也要制定有效的营销策略，既要消化环境保护所支付的必要成本，还要在营销活动中挖掘潜力，保证营销目标的实现。

六、科技环境分析

科学技术环境是社会生产力中最活跃的因素，它影响着人类社会的历史进程和社会生活的方方面面，对企业营销活动的影响更是显而易见。现代科学技术突飞猛进，科技发展对企业营销活动的影响作用表现在以下几个方面。

1. 科技发展促进社会经济结构的调整

每一种新技术的发现、推广都会给企业带来新的市场机会，导致新行业出现。同时，也会给某些行业、企业造成威胁，使这些行业、企业受到冲击甚至被淘汰。例如，计算机的应用代替了传统的打字机，数码相机的出现夺走了胶卷的大部分市场。

2. 科技发展促使消费者购买行为改变

随着多媒体和网络技术的发展，出现了“电视购物”、“网上购物”等新型购买方式。人们还可以在家中通过“网络系统”订购车票、飞机票、戏票和球票。工商企业也可以利用这种系统进行广告宣传、营销调研和商品推销。随着新技术革命的进展，“在家便捷购买、享受服务”的方式还会继续发展。

3. 科技发展影响企业营销组合策略的创新

科技发展使新产品不断涌现，产品寿命周期明显缩短，要求企业必须关注新产品的开发，加速产品的更新换代。科技的发展使产品成本大幅降低，使产品价格下降，并能快速掌握价格信息，这就要求企业及时做好价格调整工作。科技发展促进流通方式的现代化，要求企业采用顾客自我服务和各种直销方式。科技发展使广告媒体多样化，信息传播快速化，市场范围的广阔性，促销方式的灵活性。为此，要求企业不断分析科技新发展，创新营销组合策略，适应市场营销的新变化。

4. 科技发展促进企业营销管理的现代化

科技发展为企业营销管理现代化提供了必要的装备，如计算机、传真机、电子扫描装置、光纤通信设备等，这对改善企业营销管理，实现现代化起到了重要的作用。同时，科技发展对企业营销管理人员也提出了更高的要求，促使其更新观念，掌握现代化管理理论和方法，不断提高营销管理水平。

【活动】　对杭州、温州、宁波三地的经济环境进行对比分析，并进行小组讨论和PPT汇报。

模块三　微观营销环境

【能力目标】　能运用微观营销环境的有关知识分析银行理财产品的微观营销环境；能针对某一创新理财产品进行详细的微观营销环境分析。

【活动目标】　学习理财产品微观营销环境及其特点。

基本知识

什么是微观营销环境？微观营销环境是直接制约和影响企业营销活动的力量和因素，企业必须对微观环境营销进行分析。分析微观营销环境的目的在于更好地协调企业与这些相关群体的关系，促进企业营销目标的实现。影响微观营销环境的因素包括供应商、企业内部门、营销中介、顾客、社会公众和竞争者。图3.3为微观营销环境分析。

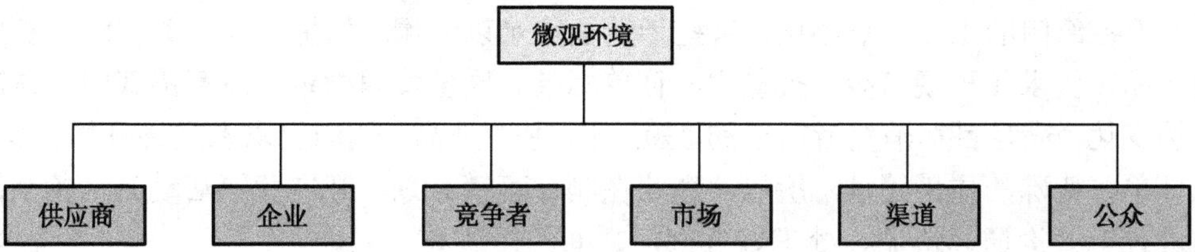

图3.3　微观营销环境分析

一、供应商分析

1. 供应商分析的必要性

供应商是指为企业生产提供特定的原材料、辅助材料、设备、能源、劳务、资金等资源的供货单位。这些资源的变化直接影响到企业产品的产量、质量以及利润，从而影响企业营销计划和营销目标的完成。

2. 供应商对企业营销的影响

（1）供应的及时性和稳定性。原材料、零部件、能源及机器设备等货源的保证供应，是企业营销活动顺利进行的前提。如棉纺厂不仅需要棉花等原料，还需要设备、能源作为生产手段与要素，任何一个环节在供应上出现了问题，都会导致企业的生产活动无法正常开展。

为此，企业为了在时间上和连续性上保证货源供应，就必须和供应商保持良好的关系，及时了解、掌握供应商的情况，分析其状况和变化。

（2）供应货物的价格变化。供应的货物价格变动会直接影响企业产品的成本。如果供应商提高原材料价格，必然会使企业产品成本上升，生产企业如提高产品价格，则会影响市场销路；如果企业使产品价格保持不变，那么会减少企业的利润。为此，企业必须密切关注和分析供应商的货物价格变动趋势，使企业应变自如，早做准备，积极应对。

（3）供货的质量保证。供应商能否供应质量有保证的生产资料直接影响到企业产品的质量，进一步会影响到销售量、利润及企业信誉。例如，劣质葡萄难以生产出优质的葡萄酒，劣质建筑材料难以保证建筑物的质量。为此，企业必须了解供应商的产品，分析其产品的质量标准，从而保证自己产品的质量，赢得消费者，从而赢得市场。

二、企业内部门分析

企业开展营销活动要充分考虑到企业内部的环境力量和因素。企业是组织生产和经营的经济单位，是一个系统组织。企业内部一般设立计划、技术、采购、生产、营销、质检、财务、后勤等部门。企业内部各职能部门的工作及其相互之间的协调关系，直接影响企业的整体营销活动。

销部门与企业其他部门之间既有多方面的合作，也经常与生产、技术、财务等部门发生矛盾。由于各部门的工作重点不同，有些矛盾往往难以协调。如生产部门关注的是长期生产的定型产品，要求品种规格少、批量大、订单标准、质量管理稳定，而营销部门注重的是能适应市场变化、满足目标消费者需求的“短、平、快”产品，他们要求多品种规格、少批量、个性化订单、特殊的质量管理。所以，企业在制订营销计划，开展营销活动时，各个部门之间必须进行有效沟通，协调、处理好各部门之间的矛盾和关系。

三、营销中介分析

1. 营销中介分析的必要性

营销中介是指为企业营销活动提供各种服务的企业或部门的总称。

营销中介对企业营销产生直接的、重大的影响，只有通过有关营销中介所提供的服务，企业才能把产品顺利送达目标消费者手中。营销中介的主要功能是帮助企业推广和分销产品。

2. 营销中介分析的主要对象

（1）中间商。指把产品从生产商流向消费者的中间环节或渠道，它主要包括批发商和零售商两大类。中间商对企业营销具有极其重要的影响，它能帮助企业寻找目标顾客，为产品打开销路，为顾客创造地点效用、时间效用和持有效用。一般企业都需要与中间商合作，来完成企业营销目标。为此，企业需要选择适合自己营销的合格中间商，必须与中间商建立良好的合作关系，必须了解和分析其经营活动，并采取一些激励性措施来推动其业务活动的开展。

（2）营销服务机构。指在企业营销中提供专业服务的机构，包括广告公司、广告媒介经营公司、市场调研公司、营销咨询公司、财务公司等。这些机构对企业的营销活动产生直接的影响，它们的主要任务是协助企业确立市场定位，进行市场推广，提供活动方便。一些大企业或公司往往有自己的广告和市场调研部门，但大多数企业则以合同方式委托这些专业公司来办理相关事务。为此，企业需要关注、分析这些服务机构，选择最能为本企业提供有效服务的机构。

（3）物资分销机构。指帮助企业进行保管、储存、运输的物流机构，包括仓储公司、运输公司等。物资分销机构的主要任务是协助企业将产品实体运往销售目的地，完成产品空间位置的移动，到达目的地之后，还有一段待售时间，还要协助保管和储存。这些物流机构是否安全、便利、经济，直接影响企业营销效果。因此，在企业营销活动中，必须了解和研究物资分销机构及其业务变化动态。

（4）金融机构。指企业营销活动中进行资金融通的机构，包括银行、信托公司、保险公司等。金融机构的主要功能是为企业营销活动提供融资及保险服务。在现代社会中，任何企业都要通过金融机构开展业务往来。金融机构业务活动的变化还会影响企业的营销活动，比如银行贷款利率上升，会使企业成本增加；信贷资金来源受到限制，会使企业经营陷入困境。为此，企业应与这些公司保持良好的关系，以保证融资及信贷业务的稳定和渠道的畅通。

四、顾客分析

1. 顾客分析的必要性

顾客是指使用进入消费领域的最终产品或劳务的消费者和生产者，也是企业营销活动的最终目标市场。顾客对企业营销的影响程度远远超过前述的环境因素。顾客是市场的主体，任何企业的产品和服务，只有得到了顾客的认可，才能赢得市场，现代营销强调把满足顾客需要作为企业营销管理的核心。

2. 顾客分析的市场类型

（1）消费者市场，指为满足个人或家庭消费需求购买产品或服务的个人和家庭。

（2）生产者市场，指为生产其他产品或服务，以赚取利润而购买产品或服务的组织。

（3）中间商市场，指购买产品或服务以转售，从中赢利的组织。

（4）政府市场，指购买产品或服务，以提供公共服务或把这些产品及服务转让给其他需要的人的政府机构。

（5）国际市场，指国外购买产品或服务的个人及组织，包括外国消费者、生产商、中间商及政府。

3. 顾客分析的要求

上述五类市场的顾客需求各不相同，要求企业以不同的方式提供产品或服务，它们的需求、欲望和偏好直接影响企业营销目标的实现。为此，企业要重视对顾客的研究，分析顾客的需求规模、需求结构、需求心理以及购买特点，这是企业营销活动的起点和前提。

五、社会公众分析

1. 社会公众分析的必要性

社会公众是企业营销活动中与企业营销活动发生关系的各种群体的总称。公众对企业的态度，会对其营销活动产生巨大的影响，它既可以有助于企业树立良好的形象，也可能妨碍企业的形象。所以企业必须采取处理好与主要公众的关系，争取公众的支持和喜爱，为自己营造和谐、宽松的社会环境。

2. 社会公众分析的对象

（1）金融公众，主要包括银行、投资公司、证券公司、股东等，他们对企业的融资能力有重要的影响。

（2）媒介公众，主要包括报纸、杂志、电台、电视台等传播媒介，他们掌握传媒工具，有着广泛的社会联系，能直接影响社会舆论对企业的认识和评价。

（3）政府公众，主要指与企业营销活动有关的各级政府机构部门，他们所制定的方针、政策，会给企业营销活动带来限制或是机遇。

（4）社团公众，主要指与企业营销活动有关的非政府机构，如消费者组织、环境保护组织以及其他群众团体。企业营销活动涉及社会各方面的利益，来自这些社团公众的意见、建议，往往对企业营销决策有着十分重要的影响作用。

（5）社区公众，主要指企业所在地附近的居民和社区团体。社区是企业的邻里，企业与社区保持良好关系，为社区的发展作出贡献，会受到社区居民的好评，他们的口碑能帮助企业在社会上树立形象。

（6）内部公众，指企业内部的管理人员及一般员工，企业的营销活动离不开内部公众的支持。企业应该处理好与广大员工的关系，调动他们开展市场营销活动的积极性和创造性。

六、竞争者分析

1. 分析竞争者的必要性

竞争是商品经济的必然现象。在商品经济条件下，任何企业在目标市场进行营销活动时，不可避免地会遇到竞争对手的挑战。即使在某个市场上只有一个企业在提供产品或服务，没有“显在”的对手，也很难断定在这个市场上没有潜在的竞争企业。

企业竞争对手的状况将直接影响企业营销活动。如竞争对手的营销策略及营销活动的变化就会直接影响企业营销，最为明显的是竞争对手的产品价格、广告宣传、促销手段的变化，以及产品的开发、销售服务的加强都将直接对企业造成威胁。为此，企业在制定营销策略前必须先弄清竞争对手，特别是同行业竞争对手的生产经营状况，做到知己知彼，有效地开展营销活动。

2. 竞争者分析的内容

一般来说，企业在营销活动中需要对竞争对手进行了解、分析的情况有：

（1）竞争企业的数量有多少；

（2）竞争企业的规模和能力的大小强弱；

（3）竞争企业的对竞争产品的依赖程度；

（4）竞争企业所采取的营销策略及其对其他企业策略的反映程度；

（5）竞争企业能够获取优势的特殊材料来源及供应渠道。

案　例

商业银行产品营销环境分析

银行的经营活动是在一定的社会政治、经济、文化环境中运行的，既受到环境的影响，也会对环境产生一定的反作用。银行营销环境是指对银行营销及经营绩效起着潜在影响的各种外部因素或力量的总和，它是银行的生存空间，也是银行开展营销活动的基本条件，包括宏观环境和微观环境。

（一）宏观环境分析

1. 政治环境

政治环境是否稳定是银行经营成败的保障性条件。政治环境主要是指国家的稳定程度及政府对理财、银行所持的具体态度。由于政治活动和突发的政治事变可能使银行遭受巨大的违约风险和挤兑风险，所以，银行必须高度重视、密切关注政治环境的变化，以便及时采取防范和应对措施。目前，我国政治环境稳定，同时，国家也正在加大力度为理财机构创造一个良好的外部环境，这都给银行业带来了大好的发展机遇。

2. 经济环境

经济环境指银行营销活动所面临的外部社会经济条件，其运行状况和发展趋势会直接或间接地对银行机构营销活动产生影响。市场所处的一个相对较大的区域或群体，它的经济状况决定着每一细分市场的动态，它的发展趋势决定着细分市场的走向和规模，任何一个细分市场都不能脱离它所处的环境而独立存在，因此分析研究市场的经济环境一定要从研究大环境入手。银行分析市场环境的主要指标有：近年 GDP 及其增长情况、区域环境的经济发展趋势、区域经济特点、货币政策、财政政策、居民储蓄和可支配收入水平、居民的消费倾向等。经济环境稳定、发展势头好、GDP 增长速度快、居民收入高，对理财产品和服务的需求就大。

3. 社会环境

社会环境是指社会中人口分布与构成、受教育程度、传统风俗、道德信仰、价值观念、消费模式与自然环境变化等。这些社会条件和文化背景与政治环境和经济环境相比相对稳定，对银行机构营销活动的直接影响也较小，但是不能忽视这些因素的变化。例如，随着教育水平的提高，使人们的消费观念以及对理财消费的偏好发生变化，使人们对银行产品和服务的选择也相应发生改变。此外，社会文化因素直接影响银行员工的政治思想、道德观念、服务态度和敬业精神，从而也影响银行机构的营销活动。

4. 技术环境

技术环境主要是指目前国内外发生的技术变革、技术发展和应用状况。技术的变更与进步不仅影响银行机构的市场份额、产品的生命周期、企业的竞争优势，而且对银行机构内部环境因素也产生较大影响。科学技术是社会生产力最新、最活跃的因素，作为营销环境的一个模块，科学技术环境不仅直接影响银行机构内部的生产和经营，还同时与其他环境因素相互依赖、相互作用，特别与经济环境、文化环境的关系更为紧密，尤其是新技术革命，给银行机构市场营销既造就了机会，也带来了威胁。银行的机会在于寻找或利用新的技术，满足新的需求，而它面临的威胁则有以下两个方面：

其一，新技术的突然出现，使银行机构现有服务功能变得陈旧；

其二，新技术改变了银行机构人员原有的价值观。银行机构运用现代化技术的能力已成为衡量其竞争能力强弱的重要标志。随着电子计算机、现代化通信和一系列信息技术的广泛应用，银行机构可设计出更多更新的产品和服务，并能准确、便捷、高质量、多渠道地将之提供给客户，也使其业务从繁杂、低效走向简单、自动化，使得经营效率提高，经营成本降低。

（二）微观环境分析

1. 银行业竞争激烈

我国的商业银行由四大国有独资商业银行、其他股份制商业银行（包含 10 家股份制商业银行、烟台住房储蓄银行、蚌埠住房储蓄银行）、90 家城市商业银行构成。我国的商业银行由于发展时间较短，经营经验有限，只能提供较少的银行服务与产品，因而产品出现单一性、同质性，以及中间业务、个人业务开展不够等问题。而银行出现的产品同质性强、网点铺设地域相似等问题，最终导致产品同质化竞争激烈、利润下降、风险加大。

2. 商业银行理财产品单一

我国由于转向市场经济时间不长，国内理财市场实行分业经营、分业管理，并且银行自身缺乏创新意识和机制，严重制约了创新发展，致使理财产品技术含量低，品种单一。商业银行的资产产品基本上是贷款，负债产品是存款，其中居民储蓄存款所占比例较小。在我国的银行体系中，股份制商业银行的发展机制较为灵活，产品开发较为完善。以我国商业银行中经营产品较多的招商银行而言，其利息收入占总收入的 77%，其他股份制商业银行情况基本上与此类似。

3. 商业银行理财产品差异性小

产品的同质性表现在各家商业银行提供的资产与负债产品没有差异性或差异性很小。导致这种现象的主要原因是我国利率没有市场化，中央银行直接调控各家商业银行的存贷款利率，而不是通过调控贴现率来调节货币供给量增减，从而间接调控各家商业银行的存贷款利率。在服务水平相近的情况下，存、贷款产品类似，就导致了产品同质性的产生。

4. 商业银行网点分布相似

网点布置相似是各家商业银行另一个显著特点，在沿海及经济发达地区，理财机构数目众多，尤其是在上海、北京、广州、深圳等地区的理财分支机构，占其全模块支机构的 50% 以上。在网点分布上，各家商业银行的考虑主要基于两个方面，即“20%的人掌握了 80%的资产，10%的人掌握了63%以上的储蓄存款”，这样的认识导致各家银行分支机构尽可能地将网点布置在经济发达地区和沿海地区。商业银行网点分布如此相似，致使理财产品的分销渠道相同，各银行在提供价值阶段无明显优势差异，加剧了银行间的产品竞争。

5. 中间业务开展不够

国内商业银行中间业务收入占全部收入的比重平均为8%，最高为17%，有的甚至不足1%。而发达国家的商业银行，中间业务收入已成为其经营收入的重要来源，甚至超过了利息收入所占比重。据业内人士预测，中国理财市场一旦开放，国内商业银行首先受到外资银行冲击的就是中间业务。因此，大力发展中间业务，是国内银行提高综合竞争力，抵御外资银行冲击的有效途径之一。据统计，在过去的几年里，美国的私人银行理财业务每年的平均利润高达35%，平均年赢利增长12%～15%，远远优于一般银行零售业务。巨大的利润也同样吸引着中国各家商业银行，上海各大中资商业银行目前虽都设立了自己的客户服务中心，开展各种理财类的中间业务，但大多数是“免费午餐”，只提供免费的、简单的口头建议，没有详细的方案或建议书，并且品种单一，比较“乏味”。

在当今社会里，“需要就是效益”的观念将会更加深入人心，也必将成为所有企业发展和产品创新的战略选择，商业银行当然也不例外。

在市场经济年代，“以客户为中心”几乎成了所有企业发展的战略定位，可以说“得客户者得天下”。客户资源是银行生存和成长的基础，为客户提供他们需要的产品，最大限度满足客户的需求是商业银行进行产品创新的源动力，了解客户的需求可以使银行提供更好的产品和服务。随着客户对银行产品和服务个性化需求的增长，迫使商业银行必须从客户需求出发，为客户提供个性化理财产品和理财服务。

客户需求是一个由多种要素组成的系统。在传统银行中，客户对银行的需求主要是围绕着银行的传统业务，客户关心的是产品的种类和价格。随着互联网技术的发展，客户越来越看重银行的服务质量、递送渠道和品牌优势。在这个激烈竞争的时代，客户对时间的利用越来越讲求效率，他们希望能够随时随地接受到方便、快捷和高效的服务。

互联网的出现为客户分析、评价和判断银行服务提供了一种便捷的方式，同时，它还以其交互式的沟通方式满足了客户个性化的服务要求。另外，由于网上信息搜集的及时高效性，提高了客户对品牌的关心程度，银行业的品牌效应也越来越明显。

针对不同客户的需求，许多商业银行都开发出不同的银行产品，如广东发展银行发行的“广发真情卡”、华夏银行发行的“华夏丽人卡”都是为了迎合中高收入的时尚女性而专门设计的。“广发真情卡”设计了半透明的造型，“华夏丽人卡”也在设计上明显显示出女性特色。民生银行的“民生家园1+3”按揭贷款就是将普通的按揭贷款及其衍生产品组合在一起，提供给有特殊需求的客户。工行上海市分行推出的“幸福快车”贷款不仅包括传统的乘用车，也包括各类公务车、营运车、工程车和二手车贷款。而后来该行结合客户需求，又推出了“幸福贷款”。“幸福”贷款覆盖“幸福快车”贷款、个人助业贷款、“留学通宝”等诸多产品系列，分为消费类贷款、投资企业类贷款、资信委托业务和个人融资顾问业务四大系列40余个品牌。不仅包含个人消费领域的各类基本融资需求，而且通过细分产品使客户得到更细致的服务。

此外，在微观环境分析中，还应考虑地区经济总量水平和市场规模。地区经济的发达程度对产品创新具有重要影响。银行新产品的开发在发达地区具有广阔市场和强有力的经济支持，而在不发达地区有时会感到得不偿失。市场规模分析是银行根据自己产品和服务的能力，对市场需求、市场的现实购买力和潜在购买力有多少进行预测和了解。在理财产品和服务的赢利率一定的情况下，市场规模越大，赢利总额越大，反之，赢利总额就越小。当理财产品或服务的固定费率一定的情况下，市场规模越大单位成本中的固定费率就越小。

活动练习

分析宁波地区某商业银行的宏观环境因素和微观环境因素，并提出对策。

习题和能力训练

一、理论自测题

1. 名词解释

银行营销环境　消费者信贷　微观营销环境　顾客

2. 简答题

（1）简述商业银行营销环境的特征。
（2）简述企业内外情况对照分析法。
（3）简述矩阵分析法。
（4）简述企业对付环境威胁的对策。
（5）简述银行开展营销活动的基本条件。

二、单元案例

回避理财产品风险 X银行、Z银行问题突出

近日，一位来自宁波恒生银行的客户讲述了他作为一个拥有 10 年以上投资经验的投资者，是如何被恒生银行误导的经历。据他称，自己对理财产品风险是比较关注的，选择理财产品时都会回避那些高风险、高收益的种类。购买产品前，恒生银行销售经理介绍，除非出现 2008 年的股灾，否则是没有风险的。由于恒生银行理财产品说明书过于专业，该客户向银行人员索取产品说明书想带回家请朋友帮忙参谋，但银行人员答复说产品说明书是内部资料，为避免同业竞争，客户在购买产品前是不可以拿走的。今年恒生银行问题大量暴露出来后，客户再去恒生银行寻求答案时却发现条款解释跟当初银行销售人员讲述得完全不一样。

而翻看以往的新闻，从去年知名人士在微博怒批 D 银行，称其理财产品让她快成“无产阶级”，到近日再度有投资者发微博称“在 Z 银行，15 万理财 3 年剩 7000 和一蛋糕”，类似的现象在银行理财产品的销售中层出不穷。

调查结果显示，在回避或弱化理财产品风险这一误导顾客现象中，X 银行、Z 银行的做法较为突出。根据银行内部人士透露，每年、每季度甚至每个月、每周，银行都会对销售团

队下达理财产品销售任务，任务完成与否与销售人员及整个团队甚至分支行业绩或奖金挂钩。有媒体爆料，如果一年下来能拉到 1000 多万的理财产品存款，理财经理个人提成基本上能达到 50 万。重赏之下必有勇夫，于是销售人员对风险提示义务进行选择性履行，甚至通过文字游戏、技术手段以及流程上的漏洞来迷惑消费者，使消费者购买与自身风险承受能力不符的理财产品。

此外，银行在销售的过程中夸大产品收益的痼疾依然未除。投资者赵某近期在丹东市某银行购买了一款理财产品，当时银行工作人员称该产品的收益率为 5.5%，而且无风险。作为购买凭证，银行只给了赵某一张“理财产品业务交易信息确认表”。然而，产品到期后，银行只给了赵某 300 多元收益。赵某找到银行，银行解释这款理财产品收益率是 0.36%～5.5%。赵某认为银行工作人员没有清楚告知这款理财产品的风险和收益率，有欺骗行为，于是向消协投诉。经调解，银行最终以高于国家规定的银行定期利率补偿了赵某的损失。

而X银行近期还在其代售的某款理财产品的宣传中公然打出“10万元起，年收益率25%；本金安全，收益稳定；懒人理财百万富翁不是梦；行长推荐：避险之王——DF5 号集合理财……”的广告。业内人士认为，这样的说辞，夸大收益的嫌疑很大。

同时，银行夸大理财产品收益还出现了新的苗头，除了单纯的揽存目的，有部分地方银行为实现上市的目的，利用夸大理财产品收益来变相增加资产规模。2012 年 1 月到期的理财产品中，江苏吴江某商业银行发行的 11 款产品有 7 款未达到最高预期收益率。据银行业人士猜测，这批理财产品不仅可带来不低于 2.1 亿元的存款，而且可以通过合理合规的资金运用，起到增加资产规模的作用。普益财富发布报告称，2011 年申请上市的几家农商行都加大了理财产品的开发力度。

除了回避风险提示、夸大收益率，在购买银行理财产品时，产品说明如同“天书”是投资者普遍的感觉。而银行业务人员素质参差不齐，自身对所售产品也是知之不全，导致投资者最终还是弄不清楚理财产品的本质，往往了解个大概就草草签订购买协议。

细心人士发现，目前大部分银行理财经理在接受投资者咨询时能提示风险，对股票、基金类理财产品，也不会公然给出“预期收益率”，不过在区分收益率和年化收益率、具体风险解释方面，提示仍然不够。以年化收益率与收益率的差别为例，一款 5 万元起收益率标明为 5%的产品，期限为 78 天，如果是年化收益率则只能获得 534 元的收益，如果是收益率，则收益可高达 2500 元，两者之间实际差异很大。

有的投资者只知道银行相对比较保险，便拿出自己攒的养老钱去购买理财产品，但银行对该客户风险承受能力根本不知情，只让客户在协议中抄一遍格式化的风险揭示——“本理财计划是高风险投资产品，您应充分认识投资风险，谨慎投资”等字样。客户在亏损之后往往埋怨，银行根本就没有对自己进行风险评估，否则自己不会买这么高风险的理财产品。

这里面就暴露出了一个问题，银行理财人员的素质还有待提高。个人理财业务是一项综合性的业务，要求理财人员不仅要了解银行的各项产品和功能，还要掌握证券、保险、房地产等行业的相关知识。虽然，近年来，银行具备理财规划师资格的人员有了明显增加，但理财师队伍建设仍显不足。所以，银率网分析师认为，银行业务人员的专业水平和投资者的金融知识普及教育广度都有待提高。

中国银行业协会在《银行服务百姓读本》中指出，“卖者有责，买者自负”是银行理财业务的基本原则之一，这就要求，一方面要强化金融机构的责任，另一方面要防止投资者的道德风险，二者必须同时强调，不能偏废任何一方。

【问题】 分析X银行和Z银行理财产品风险的主要原因。结合本案例，谈谈商业银行应如何强化责任。

【分析要求】 学生分析案例，提出的问题，拟出案例分析提纲；小组讨论，拟出案例分析报告；班级交流，教师对案例分析报告进行点评；在班级展出附有教师点评的小组案例分析报告，供学生比较研究。

【案例考核】 包括形成性考核和案例报告考核，考核指标与标准见本书附录考核手册中的考核表2。

三、单元实训

1. 实训题

实训目标：组织一次市场营销环境分析。让学生通过参加市场分析的各个环节，能够对市场营销环境分析具有更加深入的了解，能编写市场营销环境分析报告。通过实践训练，培养相应专业能力与职业核心能力；通过践行职业道德规范，促进健全职业人格的塑造。

实训内容：

(1) 专业技能与能力：学生分组组建公司，确定经营产品（项目），运用市场调查的程序和方法，依次进行市场营销环境分析和市场行为分析，完成市场营销环境分析报告。

(2) 相关职业核心能力：初级训练。

(3) 相关职业道德规范：内化级践行。

实训要求：

(1) 将“职业核心能力培养（初级）”和“职业道德素质养成（内化级）”相关训练内容（见附录表2-1和考核表3-1-2）融入“专业技术能力”训练内容中。

(2) 在实施“市场营销环境分析”业务胜任力训练同时，参照考核表3-1-2的相关“评估标准”，强化表2-1选项的“职业核心能力”和“职业道德能力”训练。

(3) 实训前要求学生了解本实训的“目标”、“内容” 与“要求”，熟记表2-6、表2-7和考核表3-1-2中“评估指标”与“评估标准”内涵，并将后者作为本实训的技能训练点和考核点来准备。

实训时间：本章学习后的课余时间，用一周时间完成。

操作步骤：

(1) 将班级学生分成若干学习小组，教师布置实训任务。

(2) 了解所要经营产品（项目）的基本情况，确定调查对象和目标。

(3) 运用市场调查的程序和方法，依次进行市场营销环境分析和市场行为分析，撰写市场营销环境分析报告。

(4) 教师对市场营销环境分析报告进行指导。

(5) 各学习小组对本组的市场营销环境分析报告进行分析评价。

(6) 各学习小组在班级内进行交流、讨论。

成果形式：撰写“理财产品（银行）市场营销环境分析报告”。

2. 实训考核

活动过程考核：根据学生参加与实训全过程的表现，就表 2-6 中各项评估指标与评估标准，针对职业核心能力培养与职业道德素养成训练效果，评出个人分项成绩与总成绩，并填写教师评语。

表 3.1 “活动过程”成绩考核表

	评估指标	等　级	选　项	评估标准	分项成绩
职业核心能力（50%）	自我学习（10%）	初级	√	参照“考核手册”考核表 3-1-2 中相应等级的“评估标准”	
	信息处理（10%）	初级	√	参照“考核手册”考核表 3-1-2 中相应等级的“评估标准”	
	数字应用	初级		参照“考核手册”考核表 3-1-2 中相应等级的“评估标准”	
	与人交流（10%）	初级	√	参照“考核手册”考核表 3-1-2 中相应等级的“评估标准”	
	与人合作（10%）	初级	√	参照“考核手册”考核表 3-1-2 中相应等级的“评估标准”	
	解决问题（10%）	初级	√	参照“考核手册”考核表 3-1-2 中相应等级的“评估标准”	
	革新创新	初级		参照“考核手册”考核表 3-1-2 中相应等级的“评估标准”	
职业道德素养（50%）	职业观念（10%）	内化	√	对职业、职业选择、职业岗位、营销人员职业道德和企业营销伦理等问题具有正确看法	
	职业情感（10%）	内化	√	对职业有愉快的主观体验、稳定的情绪表现、健康的心态、良好的心境、具有强烈的职业认同感、职业荣誉感和敬业感	
	职业理想（10%）	内化	√	对将要从事的职业种类、职业方向与事业成就有积极的向往和执著的追求	
	职业态度（10%）	内化	√	对职业选择有充分的认知和积极的倾向性行动	
	职业良心（10%）	内化	√	在履行职业义务时具有强烈的道德责任感和较高的自我评价能力	
	职业作风	内化		在职业实践和职业生活的自觉行动中，具有体现职业道德内涵的表现	
总成绩（100%）：					

续表

教师评语	签名： 20 年 月 日

实训课业考核：根据学生“实训课业”的完成情况，依据表 3.2 中各项“课业评估指标”与“课业评估标准”，评出个人和小组的分项成绩与总成绩，并填写教师评语与学生意见。

表 3.2 “实训课业”成绩考核表

课业评估指标	课业评估标准	分项成绩
1．市场调研计划（30%）	1．调研对象明确 2．调查方法的合理性 3．抽样计划的可行性 4．语言简洁，逻辑性强	
2．市场营销环境分析（30%）	1．分析的全面性和整体性 2．分析的针对性和深入性	
3．市场行为分析（20%）	1．分析对象明确 2．影响因素分析到位 3．购买行为分析合理性	
4．分析报告的写作（20%）	1．格式的规范性 2．内容的完整性、科学性 3．结构的合理性 4．文理的通顺性	
总成绩（100%）：		
教师评语	签名： 20 年 月 日	
学生意见	签名： 20 年 月 日	

项目四

理财产品购买者行为分析

学习目标

了解需要、欲望和需求的区别；认识购买者市场的特征；了解购买者的细分市场；掌握影响购买者行为的因素；了解购买者的决策过程。

模块一 购买者需求和购买者市场

【能力目标】 通过项目训练能辨别影响理财产品购买者行为的因素；能对理财市场进行细分。

【活动目标】 学习购买者需求和购买者市场知识。

基本知识

一、银行理财产品购买者的概念和金融产品购买者需求

银行理财产品购买者是使用银行所提供的银行理财产品与服务的个人或者组织。

1. 需要、欲望与需求

（1）需要。需要就是个体缺乏或期望获得某种满足时所产生的一种主观状态，是客观需求的反映。

（2）欲望。欲望是个体对满足需要的目标事物的心理渴求状态，即个体的内在需要在一定环境条件下因目标事物的刺激而形成的一种心理紧张与焦虑状态。

（3）需求。需求是指消费者在某一特定时期内，在每一价格水平上愿意并能够购买的商品数量。

需求分为个人需求和市场需求。

需求表（demand schedule）：根据购买者在一定时期内和一定市场中对不同价格的某种商品的需求量所列成的表。

需求曲线（demand curve）：表示物品价格与需求量之间关系的图形。

需求定律：需求曲线向右下方倾斜，表示需求量与价格反方向变动。即当其他条件不变，一种物品的价格上升通常导致其需求量减少，价格下降则导致其需求量增加，即商品的需求量与价格之间呈反方向变动趋势。这种关系在实际生活中非常普遍，经济学家称之为需求定律。

表 4.1 是影响需求的其他因素。

表 4.1 影响需求的其他因素

影响需求的因素	以汽车为例
1. 偏好	拥有一辆新车为社会地位的象征

续表

影响需求的因素	以汽车为例
2. 收入	收入增加时人们会增加汽车购买量
3. 相关物品价格	汽油价格上升减少了汽车需求
4. 对未来的预期	其他运输方式的可利用性，汽车的安全性、未来价格的预期等
5. 人口	人口的增加会增加汽车购买量

2. 购买者需求的特征

（1）需求的层次性。购买者的需求往往表现出一定的层次性。根据马斯洛的需求层次理论，一般可分为五个层次。

（2）需求的发展性。随着科学技术的进步、社会经济的不断发展和消费水平的不断提高，人们的需求也由低级向高级发展。

（3）需求的诱导性。客户购买什么产品，如何购买，一方面取决于自己的购买能力，另一方面又受周围环境和他人的影响，决定了需求的可诱导性。

（4）需求的选择性。客户对于理财产品、品种、企业可以进行选择。

二、马斯洛需求层次理论

1. 马斯洛的需求层次理论简介

亚伯拉罕·马斯洛（Abraham Harold Maslow，1908～1970）出生于纽约市布鲁克林区，美国社会心理学家、人格理论家和比较心理学家，人本主义心理学的主要发起者和理论家，心理学第三势力领导人。

马斯洛于 1926 年进入康乃尔大学学习，三年后转至威斯康辛大学攻读心理学，在著名心理学家哈洛的指导下，1934 年获得博士学位。之后，他留校任教。1935 年，马斯洛在哥伦比亚大学任桑代克学习心理研究工作助理，1937 年任纽约布鲁克林学院副教授，1951 年被聘为布兰戴斯大学心理学教授兼系主任，1969 年离任，成为加利福尼亚劳格林慈善基金会第一任常驻评议员。第二次世界大战后，马斯洛转到布兰戴斯大学担任心理学教授兼系主任，开始对健康人格或自我实现者的心理特征进行研究。他曾任美国人格与社会心理学会主席和美国心理学会主席（1967），是《人本主义心理学》和《超个人心理学》两个杂志的首任编辑。

在马斯洛看来，人类价值体系存在两类不同的需要，一类是沿生物谱系上升方向逐渐变弱的本能或冲动，称为低级需要和生理需要；另一类是随生物进化而逐渐显现的潜能或需要，称为高级需要。

人都潜藏着这五种不同层次的需要，但在不同的时期表现出来的各种需要的迫切程度是不同的。人的最迫切的需要才是激励人行动的主要原因和动力。人的需要是从外部得来的满足逐渐向内在得到的满足转化。

低层次的需要基本得到满足以后，它的激励作用就会降低，其优势地位将不再保持下去，高层次的需要会取代它成为推动行为的主要原因。有的需要一经满足，便不能成为激发人们行为的起因，于是被其他需要取而代之。

高层次的需要比低层次的需要具有更大的价值。热情是由高层次的需要激发的。人的最高需要即自我实现，就是以最有效和最完整的方式表现他自己的潜力，唯此才能使人得到高峰体验。

人的五种基本需要在一般人身上往往是无意识的。对于个体来说，无意识的动机比有意识的动机更为重要。对于有丰富经验的人，通过适当的技巧，可以把无意识的需要转变为有意识的需要。

马斯洛还认为：在人自我实现的创造性过程中，会产生出一种所谓“高峰体验”的情感，这个时候人处于最激动的时刻，是人的存在的最高、最完美、最和谐的状态，这时的人会产生一种欣喜若狂、如醉如痴的感觉。

试验证明，当人待在漂亮的房间里面就显得比在简陋的房间里更富有生气、更活泼、更健康；一个善良、真诚、美好的人比其他人更能体会到存在于外界中的真善美。当人们在外界发现了最高价值时，就可能同时在自己的内心中产生或加强这种价值感。总之，较好的人和处于较好环境的人更容易产生高峰体验。

马斯洛在 1943 年发表的《人类动机的理论》一书中提出了需要层次论。这种理论源于 3 个基本假设。

（1）人要生存，他的需要能够影响他的行为。只有未满足的需要能够影响行为，满足了的需要不能充当激励工具。

（2）人的需要按重要性和层次性排成一定的次序，从基本的（如食物和住房）到复杂的（如自我实现）。

（3）当人的某一级需要得到最低限度满足后，才会追求高一级的需要，如此逐级上升，成为推动继续努力的内在动力。

马斯洛理论把需求分成生理需求、安全需求、社会需求、尊重需求和自我实现需求五类，依次由较低层次到较高层次（如图 4.1 所示）。

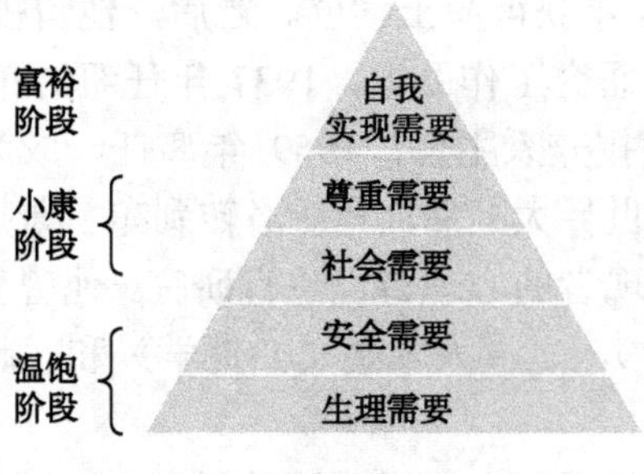

图 4.1　马斯洛的需求理论

2. 马斯洛的需求层次理论基本内容

图 4.1 所示的各层次需要的基本含义如下：

（1）生理需要。这是人类维持自身生存最基本的要求，包括饥、渴、衣、住、性的方面的要求。如果这些需要得不到满足，人类的生存就成了问题。从这个意义上说，生理需要是推动人们行动的最强大的动力。马斯洛认为，只有这些最基本的需要满足到维持生存所必需的程度后，其他的需要才能成为新的激励因素，而到了此时，这些已相对满足的需要也就不再成为激励因素了。

（2）安全需要。这是人类要求保障自身安全、摆脱事业和丧失财产威胁、避免病魔侵袭等方面的需要。马斯洛认为，整个有机体是一个追求安全的机制，人的感受器官、效应器官、智能和其他能量主要是寻求安全的工具，甚至可以把科学观和人生观都看成是满足安全需要的一部分。当然，这种需要一旦被满足后，就不再成为激励因素了。

（3）社会需要。这一层次的需要包括两个方面的内容，一是友爱的需要，即人人都需要伙伴之间、同事之间的融洽关系；人人都希望得到爱情，希望爱别人，也渴望被别人爱。二是归属的需要，即人都有一种归属于某一群体的感情，希望成为群体中的一员，并相互关心、照顾。感情上的需要比生理上的需要来的细致，它和一个人的生理特性、经历、教育背景、宗教信仰等都有关系。

（4）尊重需要。人人都希望自己有稳定的社会地位，希望个人的能力和成就能得到社会承认。尊重的需要又可分为内部尊重和外部尊重。内部尊重是指一个人希望在各种不同环境中有实力、能胜任、充满信心、独立自主，内部尊重就是人的自尊。外部尊重是指一个人希望有地位、有威信，受到别人的尊重、信赖和高度评价。马斯洛认为，尊重需要得到满足，能使人对自己充满信心，对社会充满热情，体验到自己活着的价值。

（5）自我实现需要。这是最高层次的需要，它是指实现个人理想、抱负，发挥个人的能力到最大程度，完成与自己的能力相称的一切事情的需要。也就是说，人必须做称职的工作，这样才会使他们感到最大的快乐。马斯洛提出，为满足自我实现需要所采取的途径是因人而异的。自我实现的需要是在努力实现自己的潜力，使自己越来越成为自己所期望的人物。

3. 马斯洛的需求层次理论基本观点

马斯洛的需求层次理论有以下基本观点：

（1）五种需要像阶梯一样从低到高，按层次逐级递升，这个次序不是完全固定的，可以变化，也有种种例外情况。

（2）一般来说，某一层次的需要相对满足了，就会向高一层次发展，追求更高层次的需要就成为驱使行为的动力。相应的，获得基本满足的需要就不再是一种激励力量。

（3）五种需要可以分为高低两级，其中生理上的需要、安全上的需要和感情上的需要都属于低一级的需要，这些需要通过外部条件就可以满足；而尊重的需要和自我实现的需要是高级需要，他们是通过内部因素才能满足的，而且一个人对尊重和自我实现的需要是无止境的。同一时期，一个人可能有几种需要，但每一时期总有一种需要占支配地位，对行为起决定作用。任何一种需要都不会因为更高层次需要的发展而消失。各层次的需要相互依赖和重叠，高层次的需要发展后，低层次的需要仍然存在，只是对行为影响的程度大大减小。

（4）马斯洛和其他的行为科学家都认为，一个国家多数人的需要层次结构，是同这个国家的经济发展水平、科技发展水平、文化和人民受教育的程度直接相关的。在不发达国家，生理需要和安全需要占主导的人数比例较大，而高级需要占主导的人数比例较小；而在发达国家，则刚好相反。在同一国家不同时期，人们的需要层次会随着生产水平的变化而变化，戴维斯（K.Davis）曾就美国的情况做过估计，如表 4.2 要求层次的变化所示。

表 4.2 要求层次的变化

需要种类	1935 年百分比	1995 年百分比
生理需求	35%	5%
安全需求	45%	15%
社会需求	10%	24%
尊重需求	7%	30%
自我实现需求	3%	26%

马斯洛需求层次理论中提到人的需求满足是阶梯式的，是一个需要满足后再追求下一个需要。但是人的需求并没有着如此强烈的界限划分。难道除了追求基本需求之外人就不能逾越需求的界限去渴望新的超越吗？或者说，平凡的人除了对生活中简单层次需求的追求之外就丧失了自我实现需求的追求吗？平凡中孕育着不平凡的理想和追求，也会因之产生超越基本需求的动力。

个人需求的层次内容是由个人自己的价值观和世界观决定的。平凡的人同样具有尊重和自我实现的需求。这里自我实现需求的内容不是以社会普遍价值观为标准的，而是来自于个体自身的价值观。所以，平凡人的自我实现是根据其自身的价值观定义的。而遵从世俗价值观的人没有办法用这种价值标准衡量出平凡人的自我实现。所以，这恰恰证明了自我实现是一个更高层级的需求，只有通过其个体的内在行为来满足而非外在的条件。

三、银行理财产品购买者分类

银行理财产品的购买者也是金融市场主体，是指金融市场的交易者，包括家庭、非金融企业、政府以及金融机构四大部门。

家庭的特点：第一，家庭是金融市场资金的净供给者，总是以投资者的身份出现，即以购买金融商品的方式向市场贷出资金；第二，从事金融商品买卖活动的动机是追求个人经济利益。

非金融企业是金融市场上首要的、大宗的资金需求者，同时也是资金供给者。

政府作为主体充当双重角色：一是资金的需求者和供给者（如发行政府债券筹措资金，也可以提供资金）；二是作为市场活动的调节者（通过中央银行干预）。

金融机构是资金的净贷出者，也是最重要的交易主体。在市场活动中具有交易集中、金额巨大的特点，因而对金融市场的运行起着核心作用。

四、消费者购买行为模式

1. “七 W”分析法

市场营销学家通常从以下 7 个方面入手来分析消费者市场：

（1）市场由谁构成？（Who）　购买者（Occupants）
（2）消费者购买什么？（What）　购买对象（Objects）
（3）消费者为何购买？（Why）　购买目的（Objectives）
（4）消费者购买活动的参与人（Who）　购买组织（Organizations）
（5）消费者怎样购买?（How）　购买方式（Operations）
（6）消费者何时购买？（When）　购买时间（Occasions）
（7）消费者何地购买？（Where）　购买地点（Outlets）

2. 刺激反应模式

消费者购买行为模式如图 4.2 所示。

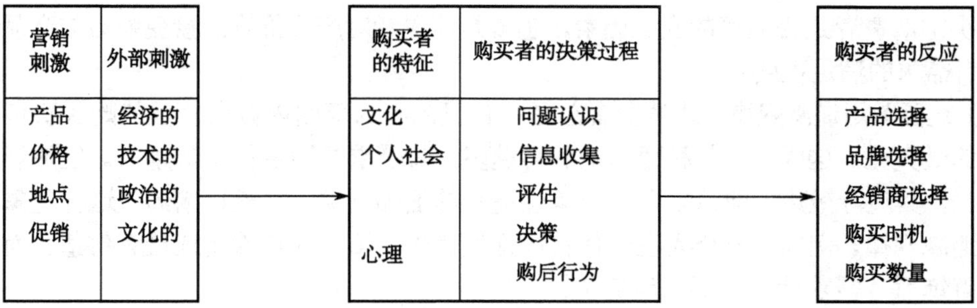

图 4.2　消费者购买行为模式

模块二　影响购买者行为的因素

【能力目标】　理解购买者市场的基本概念及核心概念，掌握购买者行为的一般模式，了解影响购买者行为的主要因素。

【活动目标】　理解购买者购买决策过程。

基本知识

消费者的消费行为表面上是很复杂的，但实际上，隐藏在购买行为背后的影响因素是可以探索的。在这一过程中，有许多因素影响着消费者的购买决策和购买行为。这些因素归纳起来有四个方面，经济因素、社会因素、个人因素和企业因素。消费者的购买行为是这些因素共同作用的结果。

一、外部环境因素

1. 经济因素

经济因素是分析消费购买行为的传统因素，也是基础因素。

从经济因素来分析消费者的购买行为，认为消费者总是根据自己的有限收入和所能获得的市场信息，去购买对自己最急需的东西。以此为前提，有两个因素会影响消费者的购买行为：

（1）产品的价格和性能。产品的价格和性能是最主要的支配因素。产品的价格和性能的比值是决定消费者是否购买的支配因素，也就是消费者对产品价格的接受能力与产品的性能对消费者需求的满足程度。

（2）边际效用递减规律。即消费者总是在自己的收入范围内做出合理的购买决策，以实现效用的最大化。这样，对某种商品购买得越多，其需求的满足程度就越大。但随着购买数量的增加，其边际效用（即每多购买一单位商品的追加利益）却是递减的，这种现象就是边际效用递减规律。例如，一个人在一件首饰都没有时，第一件首饰无疑最有价值。而当他拥有数件首饰后，需求就不会那么迫切了。

边际效用递减规律告诉我们，消费者的购买力是有限的，他们总是把钱用在能够取得最大边际效用的商品上。只有当产品的价格下降或者产品的质量、性能得到改进，用相同的货币可以得到更大的效用时，才会刺激新的需求。所以，珠宝企业进入目标市场时，一方面要考虑产品的价格与性能比，另一方面要通过市场调查，考察目标市场珠宝首饰的拥有量，只有不断调整产品价格，增加产品的花色品种，改进产品工艺，才能增加产品效用，扩大产品销售。

2. 社会因素

从社会因素的角度出发，有三个方面的因素影响消费者的购买行为：

（1）消费者的文化背景。珠宝首饰是一种具很深文化内涵的饰物，消费者的受教育程度和背景必然会影响其购买行为。对珠宝首饰佩戴的意义理解不同，相应的购买行为会截然不同。

（2）消费者所处的社会阶层。现代社会中，消费者所处的社会阶层不同使得他们的生活方式、消费习惯和价值观念都有很大的差别。这些差别必然会影响其购买行为。

（3）相关群体。相关群体对消费购买行为的影响，一般通过以下三种形式表现出来：

第一，相关群体为每个人提供多种各自不同的消费行为模式，因而可推动群体成员改变原来的购买行为模式或形成新的购买行为模式。

第二，相关群体能引起人们的效仿欲望，从而影响人们对某种商品的态度和价值观念的变化。

第三，相关群体促使人们的购买行为趋于一致化，从而影响人们对某一商品品种、款式的选择，有助于某种消费时尚的形成。

市场营销学对相关群体的研究，就是要选择与目标市场的消费者关系最密切、传递信息最有效的相关群体来影响消费，以求通过相关群体迅速推广产品。

3. 文化因素

社会文化环境是指一个国家或地区人们共同的价值观、生活方式、人口状况、文化传统、教育程度、风俗习惯、宗教信仰等各个方面，这些因素是人类在长期的生活和成长过程中逐渐形成的，人们总是自觉不自觉地接受这些准则作为行动的指南。

社会文化因素对企业有着多方面的影响，其中有些是直接的，有些是间接的，最主要的是它能够极大地影响社会对产品的需求和消费。特别是外贸出口产品，如果对出口国家的社会文化环境了解得不深、不透，就会影响产品销路。

（1）人口因素。

① 人口总数直接影响着社会生产总规模；

② 人口的地理分布影响着企业的厂址选择；

③ 人口的性别比例和年龄结构在一定程度上决定了社会需求结构，进而影响社会供给结构和企业生产结构；

④ 人口的教育文化水平直接影响着企业的人力资源状况；

⑤ 家庭数量及其结构的变化与耐用消费品的需求和变化趋势密切相关，因此也就影响到耐用消费品的生产规模等。

（2）价值观。

① 价值观是指社会公众评价各种行为的观念标准。

② 不同的国家和地区，其价值观是不同的。

（3）文化传统。

① 文化传统是一个国家或地区在较长历史时期内所形成的一种社会习惯。

② 文化环境对企业的影响是间接的、潜在的、持久的。

文化的基本要素包括哲学、宗教、语言与文字、文学艺术等，它们共同构成文化系统，对企业文化有重大的影响。

哲学是文化的核心部分，在整个文化中起着主导作用；宗教作为文化的一个侧面，在长期发展过程中与传统文化有着密切联系；语言文字和文化艺术是文化的具体表现，是社会现实生活的反映，它对企业职工的心理、人生观、价值观、性格、道德及审美观点的影响和导向作用不容忽视。

（4）社会发展趋势。

① 近一二十年来，社会环境方面的变化日趋加快，打破了传统习惯。人们开始重新审视自己的信仰、追求和生活方式，衣着款式、消费倾向、业余爱好，以及对产品与服务的需求的不断变化，从而使企业面临更严峻的挑战。

② 随着社会发展，人们对物质生活的要求越来越高。

一方面，产品的更新换代加速，日益增长的物质需求给企业发展创造了外部条件。

另一方面，随着物质水平的提高，人们正在产生更加强烈的社交、自尊、信仰、求知、审美、成就等高层次需求。人们希望从事能够发挥自己才能的工作，使自己的潜力得到充分的挖掘。

（5）消费者心理。

① 在物质丰富的条件下，人们购买商品不仅是要满足生理需求，更重要的是获得心理或精神上的享受。

② 企业在制订战略计划时，必须注意到消费者的心理因素，树立“创造市场、创造需求”的观念。

（6）社会各阶层对企业的期望。

① 社会各阶层包括股东、董事会成员、原材料供应者、产品销售人员及其他与企业相关的阶层。

② 各阶层对企业的期望是不同的，例如，股东集团评价战略的标准主要是看投资回报率、股东权益增长率等；企业工作人员评价战略的标准主要是看工资收益、福利待遇及其工作环境的舒适程度等；消费者则主要关心企业产品的价格、质量、服务态度等；政府机构评价企业的立足点主要是看企业经营活动是否符合国家的政策、法规和有关各项行政规章制度。

二、内部环境因素

1. 个人因素

个人因素主要是指消费者对购买行为的认识因素和个性因素。

（1）认识因素。

认识因素是影响消费者购买行为的重要因素，认识过程的阶段性决定了消费者反应的阶段性和差异性。

消费者的认识过程是在购买行为发生前通过心理活动过程表现出来的，一般分为三个阶段：一是识别阶段，主要是通过人的感觉、记忆、思维、联想等心理活动完成，以识别产品的品质、属性。在这一过程中，人们对所需产品的认识从直观的形象观察发展到本质的认知，从而表现出自己的感受。二是情绪阶段，这是人们对产品的态度在感情上的反映阶段，产生喜欢与厌恶、肯定与否定的态度，这直接影响消费者的购买欲望。三是意志阶段，在这一阶段，消费者会根据自我经验做出购买选择——立即购买、等待观望或停止购买。

从消费者购买前的心理活动过程可以看出，认识的不同阶段有不同的认识重点，影响消费者购买行为的认识因素就是这些认识重点的表现，主要包括需要、感觉、态度和经验。

① 需要：消费者的需要分为两个方面，即生理上的需要和心理上的需要。例如，珠宝首饰在很大程度上来说是满足心理需要的。心理满足的程度不同，需要的程度也不同，从而产生不同的购买行为并直接影响着购买决策。

② 感觉：所谓感觉是人们通过视、听、嗅、味、触这五种官能对外界的刺激或情景的印象。潜在消费者产生了购买动机以后，他们的购买行为还取决于对刺激物的感觉，一切产品及其促销活动只有通过人的感觉才能影响消费者的购买行为。

③ 态度：这里所说的态度是指一个人评价一种刺激物的见解和倾向，这种见解和倾向在购买行为方面常常表现为对某种商品或品牌的特殊偏爱或厌恶之情。在市场营销活动中，企业首先应该通过广泛的调查和研究，了解广大潜在消费者的态度，尽量设计、加工出符合

消费者消费理念的产品。同时，企业还要通过营销活动去影响和改变消费者的态度。

④ 经验：是消费者从信息和实践中学习到的知识。消费者的经验既来自社会各界提供的信息，也来自自身的购买实践经验。因此，为了保证企业的产品畅销不衰，首先要保证产品的质量和服务，重视企业消费文化的建设，为消费者提供良好的购物环境和氛围，使消费者购买后形成良好的印象，提高本企业产品在消费者心目中的地位。

（2）个性因素。

个性是一个人在特定的生活环境和社会环境中长期生活所形成的对现实世界产生的较为稳定的态度和习惯性行为的心理特征。个性包括三个方面的含义：

第一，个体倾向性，包括个体的需要、兴趣、动机、理想和信仰等，是个人寄予企业产品的愿望和理想。

第二，个性心理特征，包括个体的能力、气质和性格等。消费者的个性心理特征是这三方面特征的综合反映。

第三，自我形象，指人的个体倾向性和个体心理特征的具体表现形式。消费者树立的自我形象可通过物质、精神、社会、道德等多方面因素表现出来，表现形式则是其谈吐、情绪、穿戴和行动等。

因此，消费者往往要求所购的商品与自己的形象相称。企业要扩大产品销售，就必须迎合消费者的自我形象要求。

2. 心理因素

购买行为受消费者心理的支配。影响消费者购买行为的心理因素，也称为个别因素，它包括需求、感觉、学习、信念和态度等几个心理过程，通过对这些过程的研究，可以了解购买者行为的起因。

（1）需求。

所谓需求，是指客观刺激物通过人体感官作用于人的大脑而引起的某种缺乏状态。当这种状态达到一定程度时，便产生需求，需求又引起动机，后者又是引起、支配人的行为的直接原因和动力。因此，企业营销要想达到自己的目标，应设法通过一定的刺激物来引发消费者的需求及动机，进而促使消费者产生购买行为。

（2）感觉。

当消费者有了购买动机之后，可能产生行动。但采取怎样的行动，则视其对客观情境的感觉。所谓感觉，是指人们通过感觉器官，对客观刺激事物和情境的反映。消费者对不同的刺激物或情境会产生不同的感觉，即便对于相同的刺激物或情境，也会产生不同的感觉，出现这种现象的主要原因是由于感觉过程的特殊性。心理学家认为，感觉过程是一个有选择性的心理过程，这种“有选择性的心理过程”主要包括三个方面：

第一，选择性注意。指人在同一时间内只能感知周围的少数对象，其他的对象则被忽略了。比如，有一位想要购买彩色电视机的消费者，当他走进琳琅满目的大商场时，尽管呈现在他面前的有电冰箱、洗衣机、收录机等，但他真正关心、注意的只有电视机的广告和相关产品，而其他产品的广告和样品不会给他留下深刻印象。

第二，选择性曲解。人们对感觉到的事物，并不是照相似地反映出来，而是按照自己的先入之见，或根据自己的兴趣、爱好来说明、解释感觉到的事物。这种按个人意愿解释客观事物或信息的倾向叫做选择性曲解。

第三，选择性记忆。人们只是记住那些与自己看法、信念相一致的东西，对于购买者来说，他们往往记住自己喜爱的品牌商品的优点而忘掉其他竞争商品的优点，这就是选择性记忆。

人们感觉的这种特殊性，要求企业营销人员在促销过程中采取简明、有力的广告语，反复宣传自己的产品，以引起消费者的注意，并使之记住自己产品的优点，产生对自己产品的特殊偏好，诱发他们对该产品的购买欲望。

（3）学习。

人类学习过程（包括消费者的学习过程）是由驱策力、刺激物、提示物（诱因）、反应、强化五要素组成的。“驱策力”是一种驱使人们行动的内在推动力，“刺激物”是一种能减缓或消除驱策力紧张程度的物体，如御寒的衣服。“诱因”又称“提示刺激物”，它决定着动机的程度和方向，如某人已有买一套西服的动机，但何时、何地购买，购买何种品牌，则受其周围刺激物的影响。“反应”是对诱因和刺激物的反作用或反射行为。“强化”则是对刺激物、反应的加强，强化与满意的程度是紧密相关的。如表 4.3 为刺激物的特征。

表 4.3　刺激物的特征

刺激物的特征	容易引起认知	不易引起认知
规模	大	小
位置	显著	偏僻
色彩	鲜艳	暗淡
动静	运动	静止
反差	明显	模糊
强度	强烈	微弱

根据消费者这种“刺激-反应-强化”规律，企业应为扩大产品销路，向广大消费者提供有效刺激物和诱因，并通过产品质优、价廉强化消费者的反应，如图 4.3 所示。

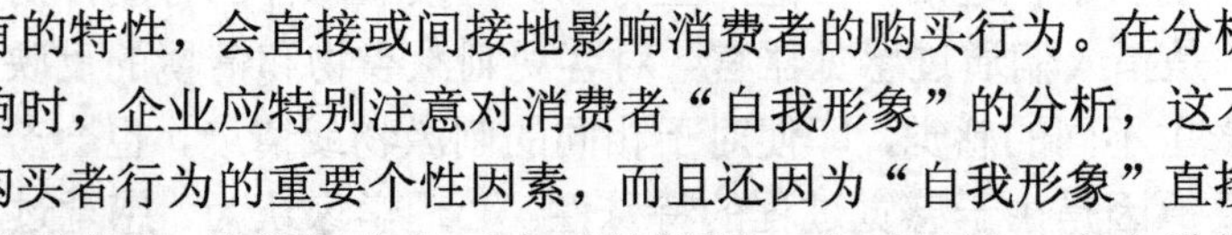

图 4.3　“刺激-反应-强化”规律

（4）个性。

一个人所具有的特性，会直接或间接地影响消费者的购买行为。在分析个人性格对消费者购买行为的影响时，企业应特别注意对消费者“自我形象”的分析，这不仅仅是因为“自我形象”是影响购买者行为的重要个性因素，而且还因为“自我形象”直接影响着购买者的行为。所谓“自我形象”，是指每个人对自己的认识，有时是指一个人希望把自己塑造成什么形象，有时则是指在社会交往中，别人怎样看待自己。由于每个人总是希望表现自我形象，并把购买行为作为表现自我形象的重要方式，因此，一般说来，消费者总是购买那些与自己形象相称的商品。这就提醒企业在进行产品设计时，一定要仔细分析目标市场消费者的“自我形象”特征，并提供符合其“自我形象”的产品。

（5）态度。

所谓态度，是指人们对事物的看法，它体现着一个人对某一事物的喜爱与厌恶的倾向。态度是从学习中来的，它有一个逐步形成的过程，而一旦形成，就直接影响人们的行为。例如，某人认为某一品牌的彩电质量最好，则他在购买彩电时，就会购买这一品牌的彩电，甚至当他的亲友购买彩电时，他也会向他们极力推荐这一品牌。

模块三　购买者决策过程分析

【能力目标】　能运用购买者决策过程的相关知识进行购买者决策过程分析。
【活动目标】　学会购买者决策过程分析。

基本知识

一、消费者购买决策

消费者购买决策是指消费者谨慎地评价某一产品、品牌或服务的属性并进行选择、购买能满足某一特定需要的产品的过程。

广义的消费者购买决策是指消费者为了满足某种需求，在一定购买动机的支配下，在可供选择的两个或者两个以上的购买方案中，经过分析、评价、选择并且实施最佳的购买方案，以及购后评价的活动过程。它是一个系统的决策活动过程，包括需求的确定、购买动机的形成、购买方案的抉择和实施、购后评价等环节。广义的消费者购买决策如图 4.4 所示。

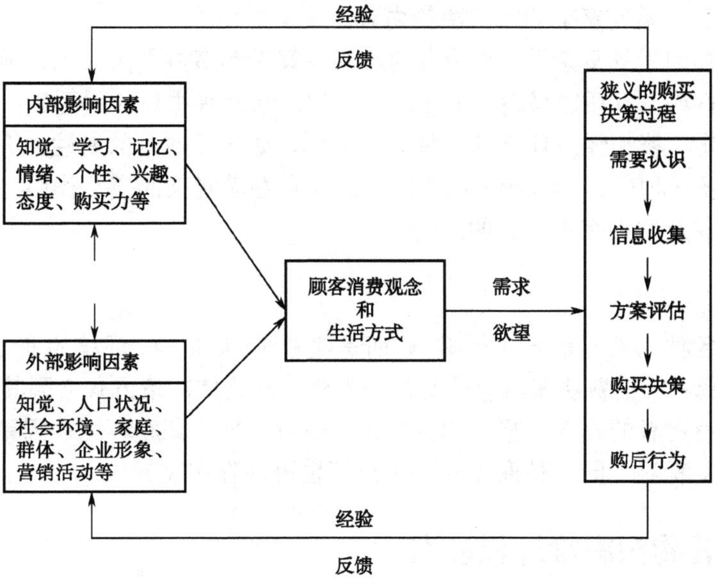

图 4.4　广义的消费者购买决策程序

二、消费者购买决策的特点

1. 目的性

消费者进行决策，就是要促进一个或若干个消费目标的实现，这本身就带有目的性。在决策过程中，要围绕目标进行筹划、选择、安排，就是实现活动的目的性。

2. 过程性

消费者购买决策的过程性是指消费者在受到内、外部因素刺激，产生需求，形成购买动机，抉择和实施购买方案，购后经验又会反馈回去影响下一次购买决策，从而形成一个完整的循环过程。

3. 主体的需求个性

由于购买商品行为是消费者主观需求、意愿的外在体现，受许多客观因素的影响。除集体消费之外，个体消费者的购买决策一般都是由消费者个人单独进行的。随着消费者支付水平的提高，购买行为中独立决策特点将越来越明显。

4. 复杂性

这是指购买者心理活动和购买决策过程的复杂性。

决策是人类大脑复杂思维活动的产物。消费者在做决策时不仅要开展感觉、知觉、注意、记忆等一系列心理活动，还必须进行分析、推理、判断等一系列思维活动，并且要计算费用支出与可能带来的各种利益。因此，消费者的购买决策过程一般是比较复杂的。

决策内容的复杂性是指消费者通过分析，确定在何时、何地，以何种方式、何种价格购买何种品牌商品等一系列复杂的购买决策内容。

购买决策影响因素的复杂性。消费者的购买决策受到多方面因素的影响和制约，具体包括消费者个人的性格、气质、兴趣、生活习惯与收入水平等主体相关因素；消费者所处的空间环境、社会文化环境和经济环境等各种刺激因素，如产品本身的属性、价格、企业的信誉和服务水平，以及各种促销形式等。这些因素之间存在着复杂的交互作用，它们会对消费者的决策内容、方式及结果有不确定的影响。

5. 情景性

影响决策的各种因素不是一成不变的，而是随着时间、地点、环境的变化不断发生变化。因此，同一个消费者的消费决策具有明显的情景性，其具体决策方式会因其所处情景不同而不同。由于不同消费者的收入水平、购买传统、消费心理、家庭环境等因素存在着差异性，因此，不同的消费者对于同一种商品的购买决策也可能存在差异。

三、消费者购买决策过程模型

购买者的决策过程是由一系列相关联的活动构成的，一般可将其划分为五个阶段，如

图 4.5 所示。

图 4.5 消费者购买决策过程五阶段模式

1. 确认需要

确认需要也就是消费者确认自己需要什么。

营销人员在这个阶段的任务是：

（1）了解与本企业产品有关的现实和潜在需要。

（2）了解消费者需要随时间推移以及外界刺激而波动的规律性，以设计诱因，增强刺激，最终唤起人们的购买欲望。

2. 收集信息

这是指消费者主动、广泛地收集有关产品的信息。在该阶段，营销人员的主要任务是：

（1）了解消费者信息来源，一般有经验来源、个人来源、公共来源和商业来源四种方式。

（2）了解不同信息来源对消费者的影响程度。

（3）设计信息传播策略。

3. 方案评价

一般而言，消费者的评价行为涉及产品属性、品牌信念、效用要求三个方面。

明确了这三个问题之后，消费者会有意无意地运用一些评价方法对不同的品牌进行评价和选择。

4. 购买决定

消费者经过产品评估后，会形成购买意向，但不一定导致实际购买。这时还会有一些因素介入其间：

（1）他人态度。其影响力取决于他人否定态度的强度；他人与消费者的关系；他人的权威性。

（2）意外因素。顾客一旦决定实施购买，必须做出以下决策：产品种类决策；产品属性决策；品牌决策；购买时间决策；经销商决策；数量决策；付款方式决策。

5. 购后行为

消费者的购后过程分为三个阶段：购后使用处置；购后评价；购后行为。企业应采取有效措施减少或消除消费者的购后失调感。

四、购买决策的类型

不同消费者购买决策过程的复杂程度不同，究其原因，是因为受到诸多因素影响的结果，其中最主要的是参与程度和品牌差异。同类产品不同品牌之间的差异越大，产品价格越昂贵，消费者越是缺乏产品知识和购买经验，感受到的风险越大，购买过程就越复杂。比如，牙膏、火柴与计算机、轿车之间的购买复杂程度显然是不同的。阿萨尔（Assael）根据购买者的参与程度和产品品牌差异程度划分了四种购买类型。

1. 复杂的购买行为

如果消费者属于高度参与，并且了解现有各品牌、品种和规格之间具有显著差异，则会产生复杂的购买行为。复杂的购买行为指消费者需要经历大量的信息收集、全面的产品评估、慎重的购买决策和认真的购后评价等各个阶段。比如，家用计算机价格昂贵，不同品牌之间差异大，某人想购买家用计算机，但又不知硬盘、内存、主板、处理器等为何物，对于不同品牌之间的性能、质量、价格等无法做出判断，贸然购买有极大的风险。因此他要广泛收集资料，弄清很多问题，逐步建立对此产品的认识，然后转变成态度，最后才会做出谨慎的购买决定。

对于复杂的购买行为，营销者应制定策略帮助购买者掌握产品知识，运用宣传媒介宣传产品的优点。

2. 习惯性购买行为

对于价格低廉、经常性购买的商品，消费者的购买行为是最简单的。这类商品中，各品牌的差别极小，消费者对此也十分熟悉，不需要花大量时间进行选择。例如，购买油、盐之类的商品时就是这样。这种简单的购买行为不需要经过信息搜集、产品特点评价，最后做出重大决定这种复杂的过程。

对习惯性购买行为的主要营销策略是：

（1）利用价格与销售促进吸引消费者试用。由于产品本身与同类其他品牌相比难以找出独特优点以吸引顾客，所以只能依靠合理价格与优惠、展销、示范、赠送等促销手段吸引顾客试用。一旦顾客了解并熟悉了产品，就可能经常购买以至形成购买习惯。

（2）播出大量重复性广告加深消费者印象。在低度参与和品牌差异小的情况下，消费者并不主动收集品牌信息，也不评估品牌，只是被动地接受包括广告在内的各种途径传播的信息，并根据这些信息进行选择。消费者选购某种品牌不一定是被广告所打动或对该品牌有忠诚的态度，只是熟悉而已。购买之后消费者甚至不去评估它。此类购买过程是：由被动的学习形成品牌信念，然后是购买行为，接着可能有也可能没有评估过程。因此，企业必须通过大量广告使顾客被动地接受广告信息从而对品牌产生好感。

为了提高效果，广告信息应简短有力且不断重复，只强调少数几个重要特点，突出视觉符号与视觉形象。根据古典控制理论，不断重复代表某产品的符号，购买者就能从众多的同类产品中认出该产品。

（3）增加购买参与程度和品牌差异。在习惯性购买行为中，消费者只购买自己熟悉的品牌而较少考虑品牌转换，如果竞争者通过技术进步和产品更新将低度参与的产品转换为高度参与并扩大与同类产品的差距，将促使消费者改变原先的习惯性购买行为，寻求新的品牌。提高参与程度的主要途径是在不重要的产品中增加较为重要的功能和用途，并在价格和档次上与同类产品拉开差距。

比如，洗发水若仅仅有去除头发污渍的作用，则属于低度参与产品，与同类产品没有什么差别，只能以低价展开竞争；若增加去除头皮屑的功能，则参与程度提高，价格提高也能吸引购买者，提升销售量；若再增加养护头发的功能，则参与程度和品牌差异都进一步得到提高。

3. 寻求多样化的购买行为

有些同类商品的不同品牌之间有明显差别，但消费者并不愿意多花时间进行品牌选择，而是在购买时不断变换商品品牌。如在购买点心之类的商品时，消费者往往不花很长时间进行选择和估价，下次购买时再换一种新花样。这样做往往不是因为对产品不满意，而是为了寻求购买行为的多样化。比如购买饼干，消费者上次购买的是巧克力夹心，第二次购买的是奶油夹心，这种品种的更换并非对上次购买的饼干不满意，而只是想换换口味而已。

对于寻求多样化的购买行为，市场领导者和挑战者的营销策略是不同的。市场领导者力图通过占有货架、避免脱销和提醒购买的广告来鼓励消费者形成习惯性购买行为。而挑战者则以较低的价格、折扣、赠券、免费赠送样品和强调试用新品牌的广告来鼓励消费者改变原有的习惯性购买行为。

4. 化解不协调的购买行为

有些产品，不同品牌之间区别不大，而消费者又不经常购买，所以在购买时有一定的风险性。对于这类商品，消费者一般会先转几家商店看看有什么货，进行一番比较后再进行购买。这是因为各种牌子之间没有什么明显的差别，一般情况下，如果价格合理，购买方便，机会合适，消费者就会决定购买。如购买沙发，虽然也要选择款式、颜色，但一般差别不太大，有合适的就会买回来。

购买以后，消费者也许会感到些许不满意，感觉商品的某个地方不够称心，或者听到别人称赞其他种类的商品。在使用期间，消费者会了解更多情况，并寻求种种理由来减轻、化解这种不协调，以证明自己的购买决策是正确的。

对于这类购买行为，营销者要提供完善的售后服务，通过各种途径经常性地提供有利于本企业和产品的信息，使顾客相信自己的购买决定是正确的。

五、消费者购买决策模式

研究消费者购买决策模式，对于更好地满足消费者的需求、提高企业市场营销工作效果具有重要意义。国内外许多学者、专家对消费者购买决策模式进行了大量的研究，提出了一些具有代表性的典型模式。

1. 消费者购买决策的一般模式

人类行为的一般模式是 S-O-R 模式，即“刺激—个体生理、心理—反应”模式。该模式表明消费者的购买行为是由刺激引起的，这种刺激既来自于消费者身体内部的生理、心理因素也来自外部环境。消费者在各种因素的刺激下，产生动机，在动机的驱使下，做出购买商品的决策，实施购买行为，购后还会对购买的商品及其相关渠道和厂家做出评价，这样就完成了一次完整的购买决策过程，如图 4.6 所示。

图 4.6　顾客购买决策的一般模式

2. 科特勒行为选择模型

菲利普·科特勒提出了一个强调社会两方面的消费行为的简单模式。该模式说明消费者购买行为的反应不仅要受到营销的影响，而且还受到外部因素影响。而不同特征的消费者会产生不同的心理活动过程，消费者通过决策过程，产生了购买决定，最终形成了消费者对产品、品牌、经销商、购买时机、购买数量的选择。科特勒行为选择模型如图 4.7 所示。

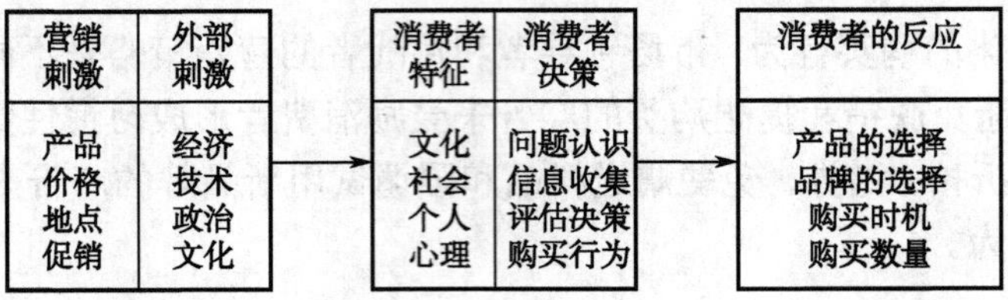

图 4.7　科特勒行为选择模型

3. 尼科西亚模式

尼科西亚于 1966 年在《消费者决策程序》一书中提出这一决策模式，如图 4.8 所示。该模式由四大部分组成：第一部分，从信息源到消费者态度，包括企业和消费者两方面的态度；第二部分，消费者对商品进行调查和评价，并且形成购买动机的输出；第三部分，消费者采取有效的决策行为；第四部分，消费者购买行动的结果被大脑记忆、存储起来，供消费者以后进行购买参考或反馈给企业。

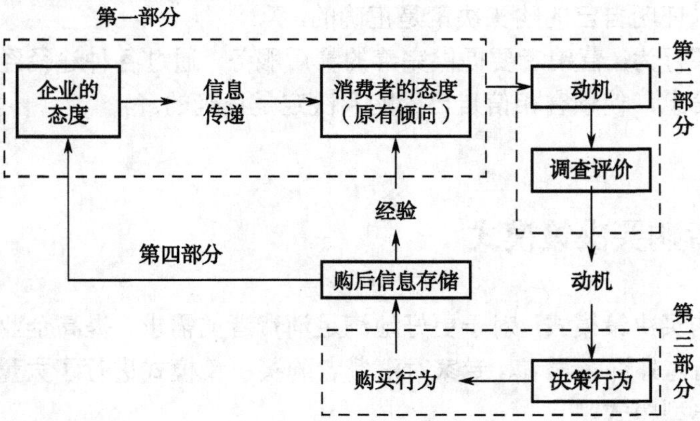

图 4.8　尼科西亚模式

4. 恩格尔模式

该模式又称 EBK 模式，是由恩格尔、科特拉和克莱布威尔于 1968 年提出的。其重点是从购买决策过程进行分析，整个模式分为中枢控制系统（即消费者的心理活动过程）、信息加工、决策过程、环境四个部分。

恩格尔模式认为，外界信息在有形或无形因素的作用下，输入中枢控制系统，即对大脑引起、发现、注意、理解、记忆与存储的个人经验、评价标准、态度、个性等进行过滤加工，构成了信息处理程序，并在内心进行研究、评估、选择后，对外部探索产生了决策方案。整个决策过程同样要受到环境因素，如收入、文化、家庭、社会阶层等的影响。最后产生购买过程，并对购买的商品进行消费体验，得出满意与否的结论。此结论通过反馈又进入中枢控制系统，形成信息与经验，影响消费者未来的购买行为。恩格尔模式如图 4.9 所示。

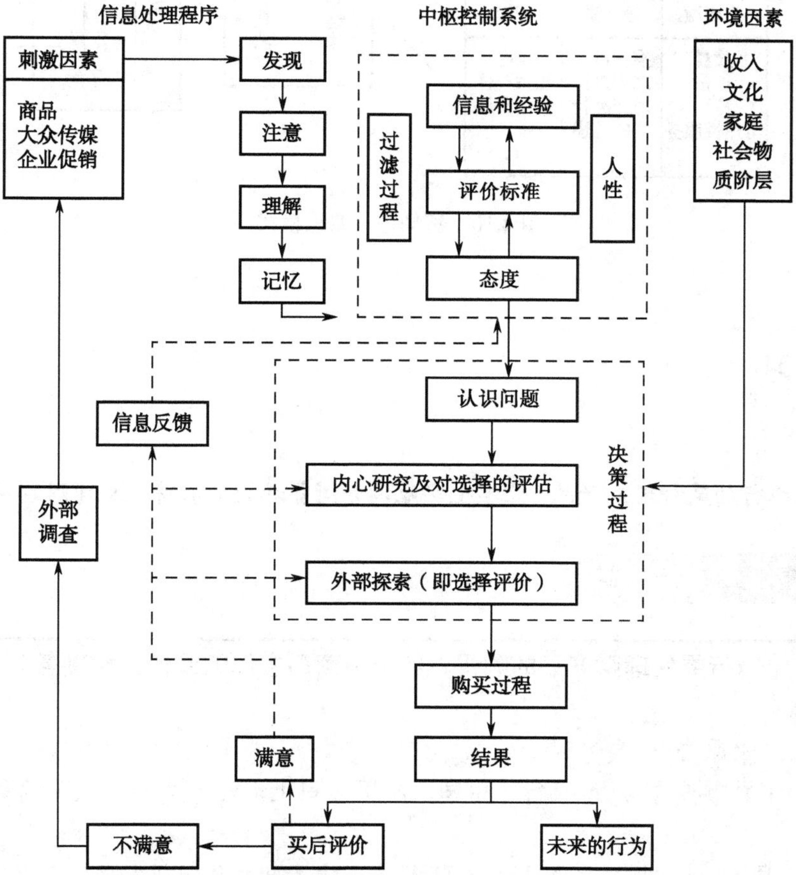

图 4.9　恩格尔模式

5. 霍华德—谢思模式

该模式是由霍华德与谢思于 20 世纪 60 年代末在其二人合著的《购买行为理论》一书中提出的，其重点是从刺激或投入因素（输入变量）、外在因素、内在因素（内在过程）、反映或者产出因素四个方面考虑、消费者购买行为。

霍华德—谢思模式认为投入因素和外界因素是购买的刺激物，它通过唤起和形成动机提供各种选择方案信息，影响购买者的心理活动（内在因素）。消费者受刺激物和以往购买经验的影响，开始接受信息并产生各种动机，对可选择产品产生一系列反应，形成一系列购买决策的中介因素，如选择评价标准、意向等，在动机、购买方案和中介因素的相互作用下便产生某种倾向和态度。这种倾向或者态度又与其他因素，如购买行为的限制因素结合后，便产生购买结果。购买结果形成的感受信息也会反馈给消费者，影响消费者的心理和下一次购买行为。霍华德—谢思模式如图 4.10 所示。

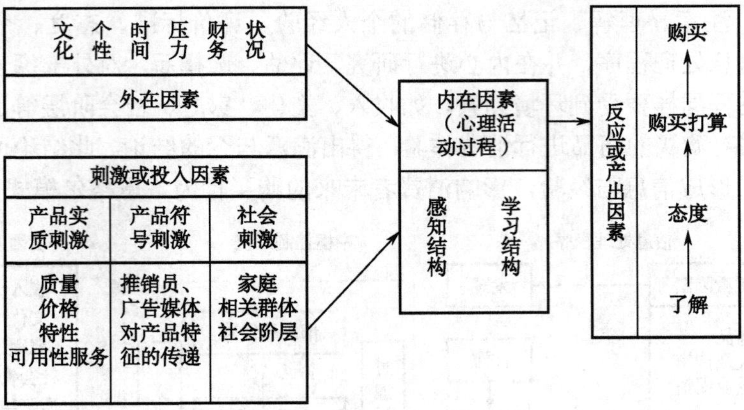

图 4.10　霍华德—谢思模式

活动练习

选择商业银行的某种理财产品，让学生实地调查消费者的需求特征及理财购买的行为过程。

案　例

银行委托理财产品的购买者应承担商事主体的审慎注意义务

【案情】

上诉人（原审原告）：吴××

被上诉人（原审被告）：A 银行（中国）有限公司上海浦西支行（以下简称 A 银行浦西支行）

2007 年 5 月 17 日，吴××购买了 A 银行浦西支行“金猪宝贝”理财产品。该产品挂钩美国上市的四家股票，包括雅培、美泰玩具、迪士尼和儿童天地等，设计于 2009 年 12 月 3 日到期，为投资者提供 100%本金保障；投资者每半月可在指定赎回日根据届时公布的赎回价格提前赎回。吴××在《个人理财适应性测试》、《投资确认声明》、《市场联动系列客户协议》、《动态回报投资—市场联动系列 [股票挂钩投资账户]》、《开户申请表》等文本上签字，并投入人民币 10 万元。2008 年 3 月 28 日，A 银行因吴××反映投资收益等事由回函称：因受美国次贷危机等影响，该理财产品目前收益为零。2008 年 4 月 16 日，吴××向上海市黄浦区人民法院提起诉讼，请求撤销双方签订的理财产品合同；并要求 A 银行赔偿经济损失 3500 元。

【审判】

原审法院经审理认为：从吴××签字的合同文本内容来看，其中对于理财产品投资的目标、确认方式、指示交易及风险提示等方面，文字表述并无歧义，足以达到签约人理解的程度。根据吴××主张签约是 A 银行浦西支行强加而并非真实意思表示及重大误解，从当事人举证进行分析，亦不能证明该事实存在。原审法院依照《中华人民共和国合同法》中相关条款之规定，判决驳回吴××的诉讼请求。

吴××不服一审判决，向上海市第二中级人民法院提起上诉，以购买“金猪宝贝”理财产品的协议显失公平，且上诉人购买“金猪宝贝”理财产品系重大误解为由，请求撤销委托理财合同，被上诉人应返还资金并赔偿损失。

中院经审理认为：上诉人提出要求撤销系争“金猪宝贝”理财产品合同的两项理由均不能成立。关于是否构成显失公平的问题，应根据合同签订时的客观要件和主观要件进行判断。被上诉人推出“金猪宝贝”理财产品，事前曾向银行监管部门备案。合同系列文本中格式条款的各主要部分，文字表述并无歧义，可以达到投资者理解的程度。作为到期保本型的理财产品，其收益结构、提前赎回的计算方法等内容，没有导致该项投资业务关系中委托人与受托人的利益失衡，更无免除受托人过错责任和主要义务的违法条款。被上诉人于2007年5月30日以发送确认书形式确立合同生效，在此前由上诉人签署的《动态回报投资一市场联动系列 [股票挂钩投资账户]》中已有载明，法律亦不禁止以此方式订立合同或确认合同生效。合同文本有几份以及由哪方持有，并不影响合同的效力。若被上诉人需要，可向上诉人索取复印件。因此在客观要件方面，系争合同在形式上、内容上均未失公平要素。从主观要件分析，一方面，投资者对于金融理财产品的投资风险相比较银行储蓄本应有相当的估计，对于特定投资产品的盈亏预期，也应当作出合理的判断。另一方面，银行不得利用优势地位订立不公平的格式条款，同时还应履行必要的告知义务。本案中，上诉人在投资决策前已经过了被上诉人的相应测试，上诉人所选取的理财产品特点与测试结果相符。上诉人签署的《投资确认声明》已将投资风险予以揭示，上诉人本人虽未亲自抄录确认风险揭示，但其在同一页上签名以及在《投资确认声明》上签名的事实，足以佐证上诉人已履行了风险告知义务。上诉人称其未看到合同条款就签字一节，本院注意到，《动态回报投资一市场联动系列 [股票挂钩投资账户]》的签名页上，并无关于理财产品特点、构成、收益支付、提前终止等内容记载，而作为一名理财委托人在未阅看到理财产品内容的情况下就草率签字，显然不符合投资者应有的谨慎态度，从上诉人投资保本型理财产品的行为来看，更是难以想象的。因此在主观要件方面，上诉人所称的显失公平的理由，同样难以成立。关于是否构成重大误解的问题，上诉人的理由是被上诉人将不属于“金猪宝贝”理财产品的销售群作为推销对象，违反备案文件。但备案程序并非审批程序，且“主要定位于工薪白领以及中小企业主”并不是指仅限于该类人群，因此只要委托理财合同签约人的意思表示真实，在销售对象方面，不存在重大误解的问题。综上所述，系争委托理财合同的签订和履行系双方当事人的真实意思表示，该合同不违反法律法规的强制性规定，当属合法有效。原审判决认定事实清楚，适用法律正确，应予维持。

【评析】

本案争议的焦点在于，上诉人吴××能否以重大误解、显失公平为由，撤销与银行签订的委托理财合同。其核心在于，银行是否违反风险揭示义务，违反该义务是否构成显失公平？是否造成上诉人的重大误解？这就需要在分析影响银行委托理财合同效力的要素基础上，寻找银行风险揭示义务与客户合理注意义务的平衡点，据此对本案双方当事人意思表示是否一致，合同内容是否显失公平进行分析。

一、银行委托理财合同的性质及影响其效力的要素

（一）银行委托理财合同的性质

银行理财业务是指银行的资产管理活动，具体是指客户授权银行代表客户按照合同约定的投资方向和方式，进行投资和资产管理，投资收益与风险由客户或者客户与银行约定方式承担。

银行理财业务的基本操作模式如下：首先，由银行设计、制定并推出理财计划（理财产品），报银监会或其派出机构备案；第二，银行向客户推介理财产品时，了解和评估客户的财务状况、风险偏好、认知和承受能力，解释投资工具和运作方式，揭示相关风险；第三，银行（受托人）与客户（委托人）签订理财合同，签署有关文件，明确双方权利义务；第四，银行为客户设立理财专户，客户投入理财资金后，由银行集中客户资金投向某些（某个）金融投资工具；第五，在理财计划存续期内，银行向客户至少每月提供一次账单，并按季度准备有关投资工具的财务报表、市场表现情况等材料供客户查询；第六，在理财计划终止时，双方按约定进行结算。

银行理财活动在法律性质上属于委托理财合同，这种委托理财合同与传统意义上的委托合同有些不同，但目前仍然将其归类于委托合同的范畴之内。最高人民法院发布的《民事案件案由规定》，将委托理财合同纠纷置于委托合同纠纷的项下。因银行理财活动所产生的纠纷，应定性为委托理财合同纠纷。

银行委托理财合同最基本的两方当事人是作为委托方的银行客户与作为受托方的银行。有关委托合同的一般性规定适用于银行委托理财合同。委托人的主要义务就是提供充分有效的授权委托书以及其他真实资料和信息、提供受托人从事委托理财业务所需要的资金。受托人的义务包括：勤勉谨慎地履行职责；为本人的利益履行代理行为；亲自代理；以及在授权范围内履行代理行为等。

值得注意的是，银行委托理财合同，作为一种商事委托，又有别于一般情况下的委托合同。首先，最基本的一点是，传统委托合同是委托人向受托人提出要约，而银行委托理财合同中，是由受托人准备好格式合同由受托人向委托人发出要约。其次，一般情况下的委托合同，往往是单一或零散进行，并不具有较强的商事委托特征，而银行委托理财合同是由受托人设计好委托理财合同，双方均从商业利益考虑，具有较强的商事委托特征。最后，银行委托理财合同中，作为受托方的银行往往是有备而来，而委托方处于相对被动地位，就理财产品的资金投向、风险大小、预期收益往往不明就里，双方存在一定的信息不对称。而一般情况下的委托合同，委托方主动将相关权限委托他人代为行使，信息上把握主动权，一般而言，不存在信息不对称问题。综上所述，银行委托理财合同是在现代社会化分工日益细化、金融业日趋发达的背景下，银行专业金融从业者设计出理财产品，与大众投资者缔结委托合同，劝诱其授予代理权，银行代为投资牟利并收取代理费用的合同。因而，委托理财合同是为当事人双方的商事盈利目的而设计的，功能不仅仅在于实现委托人个人能力或意思自治的扩张，而是更多体现在为了实现受托人目的而被运用的制度，具有明显的商事委托特征。

（二）影响合同效力的因素

当前，受全球金融危机影响，我国商业银行的个人理财产品，特别是 QDII 等出现大幅浮亏，因此不少购买银行委托理财产品的当事人请求解除合同。实践中，影响银行委托理财合同效力的要素主要有以下几个方面：第一，在合同主体是否具备相应的民事行为能力，尤

其是受托人应当具备相应资质，为被允许经营金融理财业务的商业银行及其分支机构；第二，合同内容是否合法，是否经过合同主管部门备案；第三，双方的意思表示是否一致。

二、银行委托理财合同受托人的风险揭示义务与委托人注意义务的平衡

银行委托理财合同容易造成委托方和受托方信息不对称的问题。在银行个人理财产品的销售中，由于有销售任务的压力和销售业绩的刺激，一些销售人员经常有意无意地向理财产品的消费者弱化风险而强化收益。同时理财产品在售出后，银行不向消费者披露理财资金的详细运用情况以及投资组合与风险收益变化情况的现象非常普遍，这使得消费者对理财资金的操作情况及风险状况一无所知。银行与消费者在理财产品运作中的信息不对称，导致消费者对于理财产品的收益与风险产生错误的认识和判断，使其在追求高收益的同时，忽视、低估了其中隐含的风险。所以，受托方应当诚信披露理财产品的风险，而委托方作为从事市场投资的商主体，亦有承担关注所投资理财产品风险的合理注意义务。问题在于，如何在二者之间找到合理的平衡。

就受托人而言，信息披露义务应当成为银行委托理财合同受托方的主要义务之一。在委托理财合同中，衡量受托人是否尽到披露和告知义务的标准应当是全面、真实和明确。告知义务的范围至少应当包括两方面：第一，受托人应全面、真实、明确的告知委托人双方的权利义务内容，尤其是受托人对自己的免责条款更应加以重点说明，对专业性术语应当有足以让普通人理解的解释性说明。按照银监会《商业银行个人理财业务管理暂行办法》等相关规定，银行在发售理财产品后，应当履行较为严格的信息披露义务，及时充分地向客户披露理财资金运用和收益情况，主要包括：按月向客户提供相关资产的账单，列明资产变动、收入和费用、期末资产估值等情况；按季度准备理财计划各投资工具的财务报表、市场表现情况及相关材料；在理财计划终止或理财计划投资收益分配时，向客户提供理财计划投资、收益的详细情况报告等。第二，受托人还应当对投资的风险予以充分和明确的提示，任何直接或变相的无风险口头宣称或承诺都应当被禁止。而且，对投资风险的提示和告知应当是持续的，除了在投资前应当告知委托人外，在投资过程中受托人也应当依据双方所订立的合同对其投资的过程有适当的披露和告知。相应的，告知义务的违反，通常亦有两种情形：一种是告知不实，即误告或错告；另一种是应告知而不告知，包括隐瞒和遗漏。受托人如主张自己已经尽到披露和告知义务的，应当对此承担举证责任。受托人不能证明的，其格式合同的免责条款应归于无效，并承担其未履行告知义务的法律责任。

就委托人而言，作为购买委托理财产品的客户，所从事的是投资行为，其行为构成“商”行为，而非一般个人所从事的消费行为，因而，应当具备较一般民事行为中民事主体更高的注意义务。该注意义务体现在，应尽可能结合自身的财务状况和理财需求、理财产品的特点加以深入了解，充分了解理财产品中的各种风险与收益，并采取合理的资产投资组合，注意所购买委托理财产品的风险，慎重进行投资。

由此可见，银行委托理财合同双方当事人都是商主体，与银行储蓄合同中一方银行为主体，另一方个人为消费者不同，告知义务的范围并不相同。事实上，国外的民商立法表明，随着所考虑的行为属于民事性质还是商事性质之不同，或者视行为人是商人还是普通个人之不同，对许多完全相同的“事实状态”，却存在着两种不同的处理规则。例如，关于告知义务的界定，在商事买卖中（双方均为商主体），告知的义务必须不被不合理地扩大。通常，买方和卖方存在冲突，不能相互期待对方提供与价格有关的市场信息，尤其是不能提供价格是否可能上涨或下跌的信息。对这些问题人们只能向无利害关系的第三人咨询，否则，就会

牺牲他的信息优势，从而减弱了法律的这种刺激作用。与之相反，在单方商行为（一方为商人，另一方为消费者）中，商主体除了负有“不得欺骗顾客”这一传统的“否定性义务”之外，又增加了一项“向顾客提供信息”的积极义务。如果因为商主体没有向消费者说明情况而使消费者受到了损害，消费者可以获准撤销合同，或者获得损害赔偿。由此可见，尽管基于银行委托理财合同中，银行基于信息地位优势应当全面、及时、准确地披露有关委托理财产品的信息，而客户基于购买委托理财合同是基于投资盈利目的，亦应当承担较一般民事主体更高的谨慎注意义务。

本案中，A 银行委托理财格式合同“风险提示”从程序上应当由受托人向委托人进行风险提示后，由委托人亲笔抄录，从而体现银行作为受托人的风险提示义务，以及客户作为委托人的审慎注意义务。本案“风险提示”抄录系在上诉人吴××口头授权下，由银行人员代为填写，吴××随后在该页文本上签字确认该委托行为而完成的。尽管银行工作人员这一做法不符合工作要求，在履行提示风险的程序性义务上存在一定瑕疵，但未达到违反告知义务的严重程度。上诉人吴××的签字确认，亦表明其在缔约时已认识到该委托理财产品存在一定的商业风险。

三、从商主体的审慎注意义务出发，原告不能以重大误解或显失公平为由主张撤销合同

商法是为精于识别自己的利益、竭力追求经济利益最大化为目的的商人设计的。商人被推定为在商务活动方面是有能力、有经验的。因此，对于商人，对意思表示瑕疵的救济，较之民法，相对较弱。原因在于，商法的宗旨有别于民法，在于保障商事交易快速、有效进行，不能允许商人借口合同瑕疵而主张合同无效，进而规避合同责任的法律缝隙。由此，商法强加于商人以谨慎责任，商人不可以因缔约时的疏忽或其他原因而任意提出撤销合同、违约责任的减免等，以敦促商主体更加认真负责地履行自己的行为，加强对商业风险的评估与防范，从而营造一个有效率的市场秩序。

（一）原告不能以重大误解为由主张撤销合同

根据《合同法》和最高人民法院《关于贯彻执行〈中华人民共和国民法通则〉若干问题的意见（试行）》第 71 条，重大误解的构成要件为：必须是表意人因误解而为意思表示；重大误解的内容应为表意人对行为的性质、对方当事人、标的物的品种、质量、规格和数量等发生错误认识；表意人的错误认识与其意思表示之间存有直接的因果关系；表意人的误解程度须为重大，并非一般程度的误解。权利的行使期间应依《合同法》第五十五条之规定，为一年之内。

当事人意思发生错误而主张撤销合同时，法律应采取何种态度？是原则上应当允许撤销，还是原则上不允许撤销但在例外情况下方可撤销？对此存在两个相互对立的理论。一是意图理论，根据这一理论，合同义务只是因为义务方意图约束自己才可以执行，因此最为关键的是当事人的意图是真实的，如果由于失误而为同意，错误的一方可以主张撤销。另一个理论是信赖利益理论，即一个公开表达其意见的人必须承担他对环境错误估计的风险，他当然可以使对方同意合同只有在他预期是正确的情况下才有效，但在缺乏对方同意的情况下，他受自己所为意思之约束。因此，只有在极例外的情况下，也就是只有在有理由认为对方对合同有效性的依赖的确不值得保护时，才允许一方当事人因错误而撤销。

在银行委托理财合同的签订过程中，委托人能否做出符合内心意愿的意思表示，一方面依赖于银行进行全面、准确的信息披露，另一方面依赖本人应承担的审慎注意义务。本案中，委托人做过《个人理财适应性测试》，该测试能够证明委托人足以认知自己的行为并意识到

该行为的后果，且受托人给予了委托人较为合理的确认其行为有效性的思考时间，委托人并未在此时间内提出异议。委托人以重大误解主张撤销合同难以成立。

（二）原告亦不能基于显失公平请求法院撤销合同

我国法律对显失公平的规定标准过于抽象，缺乏合理的构成要件，在适用过程中难以把握。合同当事人草率订立合同，后因交易不成功，或者一方当事人不愿履行合同义务，便以权利义务明显不对等、显失公平为由要求撤销合同。市场经济的风险属性要求合同法应重在为当事人提供公平的交易规则、交易秩序，而非直接为当事人订立公平合理的合同。商事审判应当尊重商人意思自治，注重维护商事秩序的稳定性，不能滥用显失公平制度，对商事活动滥加干涉。因而，应当对显失公平的适用范围加以界定，合同只要结果不公平，就作为显失公平合同，将会使许多不属于显失公平的合同也被作为可撤销合同处理，甚至滥用显失公平制度，人为地排除一些本属正常的市场风险。因此，判断合同是否因显失公平而能否被撤销，应当从主观要件与客观要件、实质要件与程序要件全方位进行考量。重点需要把握两点：一是权利、义务是否存在明显不对等，主要从合同的内容和履行结果两方面加以评判。二是获利一方主观上有无利用自己的优势或他方无经验的恶意。其中，权利义务的明显不对等导致合同存在实质不公平，是从客观和实质要件出发；获利方主观上有无恶意，则是从主观和程序要件出发。

本案所涉的到期保本型理财产品，其收益结构、提前赎回的计算方法等内容，没有导致该项投资业务关系中委托人与受托人的利益失衡，更无免除受托人过错责任和主要义务的违法条款，因而格式合同内容本身并不存在实质的不公平。就商业银行是否恶意利用客户的不知情及无经验而言，笔者认为亦不存在。理由在于："一方当事人主观上利用自己优势或他方无经验"的司法认定，应作严格限制。因交易的双方由于经济条件、政治地位或交易身份的不同，优劣势之分总是相对存在，认定时应结合合同内容分析，一方当事人所有的优势是否足以迫使对方接受不利条件而签约，也即优势是否是合同得以签订的重要原因。至于无经验，应限于欠缺一般的生活经验或交易经验，不包括欠缺特殊经验。任何一个主体在进入交易程序之前，应当了解有关标的物的一些重要信息，为参与交易做好准备。如果认可当事人可以无特别经验为由申请撤销合同，必然会放纵一些人不作任何准备，轻率交易，后因交易对自己不利而以显失公平为由请求撤销或变更合同，最终将导致市场交易秩序的不稳定，破坏交易安全。本案商业银行代替客户抄写风险提示，虽有瑕疵，但最终确认仍需吴××本人签名。本案上诉人吴××作为风险投资者，应当具备基本的审慎，尤其在签名确认某项具有权利义务内容的文件时，更应有合理的谨慎。

习题和能力训练

一、理论自测题

1. 名词解释

需要　欲望　需求　需求定律　消费者购买决策　尼科西亚模式　恩格尔模式　霍华德—谢思模式

2. 简答题

（1）简述购买者需求的特征。

（2）简述马斯洛的需求层次理论基本内容。

（3）简述边际效用递减规律。

（4）简述消费者购买决策的特点。

（5）简述消费者购买决策过程模型。

（6）简述消费者购买决策的一般模式。

二、单元案例

购买银行理财产品需要考虑的七大因素

作为一种金融创新，人民币理财产品有别于存款，它是在银行间市场销售的债券和票据产品通过打包后，转售给个人投资者，它成功地规避了央行对存款利率上限的规定，通过和购买者订立的合同，承诺到期还本付息，给投资者提供远高于目前存款利率的收益水准。因此，人民币理财产品一面市，就以收益高、流动性好、风险低的优点受到广大投资者的追捧，各家银行的理财产品也如雨后春笋般纷纷推出。总的来看，投资者应该综合考虑各种产品的流动性、风险性和收益性，根据自身需求选择最适合自己的产品，主要应从以下几方面考虑：

1. 考虑预期收益情况

产品的资金投向不一样，其收益情况会有所不同，有保本浮动型的，也有非保本浮动型的，其风险也不同。

2. 充分考虑搭配销售对总体收益的影响

以前购买人民币理财产品，有些必须搭配一定比例的同期定期存款（定期存款部分要缴纳利息税），会降低最后的综合收益率。

3. 考虑理财产品期限和最低认购额度

一般银行有最低认购额度和期限要求，并且在理财期内，不允许提前支取，产品的质押率也不超过70%～90%，因此手头没有闲钱的投资者不宜购买。由于人民币已进入持续加息周期，银行方面将根据市场变化适时调整产品利率，故购买半年期或一年期的短期产品为佳。

4. 关注产品终止权

投资者要弄清楚，终止权掌握在银行手中还是在自己手中。若由银行掌握终止权，则产品的收益相对会高一些，但投资者就丧失了主动权；若终止权在投资者手里，虽然投资者可以行使提前终止权利，但产品的收益率就会相对低些。

5. 选择银行

现在的金融产品同质化情况很严重，人民币理财产品也是一样，在各家银行的产品差异很小的情况下，投资者应购买服务质量好的银行产品。

6. 仔细阅读银行所提供的合同条款

因为宣传资料中的某些数据与合同中的具体条款可能有所不同，所以消费者在购买时一定要仔细阅读银行提供的合同条款。

7. 知晓风险

任何投资都是有风险的，投资者在购买理财产品时一定要有风险意识，慎重策划自己的理财方案。即投资者必须面对加息后的利率风险。如果央行再次加息，定期储蓄存款利率再次调高，那么获得购买人民币理财产品的收益可能要面临低于未来储蓄收益的风险。产品流动性风险也不可忽视，人民币理财计划往往有期限限定，在理财期内，投资者不能提前取款。市场在不断调整，新的投资品种不断涌现，投资者购买人民币理财产品的机会成本较高；虽然银行的信用风险几乎为零，但也是存在的。

问题：你怎样理解人民币理财产品的需求和风险的关系？

分析要求：学生分析案例提出的问题，拟出案例分析提纲；分小组进行讨论，拟出案例分析报告；班级交流，教师对案例分析报告进行点评；在班级展出附有教师点评的小组案例分析报告，供学生比较研究。

案例考核：包括形成性考核和案例报告考核，考核指标与标准见本书附录考核手册中的考核表2。

三、单元实训

1. 实训题目

实训题目：“市场营销策划”业务胜任能力训练

某商业银行为了响应省团委的号召，决定捐出500万元在省内高职院校设立“大学生就业创业中心”100家，资助各校在校大学生进行创业训练。

假如你是这个项目的负责人，结合自己所在院校的实际情况，试就“大学生信用卡——××学院大学生就业创业中心”进行市场营销策划设计。

实训目标：通过模拟训练，帮助学生初步掌握市场营销策划的基本步骤和设计要点。

实训内容：

（1）专业技能与能力：根据市场营销策划的基本原理，分组撰写完成“‘大学生信用卡——××学院大学生就业创业中心’项目市场营销策划设计方案”。

（2）相关职业核心能力：初级训练。

（3）相关职业道德规范：内化级践行。

实训要求：

（1）将“职业核心能力培养（初级）”和“职业道德素质养成（内化级）”相关训练内容（见表4.4和考核表3-1-2）融入“专业技术与能力”训练内容中。

（2）在实施“市场营销策划”业务胜任能力训练的同时，参照考核表3-1-2的相关“评估标准”，强化表4.4中的“职业核心能力”和“职业道德素质”训练。

（3）实训前要求学生了解本实训的“目标”、“内容”与“要求”，熟记表4.4、表4.5和考核表3-1-2中“评估指标”与“评估标准”内涵，并将后者作为本实训的技能训练点和考核点来准备。

实训时间：本章学习后的课余时间，用一周时间完成。

操作步骤：

（1）将班级分成若干个小组，教师布置实训任务。

（2）学习小组讨论并编制调查提纲。

（3）教师对市场竞争分析及营销策划方案进行指导。

（4）各学习小组进行内部交流，推选代表准备参加班级交流。

（5）学习小组代表在班级内交流，同学之间互相点评。

（6）教师进行总结归纳，明晰专业课程实训规范要求。

成果形式：撰写"'大学生信用卡—××学院大学生就业创业中心'项目市场营销策划设计方案"。

2. 实训考核

活动过程考核与实训课业考核相结合。

活动过程考核：

根据学生参与实训全过程的表现，就"表4.4"中各项评估指标与评估标准，针对其"职业核心能力培养"与"职业道德素养"的训练效果，评出个人分项成绩与总成绩，并填写教师评语。

表4.4 "活动过程"考核表

实训名称："市场营销策划"业务胜任力训练

评估标准		等　级	选　项	评估标准	分项成绩
职业核心能力（50%）	自我学习（10%）	初级	√	参照"考核手册"考核表3-1-2中相应等级的"评估标准"	
	信息处理（10%）	初级	√	参照"考核手册"考核表3-1-2中相应等级的"评估标准"	
	数字应用	初级		参照"考核手册"考核表3-1-2中相应等级的"评估标准"	
	与人交流（10%）	初级	√	参照"考核手册"考核表3-1-2中相应等级的"评估标准"	
	与人合作（10%）	初级	√	参照"考核手册"考核表3-1-2中相应等级的"评估标准"	
	解决问题（10%）	初级	√	参照"考核手册"考核表3-1-2中相应等级的"评估标准"	
	革新创新	初级		参照"考核手册"考核表3-1-2中相应等级的"评估标准"	
职业道德素养（50%）	职业观念（10%）	内化	√	对职业、职业选择、职业岗位、营销人员职业道德和企业营销伦理等问题具有正确的看法	
	职业情感（10%）	内化	√	对职业有愉快的主观体验、稳定的情绪表现、健康的心态、良好的心境，具有强烈的职业认同感、职业荣誉感和职业敬业感	
	职业理想（10%）	内化	√	对将要从事的职业种类、职业方向与事业成就有积极的向往和执著的追求	
	职业态度（10%）	内化	√	对职业选择有充分的认知和积极的倾向性行动	
	职业良心（10%）	内化	√	在履行职业义务时具有强烈的道德责任感和较高的自我评价能力	
	职业作风	内化		在职业实践和职业生活的自觉行动中，具有体现职业道德内涵的表现	

续表

评估标准	等　级	选　项	评估标准	分项成绩
总成绩（100%）				
教师评语	签名： 20　年　月　日			

实训课业考核：根据实训所要求的完成情况，就表 4.5 中各项“课业评估指标”与“课业评估标准”，评出个人和小组的分项成绩与总成绩，并填写教师评语与学生意见。

表 4.5　“实训课业”成绩考核表

课业名称：“大学生信用卡——××学院大学生就业创业中心”项目市场营销策划设计方案

课业评估指标	课业评估标准	分项成绩
1．创业项目市场竞争分析（40%）	1．目的明确 2．语言简练 3．分析完整	
2．项目市场营销策划方案设计（60%）	1．原理运用恰当 2．表述清楚、逻辑性强 3．建议合理、有创意 4．可操作性强 5．文体格式完整、规范	
总成绩（100%）		
教师评语	签名： 20　年　月　日	
学生意见	签名： 20　年　月　日	

项目五 理财产品市场调研与目标市场选择

学习目标

了解理财产品市场调研的概念和功能；掌握理财产品市场调研的程序；掌握三种目标市场选择策略；掌握理财产品市场调研的方法；理解理财产品市场细分的含义和分类标准；掌握调查问卷设计的方法和技巧；掌握调查报告的撰写方法。

模块一 理财产品市场调研

【能力目标】

1．能设计理财产品调查问卷，并能进行实地调查；

2．能根据调查问卷撰写理财产品市场调研报告。

【活动目标】 了解理财产品市场调研的内容，并能在实践中运用。

基本知识

一、理财产品市场调研的概念和功能

理财产品市场调研是一个相对较新的概念，20 世纪 60 年代英国几家银行意识到市场调研对于银行制订计划、做出经营决策有着非常重要的意义。20 世纪 70 年代以后，欧美主要国家的银行营销部门都具有了规范的营销调研功能。在接下来的 30 多年中，银行经历了迅速变化的外部环境和日益激烈的行业竞争，它们需要更多地通过市场调研来把握瞬息变化的市场信息，并以此为依据做出营销决策。高度集中的调研业：美国每年在市场调研上的花费是 46 亿美元，全球 39%的调研花费集中于 10 家最大的调研组织，51%的调研由 25 家最大的全球调研组织进行，10 家最大的调研公司占美国营销、广告、民意调研总花费的 59%，20 家最大的公司占了 72%，前 30 家占了 79%。

1．理财产品市场调研的概念

理财产品市场调研是指系统地设计、收集、分析和提供关于理财服务领域的相关信息流，掌握和理解银行所面临的特定营销状况，为经营管理和市场决策提供依据的过程。隐含意义：市场调研最根本的目的是提供制定决策所需的信息（Provide information to guide managerial decisions），依据直觉或一般的市场经验进行调研可能会造成相当大的误差。调研单位必须公正、客观且与调研结果无利害关系。

2．理财产品市场调研的功能

（1）了解理财营销环境。理财产品市场调研的主要目的是了解经济政策走向、国民生产总值、消费者情况、科技新动向以及竞争环境。理财营销环境是制定营销战略的外部影响因素，因此，了解理财营销环境的变化是企业制定营销决策的关键。

（2）一发现理财市场需求。市场需求调研包括现实需求和潜在需求的调研，是理财市场调研的核心内容，主要包括市场需求容量调研、消费结构及发展趋势调研、消费者购买动机和购买行为调研等。通过调研理财企业正在服务的市场，对之进行细分，找出目标市场，并提出有关企业形象、区位选择等策略。

（3）评估营销计划成果。

① 追踪各种内部数据的账目，如账号、资金使用情况等。

② 追踪外部表现因素，如理财企业知名度、企业形象、市场定位等，用以评价企业的影响力。

③ 定期对市场结构和市场份额进行研究，了解企业的市场表现。

（4）供经营决策指导。分析市场结构、产品生命周期、消费者习惯以及宏观经济环境，对市场未来发展趋势进行预测，为以后的经营决策提供指导。

二、理财产品市场调研的程序

理财产品市场的调研程序如图 5.1 所示。

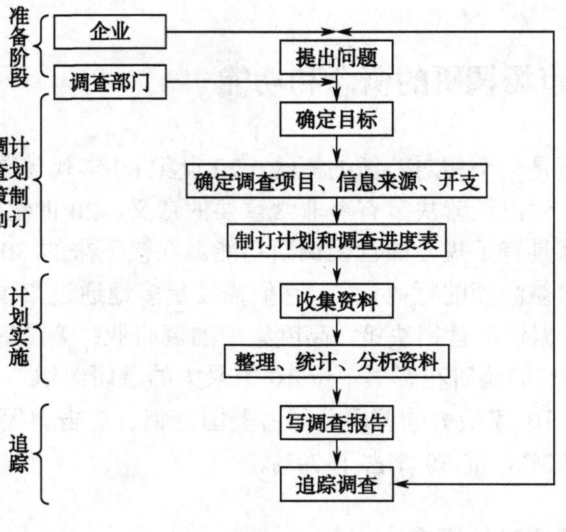

图 5.1　理财产品市场调研程序

1. 确定调研目标

根据银行当前面临的重大问题或将会面临的问题来确定此次调研的目标，比如，什么因素会扩大该理财产品的销售量，银行的网点是否合理，网络营销方式是否与传统营销方式相冲突，等等。这些问题会引发理财企业对目标的市场策略进行反思，继而不断改进，调整市场策略。确定调研目标有一个原则，即问题的定义要适度，目标太大会导致调研结果解决不了实际问题；问题如果太小，则问题本身没有多大的研究意义。

市场调研分为以下三种类型：

（1）探索性调研：确定调研目标，确定调研方法，确定调研问卷。

（2）描述性调研：描述市场现状，描述问题特征，描述各相关现象之间的联系。

（3）因果性调研：验证现象之间的关系，确定影响调研目标的关键因素。

2. 制订调研计划

图 5.2 是零点调查项目流程图的示例。

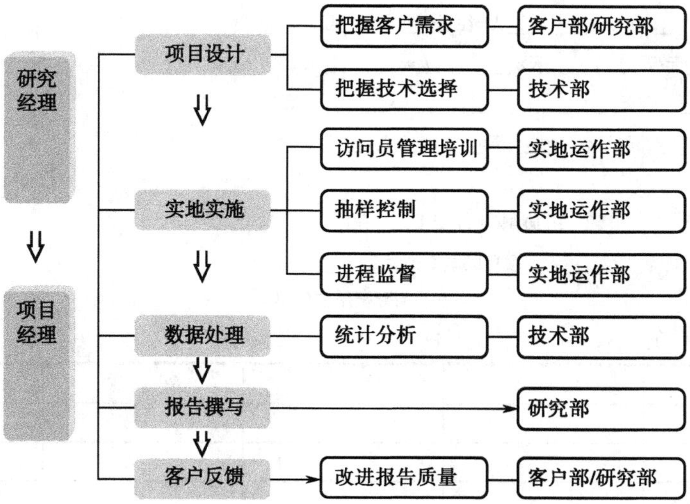

图 5.2　零点调查项目流程

由此可见，一个完整的调研计划需要包含以下几部分内容：

（1）调研目的：“为什么进行该项目调研”、“想要调研哪些内容”。

（2）调研项目：调查的项目以及内容。

（3）调研方法：根据调研目的和项目确定调查地点、调查对象和调查方式。

（4）经费预算：每次调研活动需要支出的费用，表 5.1 为调研费用预算表。

表 5.1　调研费用预算表

本次________项目调研，合同金额为________万元，调研地点为________，计划派出人员________人，调研实施约为________天。

调研费用预算如下：

一、访问员工资：

消费者调研________元/例×________例=________元　　小计：________元

二、礼品费：

消费者调研：________元/例×________例=________元

经销商调研：________元/例×________例=________元

零售商调研：________元/例×________例=________元

媒体调研：________元/例×________例=________元　　小计：________元

三、问卷印刷费：

消费者问卷：________元/份×________份=________元

零售商问卷：________元/份×________份=________元　　小计：________元

续表

四、问卷编码、录入费：

消费者问卷：________元/份×________份=________元　　　小计：________元

五、人员差旅费：

长途交通费：________元/人×________人×往返=________元

住宿费：________元/天×________天×________人=________元

餐饮补助：________元/天×________天×________人=________元

市内交通费：________元/天×________天×________人=________元　　　小计：________元

六、其他费用：

费用合计：人民币________元，另加5%机动费用。

此次调研费用预算共为________元，项目成本率约为________%。

调查费用估价单

调查时间：　　年　月　日——　　年　月　日

项　目	数　量	单　价	金　额	备　注
资料费				
文件费				
差旅费（交通费）				
统计费				
交际费				
调查费				
劳务费				
杂费				
其他				
合计				

（5）调研人员以及调研日程安排：市场调查的进度一般分为六个阶段，即A——策划、确立调查目标；B——查询文字资料；C——进行实地调研；D——对资料进行汇总、整理、统计、核对及分析；E——完成市场调研报告初稿，征求意见；F——调研报告的修改与定稿，提交。调查计划表如表5.2所示。

表5.2　调查计划表

调查目的	为何要做此调研、需要了解什么、调研结果有何用途
调查方法	问卷法、询问法、电话法、邮寄法、观察法
调查地区	被调查居住地区、居住范围
调查对象	对象的选定、样本数量、样本选取
调研时间	所需时间、开始时间、完成日期
调研项目	访问项目、问卷项目、分类项目
分析方法	统计的项目、分析、预测方法
提交报告	报告书的形式、份数、内容、中间报告、最终报告
调研进度	策划、实施、统计、分析、提交报告书
调研费用	各项开支数目、总开支额
调研人员	策划人员、调研人员、负责人姓名、资历

3. 收集调研信息，确定信息来源

首先是资料收集，信息来源有两大类，一是文字资料，二是通过各种实地调查从调查对象那里获取的信息资料。

其次，要知道什么地方可以获得这些资料；通过什么调查方式能够获得资料；应该进行调查的对象有哪些。

二手资料的查询有以下几种方法：

（1）政府资料库、图书馆、商业信息服务机构、网络资源、企业内部信息资源等。

（2）企业经济活动的各种记录，如：业务资料（订货单、进货单、合同文本）；统计资料（生产数据、库存数据、销售数据）；财务资料（生产成本、各种商品价格、经营利润）；企业积累的其他资料（顾客意见等）。

4. 整理分析信息

从收集到的所有信息中提炼出合理的调查结果。营销人员可以运用统计技术和决策模型对信息进行整理、加工、计算和分析，为总结调研报告打下基础。

5. 撰写调研报告

根据调查资料和整理结果，写出调研报告，提出问题的解决方案和建设性意见，为制订营销计划提供参考。具体包括：调研目的、调研方法、调研结果及资料分析、对策建议和附录，此外还包括整理后的相关资料、技术分析图表等。

撰写调研报告时应注意以下要点：

（1）针对性强，简单明了：抓住课题特点，用统计图表来反映问题，方便读者了解分析；

（2）有说服力：报告的分析要有理有据，数据确凿，图表精确；

（3）结论明确：结论是调研报告意义和价值的体现；

（4）时效性强：报告应及时，起到调研工作的画龙点睛作用，是进行决策的重要依据。

三、理财产品市场调研的方法

1. 按照选择调查对象的范围划分

（1）全面调查（普查）。对调查对象的全部个体单位无一例外地逐个进行调查。该调研方法比较准确，但时间长、成本高。

（2）典型调查。对具有代表性的少量典型对象进行调查，以了解总体的基本情况和趋势的一种调研方法。该方法应保证选取的典型具有充分的代表性。

（3）抽样调查。从调查对象总体中，按照科学的抽样方法抽取若干具有代表性的样本进行调查，以其结果推断出总体的情况的一种非全面调查方法。一般可以分为随机抽样、非随机抽样两种方式。

其中，随机抽样又可以分为简单随机抽样、等距随机抽样、分类随机抽样、整群随机抽样和多段随机抽样。

① 简单随机抽样（又称抽签法）。对总体的所有容量不做任何的分类和排队，完全按随机原则逐个抽取样本容量。

② 等距随机抽样（又称机械随机抽样）。先将总体各单位按某一有关标志（或无关标志）排队，然后依相等距离或相等间隔抽取样本单位。根据需要抽取的样本单位数（n）和总体单位数（N），可以计算出抽取各个样本单位之间的距离和间隔 K，即：$K=N/n$，然后按此间隔依次抽取必要的样本单位。

【例 5.1】 某企业有职工 5000 名，现要随机抽取 100 名进行家庭收入水平调查。

使用等距随机抽样法的抽取方法为：按与研究目的无直接关系的姓氏笔画对总体进行排列，把总体划分为 K=5000/100=50，即 50 个相等的间隔，在第 1～50 名中随机抽取一名，如抽到第 10 名，后面间隔依次抽取第 60、110、160、210、…，直到 4960 为止，总共抽取 50 名职工组成一个抽样总体。

③ 分类随机抽样（又称类型随机抽样）。将总体中的所有单位按某一主要标志分组，然后在各组中采用纯随机抽样或等距随机抽样方式，抽取一定数目的调查单位构成所需样本。

④ 整群随机抽样（又称集体随机抽样）。在总体中以群（或组）为单位，按纯随机方式或等距随机抽样方式，抽取若干群（或组），然后对所有抽中的群（或组）中的全部单位一一进行调查。

⑤ 多段随机抽样（又称多级随机抽样）。将多个抽样程序分成若干阶段，然后逐阶段进行抽样，以完成整个抽样过程。

【例 5.2】 如何运用多阶段抽样法对我国的农产量进行抽样调查？

抽样方法是：先由省抽县，再从抽中的县内抽乡、村，从抽中的乡、村中抽地块，最后才从抽中的地块抽取样本单位。

此外，还有按照调查人员主观设立的某个标准抽选样本的抽样方式，如偶遇抽样、立意抽样、配额抽样等。这些方法在市场调查中经常使用，例如，拦访调查；按打算购买某一商品需求意愿的调查；按年龄分布计算比例分配样本的调查；等等。

2. 按收集调查资料的方式不同划分

市场调研的主要目的就是收集能为产品开发提供参考依据的信息资料，因此按照信息资料收集方式的不同，可以将市场调研的方法分为调查问卷、人员采访和电话访谈。这三种方法是目前使用比较普遍的三种方法。表 5.3 为主要市场调研方法优劣比较。

表 5.3 主要市场调研方法的优劣比较

	调查问卷	人员采访	电话访谈
优势	广泛选择样本 无现场操作人员 调查费用低 给被访者自由的空间 减少采访者的偏见 被访者自由安排时间	完全充分的取样 拒访率低 迅速得到信息 双方可相互交流 采访灵活性强	样本分布广泛 无现场操作人员 拒访率低 调查费用低 易于控制采访者偏见 迅速得到信息 有利于双方交流

续表

	调查问卷	人员采访	电话访谈
劣势	偏见易造成拒访 信息反馈慢 调查内容有限 无法进行双方交流 不能保证收回全部调查问卷	调查费用高 采访者难以控制被采访者 易产生偏见 采访时间较长	易产生偏见 采访时间短 采访人员有限 调查内容受限

四、市场调研的内容

1. 产品开发环境分析

产品开发环境包括影响金融机构与其目标市场进行有效交易能力的所有行为者和力量，包括宏观环境和微观环境。金融机构应重视对金融市场环境的市场调研，对自己所处的环境做出科学评价，才能因地制宜的开发出适宜的金融产品。

产品开发的宏观环境主要指对包括金融机构在内的各个行业所带来影响的各种因素和力量的总和，一般由人口、经济、自然、科技、政治与文化六大要素构成。宏观环境是金融机构无法控制的，只有通过调整金融机构内部关系来适应宏观经济的变化。

产品开发的微观环境主要是指由金融机构本身的市场活动所引起的与金融市场紧密相关、直接影响其产品开发能力的各种行为者，主要包括金融市场环境、竞争者环境、客户环境等。

（1）宏观环境分析。

宏观环境分析就是对金融机构所面对的总体市场经营环境进行分析，主要是对政治、经济、社会和技术这四大要素进行分析。下面主要介绍经济环境和技术环境。

金融机构所面临的经济环境包括经济增长速度、发展周期、市场现状、物价水平、投资趋向、消费趋向等。下面对其中的几种要素进行解释。

① 经济发展水平。经济发展水平会对金融机构开发金融产品产生重要影响。这是因为经济发展水平直接影响到企业通过金融机构所进行的融资活动和投资活动的规模和幅度。如果经济不景气，企业经营效益低下，金融机构面临的风险就会增大，开发的新产品需要与这种风险相适应。在经济发展水平较高的地区，金融产品的竞争主要是服务的竞争；在经济发展水平较低的地区，金融产品的竞争主要是价格的竞争。因此金融机构需要针对不同的经济发展状况创造不同的金融产品。

② 居民收入水平。居民收入水平是经济环境中的又一重要因素。这里的收入是包括工资、奖金、红利、津贴等在内的居民全部收入。居民是金融机构的大客户群体，因此其收入水平和结构所决定的消费、投资和储蓄水平会直接影响到金融机构的产品开发策略。例如，在居民收入水平处于较低水平时，其消费也处于较低水平，这会影响到对金融机构对金融消费产品的选择。只有居民收入水平提高了，对金融消费产品的开发才具有较高的价值。

③ 技术发展水平。技术的发展水平也影响着金融机构的产品开发策略。技术的发展可以推动人们生活水平的提高，而人们对科学技术产品的消费又促进了消费信贷业的发展。另外，技术的发展可以极大地提高金融服务效率，降低金融产品的开发成本，使金融机构可以

更快捷、高质量的为客户提供新的金融产品。

（2）微观环境分析。

微观环境分析主要是指对与金融机构产品开发活动直接发生关系的具体环境的分析。微观环境对金融机构的影响具有直接性，因此对微观环境的分析至关重要。下面对具体的几个因素进行分析。

① 金融市场环境。金融市场通常是指以金融资产为交易对象而形成的供求关系及其机制的总和，包括货币市场和资本市场。金融市场反映了金融资产的供应者和需求者之间的供求关系，揭示了资金的“集中—传递”过程。金融市场的发展程度对金融机构提供资产的流动性和内在质量有着基础性作用，也使客户对金融产品的需求增加。金融机构开发金融产品一定是在某种金融市场环境下进行的，因此金融市场的规范程度对金融产品开发也具有一定影响。

② 竞争者环境。金融机构的竞争者是指与金融机构生产相似或相同金融产品的机构或个人。金融机构的竞争者生产的产品会对自己生产的产品产生很大的影响。很可能两个金融机构在同时生产一种金融产品，那么谁的速度领先一步就会多分得一些利润。也有可能一个金融机构效仿另一个金融机构的金融产品，并增添了新的吸引人的因素，则它就可能会在这个金融产品市场上以较低的成本分得一杯羹，因此做好竞争者环境的市场调研分析是非常重要的。

③ 客户环境。客户是金融产品的客户，金融机构的服务者。金融产品的客户既包括企业，也包括居民。客户环境对金融产品开发的影响主要有以下几个方面：首先，不同的企业和居民对金融产品有着不同的需求，而且差异很大，这就决定了金融产品开发必须在确定服务于哪个群体之后再进行开发，而且针对不同的客户需求，金融机构要不断进行产品更新和创新；其次，客户的收益或收入直接关系到金融机构的效益，其对金融产品的消费是金融机构收益的主要来源。

五、调查问卷

1. 调查问卷设计原则

（1）主题明确，根据调查目的，确定主题，问题目的应明确、突出重点。

（2）结构合理，问题的排序应有一定的逻辑顺序，且符合被调查者的思维程序。

（3）通俗易懂，调查问卷要使被调查者能够一目了然，并且愿意如实回答。调查问卷中的语言要平实，语气应诚恳，尽量避免使用专业术语。对于敏感问题应采取一定提问技巧，使问卷具有较强的可答性和合理性。

（4）长度适宜，问卷中所提出的问题不宜过多、过细、过繁，应言简意赅，回答问卷时间不应太长，一份问卷回答的时间一般不超过 30 分钟。

（5）适于统计，设计时要考虑问卷回收后的数据汇总处理，以便于进行数据统计处理。

2. 设计调查问卷的程序步骤

（1）深刻理解调研计划的主题；

（2）决定调查表的具体内容和所需资料；

（3）逐一列出各种资料的来源；

（4）写出问题，要注意一个问题只能包含一项内容；

（5）决定提问的方式，哪些用多项选择法，哪些用自由回答法，哪些需要作解释和说明；

（6）将自己放在被调查人的地位，考察这些问题能否得到确切的资料，哪些能使被调查人方便回答，哪些使人难以回答；

（7）按照逻辑思维，排列提问次序；

（8）每个问题都要考虑怎样对调查结果进行恰当的分类；

（9）审查提出的各个问题，消除含义不清、倾向性语言和其他疑点；

（10）以少数人应答为实例，对问卷进行小规模测试；

（11）审查测试结果，对不足之处加以改进；

（12）打印调查问卷。

3. 调查问卷的组成

（1）前言。主要说明调查主题、调查目的、调查的意义，以及向被调查者致意等。

（2）正文。它是问卷的主体部分，依照调查主题，设计若干问题要求被调查者回答。

（3）附录。可把有关调查者的个人档案列入其中，也可以对某些问题进行附带说明，还可以再次向消费者致意。附录可随各调查主题不同而增加内容。

4. 调查问卷的外观

（1）小张纸比大张纸好，四小张纸比两大张纸使应答人感到有压力的可能性小。

（2）外观庄重、正式的问卷可使应答者感觉到这是一份有价值的问卷。

（3）问卷应当只印在纸张的一面，而且必须为答案留出足够的空白，关键词应当画线或用醒目字体标出。

（4）问卷的每一页应当印有供识别用的顺序号，以免在整理时各页分散。

5. “有问题”的调查问卷

某理财公司设计了一份调查问卷，请顾客回答以下问题：

（1）如以百元为单位，您的收入是多少？

（2）您是偶然地还是经常性地购买理财产品？

（3）您喜欢本理财公司吗？

（4）某月您在电视中看到几次理财公司的广告？

（5）您认为在评价理财公司时，最显著的、决定性的属性是什么？

6. 问题的提法

提出问题的方法有封闭式问题、开放式问题两种。

六、电话访问

电话访问的优缺点如下：

1. 优点

(1) 经济，相对于面谈访问与邮寄调查，费用最低。

(2) 快速省时。

(3) 适宜访问不易接触到的被调查者。

(4) 统一性程度较高。

(5) 能获得比较坦白地回答。

2. 缺点

(1) 抽样总体欠完整。

(2) 问题不能深入，电话访问询问时间不能太长，故通常问卷较短。

七、撰写调研报告

1. 调研报告的文体结构

文体结构基本上可分为以下四个组成部分。

(1) 序言。

序言简单介绍有关调查项目的基本情况。

扉页：单独占用一张纸，简洁地载明市场调查报告专题的名称，使用调查报告的单位名称，市场调查工作人员姓名和工作部门，呈交市场调查报告的具体日期。

目录：列出构成报告的主要章节和索引。

简介：说明组织这次市场调查的时间背景和原因，并简述原先确定需要进行实地考察的问题。

(2) 调查结果和结论摘要。

“调查结果摘要”内容篇幅要短，表格要少。内容可围绕下列事项说明：当地市场容量（不做详细分析），可能的增长速度，简单列举当地主要工业，并说明它们的重要性，说明各国公司在当地市场的份额和主要竞争对手，当地顾客心目中对相关产品的正反两方面意见。

(3) 正文。

准确载明全部相关论据，包括提出问题、结论、论证全过程、问题分析方法，可供决策者们不受支配地进行独立思考问题的全部调查结果，或重新提出具有个人见解的其他必要的信息。通常包括：

① 调查方法的说明。介绍当地市场背景情况，对商品市场具体情况进行说明，提出结论和建议。简要说明调查方法及选用这些调查方法的原因，基本内容包括如何确定抽样结构；如何抽选样本；用何种方法搜集有关调查资料；调查的深入程度，即安排人员走访的次数和邮寄调查问卷收到的回音率等；数据处理与分析方法。

② 市场背景介绍。扼要说明当地国家的主要特点，包括地理条件；气候条件；经济发展趋势；工业发展趋势，以及这种趋势对于当地的竞争商家及广大顾客可能带来的影响；政局变化趋势以及这种趋势对于当地经济稳定和贸易关系可能带来的影响；社会和文化的趋势；法律与政策。

③ 介绍具体商品的市场情况。说明对本公司产品销售方式、规模和发展前景可能影响较大的当地市场特点，包括产品的市场容量；市场变化的趋势和预测；市场结构和细分；销售渠道和分销方式；目前竞争商家和各自享有的贸易份额；竞争产品及其与本公司进行比较时的评估；本公司产品在当地试销的反应；当地客户对产品的需求、购买行为、习惯和态度；定价原则；现行采用和建议采用的广告、促销推广的方法。

④ 提出结论和建议。根据调查结果提出应采取的措施，说明可供选用的具体方案及各种方案预期的费用和预期达到的目标。这些建议包括代理商的选择；广告和推广措施改进；分销渠道选择；定价；竞争手段等。所提建议都应该是积极的，能够解决某些特定问题所必需采取的具体措施。若从反面提出建议，只提供简要陈述即可。

（4）附件。

目的是集中所有论证、说明或深入分析报告正文内容所必要参考的资料。通常包括各种统计图表；提供资料人员的名单；调查问卷；介绍实地走访对象的详细情况；现场走访人员约访时间表的抄本或日记；人员走访的谈话记录；今后可能需要保持联系的机构名单；调查中获得但已归档的文件及内容提要。

2. 调研报告的撰写要求

撰写调研报告时应注意以下几点。

（1）必须表述研究的细节，调研目标、主要背景信息、调研方法的评价，以表格或其他形象的方式来展示调研结果、调研结果摘要、结论和建议。

（2）必须能像一个参考文件一样发挥作用。

（3）必须能够建立并保持研究的可信度。

3. 撰写调研报告的组织框架

（1）题目—副标题。

此部分包括目录、调研目标、调研方法的简要陈述、调研结果的摘要、结论和建议、详细介绍、详细的分析和调研结果、详细结论、详细的调研方法论、局限性以及附录（如有必要）。

（2）执行性摘要。

这部分包括调研目标、调研方法的简要陈述、调研结果的摘要、结论和建议。此摘要说明：为什么要进行调研；为什么公司要在这方面花费时间和金钱？它想得到些什么？如何开展调研？有什么发现？其意义是什么？如可能，应在管理上采取什么措施？调研目标应尽量明确，最多用1～2页进行阐述。总结调查结果应限制在1～2页内。结论与建议尽量言简意赅，视具体情况而定。

（3）调研报告正文及附录。

这部分包括详细介绍、详细的分析和调研结果、详细结论、详细的调研方法论、局限性。在撰写过程中可以恰当地使用总结表格和形象化的辅助物，如饼图、条形图或其他工具，以突出要点，更直观地展示数据。附录包括那些没有被列入调研正文的图表，如样本、调查问卷或其他与正文不直接相关的资料。

模块二 理财产品目标市场选择

【能力目标】
1. 能进行理财产品市场细分，并能进行实地市场调查；
2. 能根据调查问卷撰写理财产品市场细分调研报告。
【活动目标】 了解理财产品市场细分的内容，并能在实践中运用。

基本知识

一、理财市场细分

1. 含义

美国学者温德尔·斯密提出了市场细分的概念：企业采用一定标准，运用一定方法，在整体市场中识别不同需求的消费者，将需求大致相同的消费者予以归类，组成若干个次市场的活动。

理财市场细分是指理财企业采用一定的标准，运用一定的方法，在理财整体市场中识别不同理财需求的客户，将需求大致相同的理财客户予以归类，组成若干个理财次市场的活动。

2. 理财市场细分的意义

细分理财市场有以下重要意义：
（1）有利于理财企业寻找良好的市场机会。
（2）有利于理财企业集中使用有限的资源。
（3）有利于理财企业有针对性地开展市场营销活动。
（4）有利于理财企业提高市场占有率。

3. 理财市场细分标准

市场细分标准是指根据何种因素细分市场。
（1）个人客户市场细分标准。
① 人口标准，按人口因素标准细分的市场如表 5.4 所示。

表 5.4　按人口因素标准细分市场

	主要变量	营销要点
性别	男女构成	了解男女构成及消费需求特点
年龄	老年人、中年人、青年人、少年儿童	掌握年龄结构、比重及各档次年龄的消费特征
收入	高收入者、中收入者、低收入者	掌握不同收入层次的消费特征和购买行为
家庭生命周期	单身阶段、备婚阶段、新婚阶段、育儿阶段、空巢阶段、寡鳏阶段	研究各家庭处于哪一阶段，不同阶段消费需求的数量和结构
职业	工人、农民、军人、学生、干部、教育工作者、文艺工作者	了解不同职业的消费差异
文化程度	文盲、小学、中学、大学等	了解不同文化层次人群购买种类、行为、习惯及结构
民族	汉族、满族、蒙古族等	了解不同民族的文化、宗教、风俗及不同的消费习惯

② 地理标准，按地理标准进行市场细分如表 5.5 所示。

表 5.5　地理标准进行市场细分的变量

细分变量	细分市场
地区	东部、西部、中部，南方、北方，沿海、内陆，城市、农村
城市规模	特大城市市场、大城市市场、中城市市场、小城市市场
气候	热带、亚热带、寒带，干燥、湿润，炎热、寒冷

③ 心理标准，根据客户生活方式（对工作、消费、业余爱好的态度）、个性、价值观念等因素来进行市场细分。

理财企业往往会根据客户的个性、价值取向、生活方式等因素来细分个人客户市场。比如，银行会为个性较为保守的客户选择安全、可靠、风险小的品种，对风险偏好型的客户则会建议投资收益大、风险高的投资产品。

④ 行为标准，根据客户购买时期、地点、所追求的利益、使用频率、对某种品牌忠诚度等项目细分市场。

理财企业根据客户参与理财交易的目的、对理财产品的忠诚度、对理财产品的使用程度、购买理财产品的频率等因素细分个人客户市场。比如，按参与理财交易的目的划分，个人客户可以被细分为利益型客户群、方便型客户群、安全型客户群和身份型客户群。

（2）机构客户市场细分标准。

① 机构客户规模。不同规模的企业有不同的理财需求，通过机构客户年度营业额、总产值、固定资产总值、资本总额、资产总额、职工人数等因素评估机构客户规模，根据规模的大小，提供不同水平的理财服务。例如，英国以年营业额为标准将企业客户分为大、中、小三种不同规模，如表 5.6 所示。

表 5.6　英国企业客户细分市场对理财产品的不同需求

企业客户细分市场	对理财产品和服务的需求
小型企业：年营业额在 50 万英镑以下的服务业、零售业、制造业、农业企业	个人理财服务 开业贷款 租赁信贷 高级管理人员理财 银行现金传递业务

续表

企业客户细分市场	对理财产品和服务的需求
中型企业：年营业额在50万～500万英镑的服务业、零售业、制造业、农业企业	结算支付服务 代理业务或贷款理财 员工信用卡 租赁信息 长期资金贷款
大型企业：年营业额在500万英镑以上的服务业、零售业、制造业、农业企业	结算支付服务 股权融资 企业资讯服务 信用卡 进出口服务 产期资金贷款

（资料来源：刘永章. 银行营销. 上海：上海财经大学出版社，2001）

② 机构客户性质。根据客户性质，将机构客户分为政府机构、事业单位、工商企业、中介机构客户群。他们对资金的需求以及理财服务的需求是不一样的。

③ 机构客户产业类别。即按照第一、第二、第三产业的统计口径对机构客户进行分类。

④ 机构经营范围。根据机构经营范围差异，可将机构分为以内贸为主的客户群和以外贸为主的客户群。

（3）细分市场的可操作性。

理财企业有能力开发并能够向该细分市场提供所需的理财产品或服务，即细分市场的开发要易于操作、便于实施。

二、目标市场的选择与策略

在市场细分基础之上，通过对细分市场的评估归纳出不同的目标市场类型，然后进行选择；继而在被选中的目标市场中进行市场定位；最后根据市场定位构建市场营销组合，以进入目标市场，占领目标市场，发展目标市场。

目标市场即企业决定进入的那些市场模块，也就是企业投其所好，为之提供产品和服务的那些顾客群。

企业对各不同细分市场进行评估后，必须对进入哪些市场和为多少个细分市场进行服务做出决策，这就是选择目标市场。

目标市场的选择策略一般有三种。

1. 无差异性目标市场策略

银行在市场细分后，不考虑各子市场的特性，而只注重子市场的共性，决定只推出单一产品，运用单一的市场营销组合，力求在一定程度上适合尽可能多的顾客的需求。比如，商业银行采用无差异目标市场营销策略，无须进行市场调研和相关市场细分，能够节省成本。但是采用该策略，不利于发挥竞争优势，市场针对性不强，容易失去市场份额。

前提：消费者的需求是没有差异的。

目标市场的选择：整个市场。

优点：实现规模的经济性。

缺点：不利于满足各种市场的消费者的需要，企业的竞争能力比较差。

2. 差异性目标市场策略

银行决定同时为几个子市场服务，设计不同的产品，并在渠道、定价和促销等方面都加以相应的改变，以适应各个子市场的不同需要。

差异性目标市场策略有以下几个特点：

（1）营销稳定性好；

（2）总销售量会增加；

（3）充分挖掘市场潜力；

（4）容易树立理财企业的良好形象；

（5）成本较高。

前提：不同的消费者有不同的需求。

目标市场的选择：整个市场。

优点：使各种不同消费者的需求都得到满足，有利于提高企业的竞争能力。

缺点：增加生产和销售成本。

3. 集中性目标市场策略

理财企业集中所有力量，以一个或少数几个性质相似的子市场作为目标市场，试图在较少的市场上占有较大的市场占有率。

前提：消费者的需求是有差异的。

目标市场的选择：一个或少数几个细分市场。

优点：集中资源的使用，提高相对规模的经济性，使消费者的需求得到更好的满足，有利于提高企业的竞争能力。

缺点：企业的经营风险大。

表 5.7 列举了三种目标市场的差异性特点。

表 5.7　三种目标市场营销策略的特点比较

特点	无差异性目标市场策略	差异性目标市场策略	集中性目标市场策略
前提	需求无差异	需求差异性	需求差异性
市场目标	整个市场	多数细分市场	一个细分市场
营销策略	一种	多种	一种
优点	成本低，规模效益显著	满足多种需要，风险分散，销量大	针对性强，营销效果和效率高
缺点	不能满足不同的消费需要	投资成本大，管理难度大	产品单一，风险大

三、市场定位

1. 市场定位的基本含义

银行根据竞争者的产品和服务在市场上所处的地位以及客户对于该产品的重视与偏好

程度，确定自己在目标市场中的战略。

理财市场定位：根据客户的需要以及客户对于理财产品某种属性的重视程度设计出有别于竞争对手的具有鲜明个性的理财产品，从而使理财产品能在客户的心目中占据一个适当的位置。例如，花旗银行面对日本政府较严格的理财管制，将日本政府客户市场定位于“全方位、高质量”的理财产品。

银行形象定位：通过设计和塑造理财企业的经营理念、企业标志、产品商标、户外广告、象征图案等，在理财客户中留下与众不同的企业形象。

2. 理财市场定位方法

首次定位：银行给初次投放市场的产品确定市场地位的活动。比如信用卡业务。

再定位：银行为已经在某市场销售的产品重新确定某种形象，以改变顾客对其原有的认识或态度，争取有利的市场地位的活动。比如，美国长岛信托公司在大银行激烈的竞争背景下，做了“长岛信托公司为长岛居民服务”的重新定位，改善了市场定位。

避强定位：当对手实力强劲时，避开强有力的竞争对手，选择新的理财产品和新的企业形象定位。这一方法市场风险小，成功率高。美国曼哈顿银行在面对强劲的市场对手时，通过四年的调整，进一步明确了市场定位和发展策略，并取得了成功。

迎强定位：与市场上占据支配地位的竞争对手进行直接竞争。通常采用迎强定位的理财企业能够提供更具优势的理财产品，并且有充足的资源以维持市场竞争。香港汇丰银行能够面对花旗银行的激烈竞争，对亚洲市场进行细分，争取了大量的优质客户，从而占领了高端市场。

活动练习

1. 分组进行理财产品问卷调查的设计。
2. 通过实地调研撰写调查报告。

【附录】调查问卷参考样表（仅供参考）

“浙江省人身理财发展研究”社会调查问卷（个人问卷）　　编号：

尊敬的女士/先生：

为进一步提高理财公司的服务质量，为您提供更为优质的理财服务，我们设计了以下问卷，对浙江人身理财业进行调查分析，并据此提出理财业发展建议，为建设“平安浙江”服务。因此，希望您能帮助我们的工作，如实回答下列问题。对您所提供的一切信息，我们将为您保密。衷心感谢您的支持与合作！

“浙江省人身理财发展研究”课题组　　20××年 3 月

一、基本情况

1. 您的性别______。

①男　②女

2. 您的年龄______。

①18 岁～25 岁　②26 岁～35 岁　③36 岁～45 岁　④46 岁～55 岁　⑤56 岁～65 岁

3. 您的文化程度是______。

①初中及以下　②高中、中专　③大专、本科　④研究生

4. 您所从事的行业______。

①国家机关、事业单位　②制造、矿产、建筑业　③商贸、理财企业

④农牧渔业　⑤信息产业　⑥退休、离岗在家　⑦其他

5. 20××年您的个人收入大约为______元。

①5000以下　②0.5万～1万　③1万～5万　④5万～10万　⑤10万以上

6. 您是否购买过理财公司的人身理财______。

①是　②否

7. 您是否听说过下列名词（可多选）________。

①养老理财　②医疗理财　③意外伤害理财

二、风险意识与理财需求

1. 以下几种风险，您比较担心的是________（可多选）。

①老年生活无保障　②没钱治病　③碰到意外事故　④子女教育费用不够

2. 对于退休以后的生活，您主要担心________（可多选）。

①没有退休金　②退休金不够用　③无人照顾　④没钱治病

3. 对于可能出现的疾病，您主要担心________（可多选）。

①没有医疗理财　②医疗理财只解决一部分问题

③无人照顾　④劳动能力降低，收入减少

4. 对于可能发生的意外事故，您主要担心________（可多选）。

①没钱医治　②无人照顾　③劳动能力降低，收入减少　④没有意外伤害理财

5. 据您所知，遭遇意外事故或者疾病的家庭，其经济困难通常有哪些解决途径？________（可多选）

①家庭　②亲朋好友　③政府救助　④单位补助　⑤商业理财　⑥其他

三、理财意识与理财参与

如果您购买过人身理财产品，请回答1～8题；如果没有，请直接回答9～11题。

1. 您为________买过人身理财产品。

①自己　②父母　③配偶　④子女　⑤其他

2. 您是通过________途径购买的。

①自己主动找理财公司购买　②理财推销员上门推销

③在银行、邮局购买　④网上投保　⑤其他

3. 您购买理财产品的原因是________。

①风险防范　②用做投资　③碍于情面才购买　④周围的人都买了　⑤其他

4. 您家每年向理财公司支付的理财费用大约是________。

①200元以下　②200元～500元　③500元～1000元　④1000元～2000元

⑤2000元～5000元　⑥5000元～10000元　⑦10 000元以上

5. 您对已购买的人身理财满意吗？________

①满意　②较满意　③一般　④不太满意　⑤不满意

6. 如果您已对购买的人身理财不满意或不太满意，您觉得是因为________。

①理财产品设计不合理　②产品价格不合理　③业务员对产品介绍不清楚

④售后服务不到位 ⑤理赔不合理 ⑥其他

7. 如果理财公司有更合适的理财产品，您愿意购买吗？________

①愿意 ②不一定 ③不愿意

8. 对您而言，您最希望理财公司提供哪类理财？________

①养老理财 ②医疗理财 ③意外伤害理财

如果您没有购买过理财产品，请回答以下问题。

9. 您没有购买理财产品，是因为________。

①对理财产品不太了解 ②理财产品对自己没什么帮助 ③理财公司不可信

④理财公司的服务不好 ⑤没有合适的理财产品 ⑥理财产品价格不合理

⑦其他（请列举________________________）

10. 近三年内您会购买人身理财产品吗？______

①会 ②不会 ③不一定

11. 将来在什么情况下您会购买人身理财产品？________（可多选）

①理财公司的服务更好 ②理财产品更为合适 ③理财产品的定价更为合理

④收入提高 ⑤外资理财公司进入以后 ⑥其他（请列举________________）

被访者个人信息（我们将为您保密）：

1. 住址：____

2. 电话：____

习题和能力训练

一、理论自测题

1. 名词解释

理财产品市场调研 理财市场细分 目标市场 理财市场定位

2. 简答题

（1）简述理财产品市场调研的功能。

（2）简述理财产品市场调研的方法。

（3）简述理财产品市场调研的程序。

（4）简述市场调研的内容。

（5）简述调查问卷的组成。

二、单元案例

理财产品调查问卷

您好，为了调查大众对银行理财产品的了解，我们设立了这份问卷，您的意见对我们的调查非常重要，希望能得到您的支持和配合，再次表示衷心的感谢。

1. 您听说过理财产品吗？

A. 知道（继续答题） B. 不知道（仅回答第4、5、6题即可）

2. 如果您知道理财产品，您都知道下述银行的哪些理财产品？（可多选）
A. 中国工商银行汇财通外汇理财
B. 中国工商银行稳得利人民币理财
C. 中国农业银行本利丰人民币理财
D. 中国农业银行汇利丰外汇理财
E. 中国银行人民币理财
F. 中国建设银行汇得盈外汇理财
G. 中国建设银行利得盈人民币理财
H. 其他
3. 您是通过什么途径获得理财产品信息的？（最多可选三项）* [多选题]
A. 报纸　B. 电视　C. 广播　D. 银行客户服务介绍　E. 网络　F. 朋友介绍　G. 理财产品展销会　H. 其他
4. 您对理财产品的了解程度？*
A. 很了解　B. 了解　C. 一般　D. 不了解　E. 很不了解
5. 您选择理财产品的理由是什么？（可多选）* [多选题]
A. 可保本　B. 收益率高　C. 风险较小　D. 门槛较低　E. 手续费低
6. 您目前理财产品投资金额占您所拥有投资资产的比重是？*
A. 0　B. 0～10%　C. 10%～30%　D. 30%～50%　E. 50%以上
7. 您购买该理财产品的主要目标是？ *
A. 合理安排资金　B. 资产实现增值　C. 提升生活质量　D. 保障家人教育　E. 安排退休后的生活费用
8. 您理财的主要途径？ *
A. 独立操作　B. 依靠金融机构专家　C. 根据报纸等媒体的理财建议　D. 朋友帮忙
9. 在目前的市场环境下，您更愿意购买哪种风险类型的银行理财产品？ *
A. 保本固定收益型　B. 保本浮动收益型　C. 非保本浮动收益型
10. 在银行理财产品的投资中，哪些问题令您困扰？（可多选）* [多选题]
A. 不知如何挑选出适合自己的银行理财产品进行投资
B. 在购买时，不知道买入多少才合适
C. 银行理财产品的设计太复杂，很难理解
D. 不能方便及时地了解银行理财产品市场的相关信息
11. 最终确定购买这款银行理财产品的决定因素是什么？（可多选）* [多选题]
A. 自己的主观判断　B. 机构的评级　C. 理财师的建议　D. 朋友的推荐
12. 如果有专业机构为您量身定做合适的理财计划，您是否愿意为所接受的服务付出额外的佣金？ *
A. 是　B. 否
13. 您满意的理财产品的投资期限是？ *
A. 一周　B 月度产品　C. 1 年期　D. 2 年期　E. 3 年期　F. 5 年期　G. 5 年以上
14. 对于“高收益意味着要承担高风险”这句话，您的态度是？*
A. 理解且完全能接受　B. 理解且勉强能接受　C. 不能理解且难以接受　D. 不能理

解且完全不能接受

15. 您满意的理财产品金额起点是多少？ *

A. 1万元 B. 2万元 C. 3万元 D. 5万元 E. 10万 F. 10万以上

16. 您选择过的投资工具有哪些？（可多选） * [多选题]

A. 定期储蓄 B. 基金 C. 股票 D. 国债 E. 理财产品 F. 房地产 G. 分红保险

17. 您选择上述投资工具的原因是什么？ *

A. 收益稳定 B. 习惯性购买 C. 有银行人员的专业服务 D. 足够了解 E. 现有资金合适 F. 其他

18. 在未来的一年之中，您会增加对理财产品购买的投入量吗？ *

A. 是 B. 否

19. 您最关心的或担心的理财问题是什么？ *

A. 收益 B. 期限 C. 起点金额 D. 产品的信赖程度 E. 其他

20. 如果您没有购买过理财产品，您认为主要的影响因素是什么？ *

A. 没有这部分资金投入 B. 对理财产品了解太少 C. 没有理财意识 D. 没有时间 E. 其他

21. 在未来的一年之中，您会购买理财产品吗？ *

A. 是 B. 否

问题：简述商业银行调研的过程，并参考案例设计针对某银行理财产品的调研问卷。

分析要求：学生分析案例提出的问题，拟出案例分析提纲；小组讨论，拟出案例分析报告；班级交流，教师对案例分析报告进行点评；在班级展出附有教师点评的小组案例分析报告，供学生比较研究。

案例考核：包括形成性考核和案例报告考核，考核指标与标准见本书附录考核手册中的考核表2。

三、单元实训

1. 实训题目

实训题目：营销机会识别能力训练

实训目标：通过参加商业银行营销机会调研活动，让学生能够对商业银行营销机会识别有更深入的了解，能对商业银行现有STP战略进行分析，并提出改进建议，能撰写商业银行营销机会分析报告，并组织实施，通过实践训练培养相应的专业能力和职业核心能力。

实训内容：

（1）专业技能与能力：在教师的帮助下，找到一家商业银行，按照STP战略要求，搜集相关资料，对商业银行现有STP战略进行分析，并提出改进意见。在此基础上，撰写商业银行营销机会分析报告。

（2）相关职业核心能力：初级训练。

（3）相关职业道德规范：内化级践行。

实训要求：

（1）将“职业核心能力培养（初级）”和“职业道德素质养成（内化级）”相关训练内容

（见附录表 2-1 和考核表 3-1-2）融入“专业技术能力”训练内容中。

（2）在实施附录“理财产品设计活动”业务胜任力训练的同时，参照考核表 3-1-2 的相关“评估标准”，强化附录表 2-1 选项的“职业核心能力”和“职业道德能力”训练。

（3）实训前要求学生了解本实训的“目标”、“内容”与“要求”，熟记附录表 2-6、表 2-7 和考核表 3-1-2 中“评估指标”与“评估标准”的内涵，并将后者作为本实训的技能训练点和考核点来准备。

实训时间：本章学习后的课余时间，用一周的时间完成。

操作步骤：

（1）将班级学生分成若干学习小组，由教师布置实训任务。

（2）了解商业银行基本情况和行业背景，掌握该商业银行面临的市场机会。

（3）到商业银行进行实地调查，搜集资料，了解情况，识别市场机会，分析细分市场、目标市场和市场定位。

（4）各学习小组对信息进行分析评价，写出分析报告。

（5）各学习小组在班级内进行交流、讨论。

成果形式：撰写“某银行商业银行营销机会分析报告”。

2. 实训考核

活动过程考核：根据学生参加与实训全过程的表现，就表 5.7 中各项评估指标与评估标准，针对职业核心能力培养与职业道德素质养成的训练效果，评出个人分项成绩与总成绩，并填写教师评语。

表 5.7　“活动过程”成绩考核表

评估指标		等　级	选　项	评估标准	分项成绩
职业核心能力（50%）	自我学习（10%）	初级	√	参照“考核手册”考核表 3-1-2 中相应等级的“评估标准”	
	信息处理（10%）	初级	√	参照“考核手册”考核表 3-1-2 中相应等级的“评估标准”	
	数字应用	初级		参照“考核手册”考核表 3-1-2 中相应等级的“评估标准”	
	与人交流（10%）	初级	√	参照“考核手册”考核表 3-1-2 中相应等级的“评估标准”	
	与人合作（10%）	初级	√	参照“考核手册”考核表 3-1-2 中相应等级的“评估标准”	
	解决问题（10%）	初级	√	参照“考核手册”考核表 3-1-2 中相应等级的“评估标准”	
	革新创新	初级		参照“考核手册”考核表 3-1-2 中相应等级的“评估标准”	
职业道德素养（50%）	职业观念（10%）	内化	√	对职业、职业选择、职业工作、营销人员职业道德和企业营销伦理等问题具有正确看法	
	职业情感（10%）	内化	√	对职业有愉快的主观体验、稳定的情绪表现、健康的心态、良好的心境，具有强烈的职业认同感、职业荣誉感和职业敬业感	
	职业理想（10%）	内化	√	对将要从事的职业种类、职业方向与事业成就有积极的向往和执著的追求	
	职业态度（10%）	内化	√	对职业选择有充分的认知和积极的倾向性行动	

续表

评估指标		等　级	选　项	评估标准	分项成绩
职业道德素养（50%）	职业良心（10%）	内化	√	在履行职业义务时具有强烈的道德责任感和较高的自我评价能力	
	职业作风	内化		在职业实践和职业生活的自觉行动中，具有体现职业道德内涵的一贯表现	
总成绩（100%）					
教师评语				签名： 20　年　月　日	

实训课业考核：根据实训所要求的学生“实训课业”完成情况，表5.8中各项课业评估指标与课业评估标准，评出个人和小组的分项成绩与总成绩，并填写教师评语与学生意见。

表5.8　“实训课业”成绩考核表

课业评估指标	课业评估标准	分项成绩
1．某银行营销机会分析方案编写（30%）	1．市场细分变量和方法分析准确 2．目标市场分析准确 3．市场定位分析准确 4．市场营销机会分析准确	
2．调查信息的取得与分析（30%）	1．信息真实客观 2．分析方法正确 3．结果客观准确	
3．对银行目标市场营销提出建议（20%）	1．具有针对性 2．描述清晰 3．改进措施具有一定的可操作性	
4．撰写分析报告（20%）	1．格式的规范性 2．内容的完整性、科学性 3．结构的合理性 4．文理的通顺性	
总成绩（100%）：		
教师评语	签名： 20　年　月　日	
学生意见	签名： 20　年　月　日	

项目六 理财产品营销策略

学习目标

了解理财产品策略的含义；了解理财业监管的有关规定；了解影响理财产品价格变动的因素；理解理财产品的产品策略；理解银行理财产品的定价策略；掌握理财产品的主要销售渠道；掌握理财产品的主要促销渠道。

模块一 理财产品开发策略

【能力目标】 能针对特定理财产品进行营销策略分析；能较好地理解理财产品营销策略对于理财产品营销的重要性；能制定理财产品营销策划方案。

【活动目标】 学习理财产品营销策略。

基本知识

一、产品的概念和内涵

1. 产品定义

一般定义：产品是企业向市场提供的能满足人们某种欲望和需要的一切物品和劳务，是实质产品、形式产品和延伸产品的结合体。

广义定义：产品不仅仅是有形物品，还可以是服务、人员、地方、组织、构思，或者这些实体的组合。服务产品包括可出售的行为、利益和满意度，例如银行、宾馆、家居装修服务等。

2. 银行产品的特点

对象地位特殊：资金供应者和使用者双重角色共存或转换；

产品相互联动：易于组合不同产品功能，提高附加价值；

创新优势时间短：产品核心功能易被模仿——属易于编码进行数字化、格式化的信息知识产品；

防范信用风险：货币的特性决定了银行产品易于转移藏匿，同时也要关注银行的经营信用。

3. 银行产品分类

银行产品按照考虑角度不同有多种分类方式，如表 6.1 所示。

表 6.1 银行产品分类

按风险规避分类	保管箱业务	存款业务	衍生工具	保单业务
按投资方式分类	存款业务	债券业务	投资业务	信托业务
按财务报表分类	存款业务	贷款业务	中间业务	表外业务

续表

按服务对象分类	个人业务	小企业业务	公司业务	离岸业务
按服务方式分类	大众服务	专业服务	柜台服务	远程服务
按产品组合分类	单一产品	多品种搭配	多业务交叉	综合融资方案

4. 银行理财产品开发

理财机构的营销活动，实际上是从理财产品的构思、设计与推广开始的。理财机构将某种理财产品推向市场，需要根据顾客的购买和使用情况，做出这种理财产品是否适合市场要求的判断。然后，根据对市场情况以及各种相关因素的判断，决定这种理财产品的未来以及应该采用的市场策略。

二、银行理财产品开发

银行新理财产品的推出源于两个渠道：一是仿效其他银行的新产品，二是自行创造新产品。

一家银行仿效另一家银行的新产品，一方面可节省开发成本和稀缺资源；另一方面，如果能在仿效的基础上加以改进，还可确立产品的领先优势。开发过程见图 6.1。

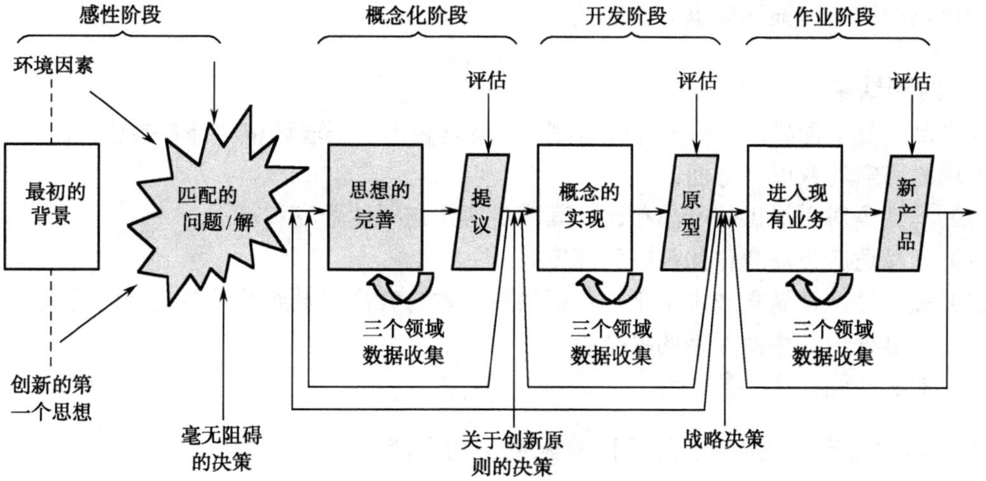

图 6.1　银行理财产品的开发过程

但要真正赢得竞争优势，银行必须重视市场研究和新产品的设计。新产品从设计、试销到全面推广一般需经以下几个步骤。

1. 创造性构思

新产品的构思可来自内部或外部。内部主要来源一是依靠银行自身的研究开发；二是营销活动将客户需求和竞争需要转变为新产品的构思；三是银行雇员提出的新建议。外部来源是客户、附属机构和政府，银行通过产品调整来适应法律变化和政府预算的变化，包括竞争需要、学术性和技术性组织的研究成果。

2. 筛选分析

银行集中了创造新产品的构思和建议之后经过筛选，使新产品的构思与银行的整体经营目标、政策和资源一致，还需要进行营销分析，包括以下几方面：

（1）目标市场可能的规模和结构，市场行为、销量、市场占有率、赢利目标。

（2）成本、价格、推广策略、分销渠道，第一年的营销预算。

（3）长期成本效益分析，长期销量和赢利目标以及营销策略。

3. 商业化

将新型理财产品商业化需考虑以下几点：

（1）时间选择，不仅要识别全面推介新产品的最佳营销和竞争时间，而且要考虑后备支援，如职员培训、计算机支持所需要的时间等。

（2）地区战略，根据新产品的性质，决定在哪些分行进行推广。

（3）恰当选择目标市场。

（4）选择推广策略，包括预算分配、推广成本、推广手段、广告计划和时间。

4. 全面推广

在新产品开发和商业化阶段，已制定新产品的销售或收入目标。在全面推广阶段，要加强沟通，使有关人员了解这些目标，落实业务和责任，并设置反馈渠道，以了解新产品对所选择的市场的影响和银行竞争对手的反应。

5. 监测结果

新产品一旦全面推广，需要加强监测，注意是否需要采取调整和补救措施。在审查新产品的表现时，需注意以下方面：

（1）与竞争对手提供的产品相比，其满足客户需要的程度和范围。

（2）产品适应市场变化的范围和速度。

（3）赢利性，销量和成本水平，包括供应成本与客户感觉到的效益之间的关系。

（4）产品处于其生命周期的哪个阶段。

（5）对其他同类产品的影响。

6. 与其他产品的销售表现相比分配适当的资源

开发理财产品计划如表 6.2 所示。

表 6.2　开发理财产品计划

项目：理财新产品开发			
行动项目	到期日	责任	地位
指定产品经理			
审察产品形象			
产品合法性审察			
明确目标市场			
市场大小、潜力估计			

续表

项目：理财新产品开发			
行动项目	到期日	责任	地位
初步利润分析			
递交主管决定是否继续			
提出操作系统建议或成本			
提出管理或销售建议			
给主管提供参考建议并获得必要批准			
提出包括培训在内的营销活动计划			

三、新产品开发的策略

1. 按新产品革新程度不同制定开发策略

按照革新程度不同，新产品的开发策略有：

（1）创新策略。即企业研制和推出市场上从未出现过的全新产品。这种新产品的开发可提高市场占有率，经济效益较好。在投放期内无竞争者介入，故可以采取多种定价策略，并且可以通过申请专利保护独占市场，获得较大的利润，但其风险较大。

（2）模仿策略。即企业仿制市场上其他企业的产品。这一做法具有风险小、成本低、成功率高等优点。但也有产品投入市场就会引起竞争的不利因素，因此，要求以此策略开发的新产品要具有更高的性能和品质。

2. 按新产品开发时机不同制定开发策略

按照开发时机不同，新产品的开发策略有：

（1）抢先策略。即企业不以现有的技术优势为满足，全力以赴追求产品技术水平的先进性和最终用途的新颖性，在其他企业新产品开发尚未成功或尚未上市前抢先开发投放，使企业在市场竞争中处于强有力的领先地位。

（2）跟进策略。即企业不抢先研制新产品，而是当市场上出现成功的新产品时，立刻进行模仿并改进，迅速跟进市场。实施这一策略的条件是要有较强的获取技术情报的能力，对市场及竞争对手的动向了如指掌，并有较强的消化、吸收和创新能力。

四、银行理财产品的创新方法

理财产品的基本要素和条款有理财币种、理财期限、发行银行的信用级别、发行地区、挂钩资产、投资方向、委托金额、付息周期、计息方式、本金保证情况、是否可提前终止和质押。静态复制、嵌入基本金融衍生工具、基本要素改变、条款改变和组合可以进行产品的创新。

1. 静态复制和嵌入基本金融衍生工具

（1）结构性产品多次用到静态复制方法，一般结构性理财产品将大部分资产投资于固定收益市场，剩余部分投资于高风险的权益类市场，两个市场上的收益静态复制成为结构性产品的总收益。

（2）在权益类市场投资部分的设计中还可以再次嵌入静态复制方法，比如浮动收益挂钩由四只股票复制成的股价指数等等。

2. 基本要素改变

（1）改变可投资的币种。起初商业银行理财产品为外币理财产品，主要为美元和港币。为了更多的国内居民可以购买理财产品，商业银行纷纷推出了人民币理财产品。随着我国居民外汇存款的多样化，我国商业银行在近年来又推出了欧元、英镑、日元、新西兰元、澳大利亚元、加拿大元等新的理财币种产品，丰富了理财产品市场。

（2）改变理财期限。短为一个月，长至 5 年。

（3）改变最低委托金额（本金数量）。不一样的准入门槛吸引不同的客户群体。最低委托金额为 5000 元人民币的产品和最低委托金额为 300 000 元人民币的产品的客户群体和数量是不一样的，甚至总共募集资金的金额也会不同。

（4）改变挂钩资产。将挂钩资产由简单的利率、汇率、股票、基金、股票指数、基金指数、黄金价格等基础资产扩展为更加丰富、更紧跟市场热点的基础资产。北京银行“心喜”个人理财产品与消费价格指数（CPI）挂钩，民生银行“鼓浪屿”产品与生物能源商品指数挂钩（包括糖、玉米、小麦），招商银行“金葵花”产品与雷曼兄弟农产品指数挂钩，上海银行“慧财”产品与一揽子货币组合的表现挂钩（包括巴西雷亚尔、俄罗斯卢布、印度卢比和土耳其里拉）。此外，还有挂钩原油期货、水污染指数、气候指数等等令人耳目一新的产品。

（5）其他要素的改变。付息周期为按月、按季、半年或者一年，也有到期还本付息产品。本金是否保本对客户是否购买理财产品是一个非常重要的参考要素，适合不同风险偏好的投资者。本金保证情况可粗略分为保本和不保本。保本的情况也可有多种，比如承诺投资本金 100%保本、95%保本、或者 90%保本等情况，又比如承诺人民币兑换成外币后保证外币本金 100%、95%或者 90%保本等情况。

3. 收益计算方式

挂钩基础资产的价格走势，预期收益的计算方式主要有下面 4 种：

（1）直线式。直线式的预期收益计算方式，是指完全根据基础资产价格确定收益。这种方法需要确定两个因子，一个是理财利息，一个是计息天数。在预计产品收益时，这两个因素改变其中一个，另一个保持不变，作出因子与收益图线为直线，故称直线式。在逐日累计的理财产品中，理财利息通常为常数，变化的是计息天数，一般收益计算方式为

$$\text{收益}=Re\times(n/N)$$

其中，Re 为预期最高收益率，n 为有效计息的天数，N 为总的理财天数。

（2）分段式（分成式）。分段式的预期收益计算方式一般适用于根据实际投资金融资产的收益来确定投资者收益的理财产品，比如与基金、打新股、海外结构性票据等挂钩的产品。这类产品通常根据每一份理财产品的净值来确定投资者的收益。一般情况下，这类产品会承

诺一个收益下限，比如说 5%，如果金融资产收益在大于 5%，则超过 5%的部分投资者需要支付给理财机构 30%的管理费。有的产品甚至制定三段计息方式，即 5%～10%之间支付 30%管理费，10%以上支付 40%的管理费。

预期收益率的计算方式为：当金融资产收益小于 5%时，投资收益为 R_1；当金融资产收益大于 5%，小于等于 10%时，投资收益为 5%+（R_1−5%）×70%；当金融资产收益大于 10%时，投资收益为 5%+（10%−5%）×70%+（R_1−10%）×60%。

（3）最优/劣表现式。最优/劣表现式的预期收益率计算方式，是指在结构性理财产品的收益说明中用到 MAX 或者 MIN 函数的计算方式。如果投资者人担心这个理财期由于观察期的价格走弱而导致收益为 0，那么可以修改理财利息函数为 2%+MAX（0%，$(P_t-P_o)/P_o$），如果银行担心支付给投资者的收益过高，可以再将理财利息函数修改为 MIN（8%，2%+MAX（0%，$(P_t-P_o)/P_o$））。在挂钩多种资产的产品中，MAX 和 MIN 有更多的用处。比如说一个产品分别挂钩石油和黄金，并采用每期观察方式，每一期石油和黄金都有一个收益率，那么可以采用 MAX 或 MIN（石油收益率，黄金收益率）来确定本期理财产品的收益率。

（4）组合式。组合式的预期收益率计算方式，是指挂钩资产为一揽子同类资产或者挂钩两种或两种以上资产的理财产品所采用的计算方式。一揽子同类资产可以为 8 只股票、4 支基金等等，多种资产可以为股票和基金的组合，指数和股票的组合，石油和黄金的组合，等等。此类理财产品，比较简单的计算方式为每日观察发生触碰事件终止或者降息，得到一个常数利息，从而计算整个理财期间的收益；比较复杂的方式为每期观察方式，分别计算每期的收益，并将每期的收益通过函数构造期末的总收益。

每期的观察中按照每个资产单独观察、单独计算：

① 通过 MAX 或者 MIN 函数，以表现最好或者最差的资产的收益作为本期理财产品的收益，最后线形相加得到期末总收益。

② 将每一期的各个资产的收益进行算数平均或者加权平均得到本期理财产品的收益，最后线性相加得到期末总收益。

③ 计算每个资产在理财期内平均表现，然后对这些资产的平均表现再次进行算数平均，或加权平均，或 MAX、MIN，得到期末的总收益。

上述 4 种方式还可以相加使用。比如说直线式和组合式，直线式和分段式等等。此外，每一种方式还可以嵌入最大收益上限，使得理财产品在达预期最大收益后自动终止。

五、影响银行理财产品开发的因素

1．效率效应

在寡头间的 R&D 竞争中，竞赛获胜时能够获得最大利润增量的公司（相对于竞赛失败时的结果）将最有可能赢得创新竞赛，这被称之为专利竞赛的效率效应。这是因为研发总成本是研发所需时间的递减凸函数，换言之，研发所用时间越短，研发成本增长得就越快。由于利润增量较大者能够承担更高的研发成本，所以该公司总可以通过比对手支付稍高一点成本的手段而使得自身的研发时间比对手短，从而赢得竞赛。对手公司会在竞赛开始时预料到这一点，从而退出竞赛。

如前所言，规模较大的银行由于具有更多的金融网点和更强的品牌声誉，使得其在推出新产品后能够在短时间内占领更大的市场份额。而小银行在产品因被模仿而失去超额赢利性之前，所能开拓的市场范围一般不会太大。所以效率效应成立，大公司因具有更强的获利能力而具有更强烈的金融创新动机。

2. 经验积累

除上述获利能力外，公司若欲在竞争对手前研发成功，其单位时间内能使研发成功的概率也非常重要。这取决于其研发能力，而这种能力既取决于公司当期的研发投入，又和其历史投资所积累的研发经验紧密相关。此外，公司还会在产品的生产过程中积累工艺等方面的经验，这在新产品的研发过程中是不可缺少的。

事实上，在理财产品的开发过程中，银行过去所形成的包括信贷产品开发和信用管理在内的经验积累也异常重要。这是因为银行在历史的研发和信贷管理过程中既会形成以金融统计数据、开发流程、产品定价系统以及管理制度等为代表的明晰知识（explicit knowledge），又会形成高度个人化的，难以交流并植根于员工行动和个人技能之中的默会知识（tacit knowledge）。这些都有助于组织知识的增长和积累，并最终转化为银行在理财产品开发竞赛中的核心竞争能力，增强其创新动机。

3. 替代效应

替代效应是指当工资率上涨时，单位时间所获得的收入增加，劳动者为获得更多的收入，宁愿牺牲闲暇，增加劳动量以多获得工资收入。收入效应是指随着工资率的提高，劳动者可以用减少的工作时间获得同样的收入，因此当工资率提高时劳动者的供给反而减少。这两种效应的相对强弱就决定于劳动供给曲线的特殊形状，当替代效应大于收入效应时提高工资率会使劳动供给量增加，供给曲线上各点切线的斜率为正，向右上方延伸，当收入效应大于替代效应时，提高工资率反而会使劳动供给减少，所以劳动的供给曲线向后弯曲。

革命性的新产品创新会完全颠覆旧产品的市场，造成其现金流对旧产品所能产生现金流的“食人习俗”（cannibalism）。这后来被称为替代效应（replacement effect）。在我国，由于实行存贷款的利率管制，银行能够长期享用较为宽裕的存贷利差。而诸如委托贷款和信托贷款之类的众多理财产品都对银行的存款来源和贷款业务造成了分流和侵蚀。所以，在银行内部还应该存在着抵制金融创新的倾向。

4. X-非效率

银行规模的增长虽然有利于效率效应的成立，但这同时也伴随着越来越严重的 X-非效率问题，即银行会由于规模过大而怠于创新。这一方面是由于随着银行规模的扩大和管理层次的增加，银行内部上级与下级、前台与后台之间的信息交换和沟通能力将大幅下降，而组织协调的工作量将按几何级数增加，这损害了公司的创新能力。另一方面，在大银行内部员工的薪酬和其业绩之间的联系更为微弱，因而员工进行创新的积极性和主动性都会受到抑制。所以，创新活动关于公司规模而增长的关系可能不是单调的，它更可能是随公司规模的增大而呈现出倒“U”形变动。

模块二　银行理财产品价格策略

【能力目标】　能针对银行理财产品进行价格策略分析；能较好地理解理财产品价格策略对于理财产品营销的重要性。

【活动目标】　银行产品定价方法

基本知识

理财产品的价格策略是银行业务竞争中的重要营销策略之一。对于消费者而言，价格代表获得这种产品或服务的成本；对销售者而言，价格代表销售这种产品或服务所获得的收入，是利润的重要来源。因此，理财产品的定价问题涉及到理财产品是否能够得到消费者的青睐，也涉及银行在产品推广与销售之后，可否获得收益或维持一定的市场份额等有关银行赢利及发展等问题。

一、理财产品定价概述

1. 理财产品价格的基本构成

理财产品的价格构成主要包括两个模块——利率及各种费用。

（1）利率。理财机构在一定时期内收取的利息额与其借出本金款项的比例，就是资金的使用费用。

（2）利率的分类。

① 按时间分可分为：年利率、月利率和日利率。

② 按表现程度分可分为：名义利率和市场利率。

③ 按确定标准分可分为：市场利率和官方利率。

④ 按业务类型分可分为：筹资利率、融资利率和投资利率。

⑤ 按变动状况分可分为：固定利率和浮动利率。

⑥ 按贷款客户状况分可分为：优惠利率、普通利率和惩罚利率。

（3）费用。费用包括传统业务的手续费收入和创新业务的费用。

2. 理财产品定价基本方法

（1）成本加成定价法。成本加成定价法的计算公式为：

产品价格=单位产品成本 ×（1+成本加成率）

这种定价方法的优点是定价过程简单、明了；有效防止价格竞争；定价方式公平合理。

这种定价方法的缺点是没有考虑市场需求和竞争；定价过程比较复杂。

（2）目标利润定价法。这种定价方法是根据理财机构的总成本和估计的总收入，确定目标利润率，以此为核算定价的标准。

（3）风险加数（与乘数）法。这种定价方法的计算公式为：

价格=基准价格 ×（1+风险加数）

（4）认知价格定价法。客户对理财产品价值的理解和认知程度是决定理财产品价格的关键因素。因此，理财产品定价时，要采取有效的营销策略，突出产品特征，加深客户对产品价值的理解，提高其愿意支付的价格限度。

（5）差别定价法。某一理财产品在特定条件下，可按不同的价格出售，即对于不同购买力、不同需求强度、不同购买时间和不同购买地点的客户，采取不同的价格。

（6）随行就市定价法。这种定价法是指按同行竞争者的产品价格定价的方法，这种方法特别适合于完全竞争市场和寡头垄断市场。

二、理财产品的定价策略

1. 影响理财产品价格的主要因素

（1）理财产品的经营成本。

① 直接生产成本：员工工资、津贴、福利待遇、加班费、办公费、设备费、各种理财费等。

② 销售成本：薪金、广告费、样品费、旅费、招待费等。

③ 管理成本：董事费、会员费、培训费、法律费用、检查费用、捐款、机构广告等。

④ 利息成本。

（2）消费者的价值判断及各种价格预期。

消费者的价值判断受消费者收入水平、文化教育水平、个性心理等因素的影响。

（3）理财产品生命周期的不同阶段。

理财产品导入期：成本较高、销售量较小，可采用高价格定价策略。

理财产品成长期：市场销售量扩大，成本下降。

理财产品成熟期：以保持市场占有率为主要目标，建议采用竞争性的低水平价格。

理财产品衰退期：采取竞争性的低水平价格，以便将资金投入新产品的开发与推广方面。

案　例

93%理财产品跑不赢 CPI

理财产品的收益率像夏日的气温一样，热度逐渐增加。各家银行向投资者抛出了一块又一块的“馅饼”，那么，银行为投资者准备的美味“馅饼”究竟有多香？

月初，李先生在银行理财经理的推荐下，购买了一款投资期 28 天的理财产品，预期年化收益率 3.2%，是 7 天通知存款利率的 1 倍多，且收益稳健、风险低。考虑到中短期内仍有加息预期，手中又有闲钱，李先生花 5 万元购买了一款该产品。前天，产品到期后连本带息结算到李先生的账户上，让他颇感意外的是，账户余额由原来的 5 万元变成了 50 122.7 元，近一个月的投资收益仅 122.7 元。李先生有些哭笑不得。

理财产品真能跑赢 CPI 吗？答案是否定的。2011 年 3 月、4 月，CPI 指数分别达到 5.4%、5.3%，而根据普益财富数据统计，16 家上市银行 2011 年年初投资的仍在运行和已经到期的理财产品中，93%的产品无法跑赢 CPI。

央行日前发布数据显示，截至 2011 年 4 月末，当月人民币存款增加 3 377 亿元，同比减少 8 325 亿元，其中，居民存款净减少 4 678 亿元。而同期，根据金融界金融产品研究中心的数据，截至 2011 年 5 月 25 日，共有 308 只银行理财产品发行。其中，中资银行理财产品发行更加明显，不仅有总体数量上的增加，产品发行银行也有明显增长，而这正与近期银行揽储压力直接相关。

2. 理财产品定价的基本策略

（1）成本导向定价策略。

理财机构将如何补偿和收回成本作为产品定价的主要依据，其公式为：

单位产品价格=单位产品成本+单位产品的预期利润

在制定商业银行的贷款利率时，可以用这种方法。

（2）需求导向定价策略。

理财机构将市场或消费者对理财产品和业务的需求状况，接受程度等作为其产品定价的主要依据，主要包括以下两个方面：根据市场对理财产品需求状况的分析来确定其产品价格；根据消费者对理财产品的需求状况以及接受程度来决定其产品价格。

（3）竞争导向定价策略。

理财机构将同类理财产品和业务的竞争者的价格，作为本理财机构进行产品定价的主要依据。通常有随行就市定价法和竞争价格定价法两种方法。

案 例

加息催热银行理财产品

2010 年末至 2011 年，中国人民银行连续四次调整基准利率，存款基准利率已升至 3.25%，但仍低于同期 CPI 涨幅。目前，我国已进入加息周期，每次央行调整存贷款基准利率总能引来理财市场的“随风而动”。近日，中国人民银行哈尔滨中心支行对浙江省部分商业银行及居民个人的调查显示：在进入加息通道的判断下，浙江省银行理财产品市场呈现居民投资理财意识增强，银行理财产品热销的情形。

2010 年末以来的连续四次加息使浙江省理财市场产生了连锁反应，也激发了公众投资理财的热情。对浙江省 1643 户居民的调查显示，居民理财方式由加息后转存储蓄存款向购买银行理财产品转变。67.3%的被调查者表示愿意尝试新的理财方式，近四成的投资者会考虑银行理财产品。居民投资理念的改变促使商业银行个人理财产品热销。2011 年 2 月 9 日加息后该行适当调高理财产品收益率 0.5 个百分点，并针对客户需求设计推出一款年收益率最高可达 4.5%、5 万元起购的 133 天稳健型理财产品，仅四天就已销售过半。

从四次加息后浙江省银行理财产品发行的类型趋势看，中短期理财产品发行占比较大，3 个月以内理财产品占比近半，6 个月以内理财产品占比接近七成，而一个月以下的超短期理财产品发行量更是占所有理财产品的 30%。目前，银行针对加息推出的大多为保本浮动收益、保证收益的中短期理财产品，这类产品期限短、把握市场节奏更准确、帮助投资者控制现金流、规避市场风险的优势明显。另外，进入加息周期会导致股市和楼市“被降温”。调查显示，部分居民认为随着央行加快加息频率，股票市场变数加大，不如把钱投到一些短期固定收益的理财产品上，待形势转好时再转入股市。

受加息及通胀预期影响，许多居民投资者对理财产品预期收益率有所提高，因此银行相应上调了理财产品的预期收益率，普遍比加息后存款利率高出 0.1～0.2 个百分点。调查显示，一些新发行的银行理财产品期限不到三个月，收益率已超过加息后银行一年期的存款利率。

案　例

银行借理财产品“解渴”

截至 2011 年 5 月 25 日，全国当年共有 308 只银行理财产品发行。其中，6 个月以内理财产品占比达到 85%。某银行业内人士认为，短期资金拆借、短期产品发行是银行通用的资金调用手段，近期理财产品的短期化也可以证明这一点。

为了制约商业银行每月初的放贷冲动，银监会主席刘明康曾在金融形势通报会上公开表态，要按月度监测银行的日均存贷款流动性水平，要求日均存贷比都不得高于 75%这一监管标准。对于贷存比日均监管，交通银行一位理财分析师表示，目前客户的理财需求非常旺盛。但是在国内能够满足这类投资者稳健固定收益的投资渠道不多，银行存款的理财也无法满足他们的要求。目前应对方法仍然只能是少放贷款、多拉存款，许多短期理财产品的设计就是出于拉存款的考虑。

三、银行新产品定价策略

影响银行新产品定价的主要因素有：产品研发和推介成本、产品内在风险和资本收益率等。

在新产品的推介初期，银行可采取低价政策吸引客户，待产品推介成功后再逐步提升至目标价格。国外许多银行一直保持一种动态定价的做法，即根据市场的变化随时对有关产品重新定价。比如，住房贷款市场竞争十分激烈，主要体现在价格上，客户一旦发现其他银行贷款条件更优惠，就有可能提前还款而转向别家银行。因此，根据市场行情适时重新定价是银行保持竞争力的重要手段。同时，银行还可以根据住房信贷客户经济实力的强弱区别对待，如对高薪、经济实力较强的专业人士在住房贷款利率上给予适当优惠，以吸引这些高收入、低风险客户。

综合世界各地银行的定价策略，大致可以归纳为以下 9 种。

1. 高价策略

高价策略主要在新产品推出初期使用，这对竞争的影响不大，但注重服务质量，客户对象是有特别需要而又愿出高价者。例如20世纪90年代，各家银行刚刚推出“网上银行”业务，其目标市场是高收入、高学历的年轻中产阶层，客户数量有限，但对高收费的承受力较强。因此，网上银行初期的收费比传统银行高，但仍然有市场，近年来则通过降价来扩大推广范围。

2. 渗透性定价

以较低的价格扩大市场占有率，主要用于对价格敏感和可薄利多销的产品，同时可以防止竞争对手取得较大的市场占有率。如各家银行和金融机构均提供住房贷款，这一市场已近饱和，因此近年来在住房贷款业务方面，主要以价格优惠吸引客户，导致住房贷款利率和收费连年下降。

3. 竞争性价格

为参与竞争而确定的价格，但也需弥补成本、保证一定的赢利。当银行打算在某种服务或某一市场上获得一定的经营经验时这一政策较为有用。例如，汇丰银行澳大利亚分行作为外资银行在进入澳大利亚市场初期为争取市场份额，推出了比当地银行优惠的存款、贷款利率以吸引客户，而近年来随着市场对汇丰银行的认可和该行市场份额的扩大，利率水平已与当地银行接近。

4. 市场价格

跟随市场竞争对手定价，不考虑自身的成本和收入目标，这样可以保护现有的市场占有率。

5. 亏损价格

在以低价吸引客户的同时，向客户推销其他更能赢利的服务。各银行都以较低的贷款利率作为引子和杠杆，向大公司客户推销现金管理、支票清算和衍生工具合约等服务，虽然其中某项服务赢利甚微乃至亏损，但就对客户的综合服务来看，银行仍然是获利的。

6. 差别价格

对特定市场制定特殊价格。

7. 关系定价

这种方法取决于客户和银行的全面关系而非某单一的业务关系。

8. 战略定价

战略定价旨在刺激需求、增加业务量，主要用于短期业务推广期间。例如一些银行宣布在一定时间内提供较低的优惠利率以吸引按揭贷款客户。

9. 成本定价

上述几种定价政策一般以市场为导向，还有一些以成本为导向的定价策略。但以成本定价不一定能刺激销售，因此银行往往采取低成本定价政策，即根据对可吸引最低业务量的估计确定价格，使银行可以取得规模经济效益，减少每笔业务的实际成本。

案　例

满意定价

满意定价顾客购买服务时买的是一种承诺。他们看不到自己购买的这种无形产品，却同意先掏钱再享受服务。顾客可以试穿服装，试用汽车，却不能试酒店或律师的服务。他们只能先掏钱成交，再期望能得到公平完满的服务。

不幸的是，服务业营销人员却屡屡无视这种无形产品的定价所带来的特殊挑战。在制定定价策略时，他们并没有真正了解顾客如何使用自己所购买的服务并从中获益。结果，顾客对自己支付的服务价格心存疑虑，不知道它是否物有所值。要按价值定价，服务业营销人员应首先明白目标市场的价值构成。他们的营销目标就是要通过定价明确无误、令人信服地揭示并传达这一价值观念。

服务定价有三种方法：满意度定价法、关系定价法和效益定价法。它们各不相同，但密切相关，都揭示并传达了服务的价值。

1. 满意度定价法

任何购买行为都会有一定的疑虑。满意度定价法旨在降低顾客的疑虑。企业可采用多种方式来做到这一点，如服务保证和着重利益的定价。

服务保证是企业给顾客的强力定心丸。即使他们最终对服务不满，这种保证也会对他们所受的负累给予补偿：降价或全额退款。

然而，企业不应轻率采用这种策略，因为服务保证是一项大胆举措，实施前必须彻底分析实施的缘由及由此带来的风险。Bank One（美国第一银行）就是个成功的例子。该行曾处于一个非比寻常的处境中，被迫设立一个信托部。1989 年，它购买了得州一家破产银行。这家银行早已卖掉了其信托部。第一银行开创信托部的经理们坚信，只有定位在卓越服务才能使自己初试啼声的业务具有竞争力。由于创业之初全无声誉，吸引不了潜在客户。高级经理决心无条件实行服务保证：顾客只要对服务不满，银行分文不收。结果，1989 至 1995 年间，4 500 名顾客中只有 7 位不满服务并获银行全额退款。如今，Bank One Texas Trust（美国第一银行得州信托行）是全美发展最快的信托银行之一。显然，该行的服务保证策略减轻了顾客对其服务的疑虑，同时为员工平添了一股强劲动力，使他们努力满足顾客期望。

着重利益的定价就是对服务中顾客能直接受益的方面做明确定价。这样的结果是，顾客通常比服务的价格与它所传递的利益毫无关联时，更满意、更安心。以电脑联网信息服务为例，其复杂的定价系统臭名远扬。使用这些服务的顾客常常是按上网的时间付费，但顾客真正看重的价值是在网上读取的信息。这样，价值的创造与定价就不合拍。

欧洲联机信息业的主要企业 ESA-IRS（艾斯恩公司）采用了名为“按信息定价”的新定价结构时，发现顾客的查询行为出现了几个显著变化。以前按上网时间计价时，顾客很少使用“缩放”（ZOOM）这一强大、但耗时的功能。改用以查取或阅读的信息量计费的新法后，“缩放”功能的使用率提高了 2 倍。用户一般上网的时间更长，查找的范围更广，却感到更轻松、更满意。

2. 关系定价法

如果服务企业能同现有顾客更长久地多做生意，就会有显著收益。同样道理，顾客如果能同高风险服务的可靠供应商建立关系，也会受益匪浅。服务业营销人员可以发展创造性定价战略，给顾客某种激励，促使他们加强与自己企业的购销关系，抵御竞争对手的拉拢。营销人员还可运用长期合同加强与现有顾客的关系或发展新顾客。这种合同能彻底改变业务的交易方式，把一次次相对独立的交易活动变成一系列持续的互动行为。同时，这种稳定的收入流使提供服务者能够集中更多资源在自己提供的价值上与竞争对手拉开距离。

联合包裹运送服务公司（UPS）承接 Land's End（地极公司)的大部分订单已近 30 年。1994 年，它同地极公司签订了一项雄心勃勃的 3 年期合同，成为这家邮购零售商的主要承运商。为了赢得这份多年合同，UPS 主动提高运送效率，使地极公司的平均运送时间减少了 50%。虽然运送的时间缩短了，运费却分文未涨。

组合定价法将两种或两种以上的服务"捆"在一起销售。这种价格激励方式使顾客相信，一起购买这些服务比分别购买便宜。组合定价法能降低成本。提供一种附加服务通常比单独提供另一种服务成本低，而且还能增加服务企业跟顾客的联系。与顾客之间的联系越多，就能更多地掌握顾客的信息，发掘顾客的需求。AT&T 公司正是这样做的。1990 年，它成功推出了自己的 Universal（万用卡）。这是一种可兼作信用卡的优惠通话卡。整个信用卡业为之一惊。它的成功归因于两个因素。首先，AT&T 公司从长话用户的数据库中选出有信用的潜在用户，进行邮寄促销。其次，AT&T 公司创造性地把信用卡和长途通话两种服务合二为一。众所周知，这两种服务的顾客极为多变。

3. 效益定价法

明晰成本、管理成本和降低成本是效益定价法的基石。由此节省的成本，部分或全部以低价格形式转给了顾客。要使这种方法有效，这种更精练的成本结构必须让竞争对手在短期内难以模仿。而且，这种转给顾客的成本必须真正能增强顾客的价值观念。

效益定价者几乎总是行业中的标新立异者。在寻求持续的成本优势过程中，他们摒弃传统的操作方式。这里最好的例子莫过于一家叫 Charles Schwab（查尔斯公司）的折扣证券交易行。该公司摒弃了以前通过销售代理发布投资建议的常规途径，集中精力开发一种高度自动化的低成本系统来有效地处理单个顾客提出的数以百万计的交易请求。

成功的服务业营销人员将越来越多地采用满意度定价法、关系定价法和效益定价法，来暴露并利用竞争对手定价策略中的缺陷。一些富有创新精神的竞争者更会将这 3 种策略结合起来。

模块三　理财产品分销渠道策略

【能力目标】　能针对银行理财产品进行分销渠道策略分析；能较好地理解理财产品分销销售渠道策略对于理财产品分销的重要性；能制定理财产品分销渠道营销策划方案。

工作任务　银行理财产品分销渠道策略学习。

项目活动　学习银行理财产品分销渠道策略。

【活动目标】　学习银行理财产品分销渠道策略。

基本知识

一、金融营销渠道的概念和功能

1. 金融营销渠道的定义

金融营销渠道是指金融服务或服务产品从生产领域流向消费领域所经过的整个通道，以及在产品整个传递过程中，为满足目标市场消费者的需求，利用各种信息技术和基于信息技术发展起来的网络终端向其顾客提供的各种服务。营销渠道通常由制造商、批发商、零售商及其他辅助机构组成。渠道成员各自发挥职能，通力合作，有效地满足市场需求。良好的渠道不仅满足需求，而且可以刺激需求。图 6.2 为有无中介渠道的对比。

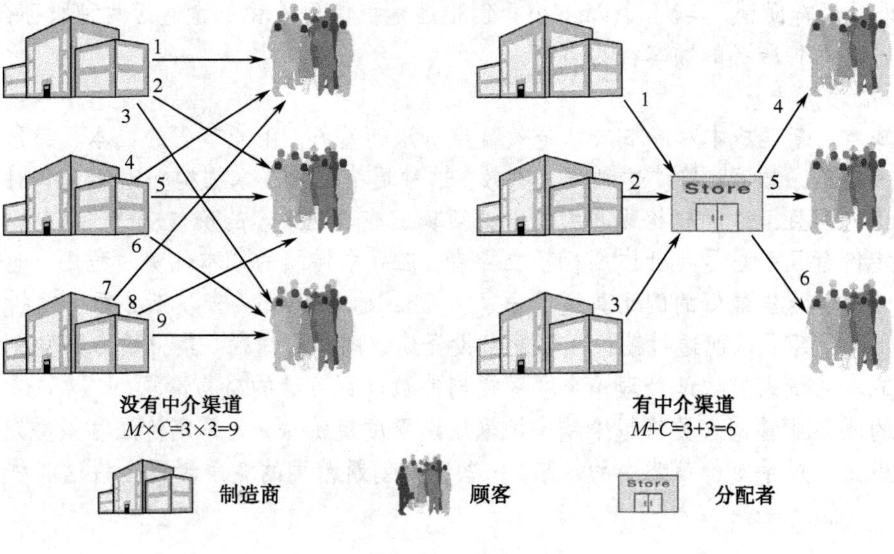

图 6.2　有无中介渠道的对比

2. 金融营销渠道的功能

金融营销渠道的基本功能是根据客户的不同需要，将金融产品进行有效的组织和传送，从而转换成有意义的产品组合。其主要功能是：

研究——收集进行交换所必需的信息，制订营销计划。

销售——对金融企业所供应的金融商品进行销售。

接洽——寻找可能的购买者并进行说服性沟通。

配合——对金融企业所供应的金融商品进行符合客户必要性的评分，包括促销活动。

融资——为补偿渠道工作的成本费用取得或支用资金。

风险承担——承担与渠道工作有关的全部风险。

谈判——对金融企业所经营的金融商品的价格和有关条件达成最后的协议。

二、金融营销渠道的类型和优缺点

金融营销渠道的类型和优缺点如图 6.3 所示。

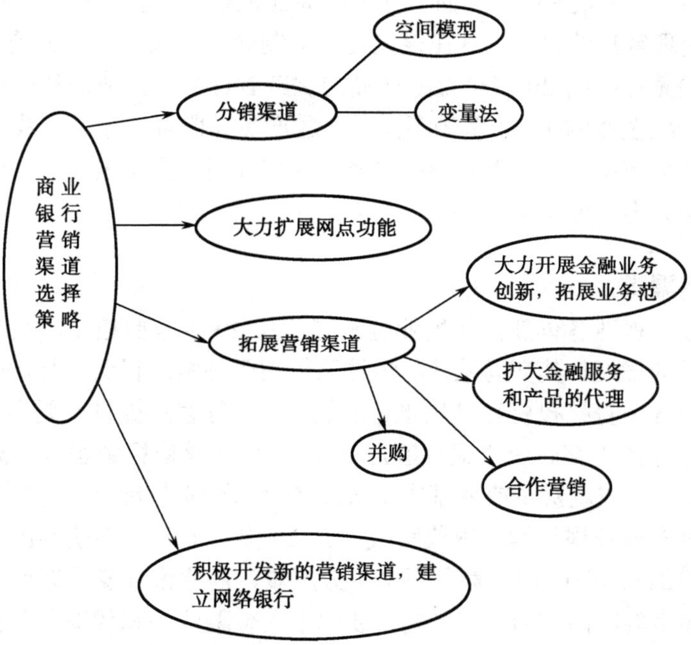

图 6.3　商业银行营销渠道的类型和优缺点

1. 分销渠道

商业银行的金融产品具有提供与分配的同时性，一般都直接面对客户，因此，设置分销网络是商业银行最早的也是最普遍的营销渠道，合理设置分支机构和营业网点对吸引客户和发展零售业务尤为重要。目前，在市场竞争日益激烈的情况下，地点的选择就显得十分重要。商业银行选择一个好的地点就等于为自己做了广告，是实现营销目标的无价之宝。因此，"一个理想的地点的潜力是不利地点的二十倍。"商业银行在长期的业务发展中，根据经济环境和其他因素，以下两种模型在选址上应用最为广泛：

（1）空间模型。银行先在全国范围内进行普查，确定可以作为选点对象的地区，然后对候选区进行详细的分析研究。其步骤一般有三：一是确定服务区域，通常将分支机构设在商店和工厂附近，以便向潜在的客户提供方便的服务。商业银行要分析候选区有无不利的限制因素，候选区与周围城镇的距离和人口密度等。二是搜集该区的原始数据，分析候选区的业务潜力。三是计算候选区设立分支机构的投资收益值。经过上述三个步骤分析论证，银行就可做出最后选点决策。

（2）变量法。英国威乐伯•史密斯咨询公司就曾使用过这种方法为商业银行进行选址。其方法是先确定有业务潜力的地点，然后靠现有的主要街道，将这些地点连接起来。商业银行要把竞争对手的分支机构也归属在选择的地点以内，并计算出所有银行网点和消费点之间的最少往来时间，然后在此基础上最终确定分支机构的地址。商业银行使用此方法选址时要考虑以下因素：提供服务的种类；银行员工的数量和素质；所设网点的周围环境；网点的交通便利程度；网点的物质设施；停车场；醒目程度。

2. 大力扩展网点功能

居民的需求具有多样化的特征，而目前我国商业银行诸多基层的网点仍为功能单一的储蓄所，一般只能受理客户的存款，这在很大程度上制约了个人金融业务的发展。据统计，在英国，一个典型的家庭要同 20 多个金融产品的供应者打交道，他们从商业银行、投资公司和证券经营商等金融企业购买 40 多种不同的金融产品和服务。今后，我国商业银行应大力拓展基层网点的业务范围，积极办理消费贷款、代理收付、代客理财、信用卡和外币兑换等业务，从而推动个人金融业务的发展。

3. 拓展营销渠道

（1）大力开展金融业务创新，拓展业务范围。与 20 多年前相比，在全球范围内，商业银行由于科技手段的发展，其交易系统、清算系统和服务网络日新月异。同时，银行业的一些替代产品——如各类直接投资工具也迅速发展，为银行客户提供了更多的投资方式，这样就直接威胁着银行业的生存。西方银行家丹尼尔•卡罗在《银行销售世界》一书中指出，到目前为止的经验证明，成就甚少或者基本上失败的是那些满足现有服务项目的银行。迫于这种压力，国际上许多商业银行运用现代科技，在 20 多年的时间里就推出了繁多的目不暇接的金融产品。我国加入 WTO 后，竞争环境十分严峻，商业银行要根据市场变化和用户的需求，积极推出新的金融产品和服务。当前，要把个人金融业务和代理业务作为开发重点，信用证、保证金函，委托等中间业务也要创新。随着我国金融业混业经营的发展，要大力开拓银行、证券、信托、保险之间的混合新业务。在金融工具创新方面，主要有各种存单，可转换债券、金融期货、期权、远期协议等。这样，一方面能够提高竞争能力，另一方面又能在金融创新中防范和化解金融风险。

（2）扩大金融服务和产品的代理分销渠道。商业银行要扩大金融产品的销售，就必须建立自己的代理网络，包括寻找更多的代理商和信用卡的特约商。另外，商业银行也可和其他金融机构之间结成战略联盟，形成长期的战略合作关系。通过这种合作，双方能够更有效地利用资源，降低成本和分享客户，扩大产品服务范围。1997 年 7 月中国银行与平安保险公司签署了业务合作总协议，同年 12 月，中国工商银行与华夏证券公司签署了全面业务合作协议，开创了我国金融活动契约设计的新模式。

（3）并购。这是商业银行拓展分销渠道最为快捷和最为有效的手段，尤其在新开发的区域、跨地区和跨国经营更是如此。并购，按其目标和行业主要有以下两种模式：

第一种是目前最具有影响的模式，就是银行之间，保险公司之间，证券公司之间所进行的并购。在经济全球化、金融自由化发展的浪潮中，国际机构集团化已是大势所趋。这种并购方式已成为商业银行扩大零售网络的主要手段，同时也有助于增强银行的实力和节约费用。如 1998 年 4 月，美国国民银行与美洲银行合并组成新的国民银行集团，成为美国国内最大的商业银行。过去，我国国有商业银行的分支机构按行政区域设置，造成一些网点成本高、效益低。今后，要从规模效应、减少管理层次和降低成本的目标出发，采取有效兼并、重组等措施，实现规模化、集约化，提高国际信誉，增强竞争能力。

第二种并购方式是指银行、保险公司和证券公司之间的并购。这种并购的主要目的仍是为了扩大分销网络，另外也可借助对方的条件来扩大自己的服务范围。例如，1998 年 4 月，花旗银行与旅行者集团合并，实现了商业银行与投资银行的强强合作。1995 年中国建设银行与摩根•斯利坦合资组建了中国国际金融投资公司，中国工商银行与东亚银行合作在香港地区收购了擅长投资银行业务的国民西敏斯银行下属的西敏证券，成立了工商东亚金融控股有限公司，从事香港地区和内地的投资银行业务。今后，随着我国金融业混业经营的发展和国有商业银行股份制改造的实施，银行可以和资产质量较好的券商和保险公司成立金融控股公司来拓展营销网络，扩大金融服务范围。

（4）合作营销。目前，根据西部大开发重点项目多、融资额度大以及融资渠道需要多样化的特点，与构建项目贷款的银团贷款机制，建立同业合作、优势互利、资源共享的销售体系。这样，既可以实现同业双赢的目标，避免无序竞争所带来的伤害，又可有效地分散信贷风险。此外，也可由地方政府有关部门牵头组织银企资金供需洽谈会与金融产品营销会，实现银企零距离的沟通和营销。

4. 积极开发新的营销渠道，建立网络银行

我国加入世贸组织，外国金融机构涉足我国金融市场后一般不会拼网点，而是采取避重就轻的服务手段来占领我国金融市场上空白的或者薄弱的领域。面对巨大的电子商务市场，网络银行会成为他们的一种选择。我国的金融机构要在瞬息万变的营运环境中不断调整营销策略，借助新技术和电子设备不断开发新的营销渠道。今后，要进一步加大对网络银行投入和开发的力度，组成强有力的营销队伍尽早抢占这一市场，为网上用户提供方便、及时的服务。

三、影响金融营销渠道的因素

对金融营销渠道产生影响的因素有很多，主要包括以下几个方面。

1. 金融产品特征

金融产品因其种类不同而具有不同的特征。这对于营销渠道的选择是一个非常重要的影响因素。一般而言，金融产品分为便利品和特殊品，其中便利品使密集渠道和长线渠道相互联系，而特殊的金融产品在既定地区的选择性分销决定了其营销渠道的寿命较短。另外，金融产品的创新和多样化使产品质量更为标准化，从而大大促进了其营销渠道的发展。

2. 市场因素和顾客特征

市场范围大小、顾客的集中、分散程度、顾客人数、地理分布、购买频率和年均购买数量、不同营销方式的敏感性等因素，以及商业银行同业竞争者产品的营销渠道策略，都会影响到销售渠道的选择。

3. 商业银行规模、信息、科技因素

商业银行规模大小、资金能力、信用能力、销售能力、提供的服务以及要求、等等，都会影响其营销渠道的选择。信息技术的发展也可促使商业银行通过 ATM 和电话银行来提供金融服务，从而扩展营销渠道。

4. 营销技术

商业银行的营销技术，直接影响其金融商品的销售。对某些商品来说广告十分重要。而有些商品则必须通过人员推销。为此，商业银行在对其营销技术进行选择时，首先要对自己的营销技术进行衡量界定，才能审时度势地进行营销渠道的决策。

5. 现有营销渠道的可用性

商业银行在选择营销渠道时，必须考虑其现有营销渠道的可用性和可用度，因为营销渠道的再选择，受现有营销渠道适用性的严格控制。

6. 政策因素

政府对各类金融商品所采取的价格、税收政策等，会影响商业银行营销渠道的选择。如允许自由购销各种金融商品，渠道必定会多样化；反之，渠道就会单一化。同时，地方政府行为也会影响商业银行直销渠道的选择。

四、商业银行新型营销渠道

商业银行新型营销渠道包括网上银行渠道、电话银行渠道和手机银行渠道。

1. 网上银行渠道

至少提供以下五种业务中的一种才可以称为网上银行：网上支票账户、网上支票异地结算、网上货币数据传输、网上互动服务和网上个人信贷。

狭义的网上银行是指：没有分支银行或自动柜员机（ATM），并提供网上支票账户、网上支票异地结算、网上货币数据传输、网上互动服务和网上个人信贷五种服务中的至少一种服务，仅利用网络进行金融服务的金融机构。

广义的网上银行是指：包括纯网上银行、电子分行和远程银行。电子分行是在拥有“实体”分支机构银行中仅从事网上银行业务的分支机构。远程银行是同时拥有 ATM、电话、专有的家用计算机软件和纯网上银行的金融机构。

网络银行能够提供的金融服务如表 6.3 所示。

表 6.3　网络银行提供的金融服务一览表

<table>
<tr><td rowspan="4">基础服务</td><td rowspan="3">电子化
金融服务</td><td>银行零售业务电子化</td></tr>
<tr><td>银行批发业务电子化</td></tr>
<tr><td>银行同业清算转账电子化</td></tr>
<tr><td colspan="2">网上支付系统</td></tr>
</table>

续表

<table>
<tr><td rowspan="4">增值服务</td><td rowspan="3">在线
多元化</td><td>各类信息</td></tr>
<tr><td>在线交易</td></tr>
<tr><td>新型服务</td></tr>
<tr><td colspan="2">品牌化</td></tr>
</table>

2. 电话银行渠道

电话银行不受时间、空间的限制，电话银行充分利用发达的现代通信技术为顾客提供了简单、便捷的消费服务方式。

电话银行是方便、快捷的一站式服务。顾客可通过电话银行自助办理个人、公司、证券、资产等业务；也可通过电话银行向银行提出问题、进行投诉、提出建议等，享受银行为顾客提供的一站式服务。

电话银行是费用低廉的服务方式。本地顾客只需要支付普通市话费用，即可获得银行提供的全方位金融服务。

3. 手机银行渠道

手机银行是银行通过移动电话，利用中国移动通信网络的 WAP 方式为顾客提供账户查询、账户转账等银行产品的一种业务，为注册顾客提供一种全新的 WAP 接入方式。在手机信号覆盖的任何地点、任何时间，通过浏览器进行个人账户交易或查询相关金融信息，是现代信息技术发展基础上出现的一种新兴的，具有很大发展潜力金融营销渠道。

活动练习：比较商业银行新型营销渠道的异同。

模块四　理财产品促销策略

【能力目标】　能针对银行理财产品进行促销策略分析；能较好地理解理财产品促销策略对于理财产品销售的重要性；能制定理财产品促销策划方案。

【活动目标】　学习银行理财产品促销方式。

基本知识

促销是指企业用人员或非人员方式传递信息，刺激顾客的购买欲望和兴趣，使其产生购买行为或使顾客对卖方的企业形象产生好感的活动。

金融机构的促销方式与一般企业的促销方式大致相同，只是在具体形式上略有差异。金融机构通过促销活动可以激发客户的需求欲望，扩大金融机构及其产品的影响，达到促进销售的目的。金融产品的促销与其他产品一样，在营销中发挥着告知、劝说和提醒的作用。告知是要让潜在的客户知道其金融产品的存在，可以在哪里得到该金融产品，了解该金融产品的用途和功效；劝说是要向客户说明应该购买和使用某项特定的金融产品；提醒是指当金融产品只在特定的地点和时间才会提供时，金融机构要提醒客户及时购买。

一、理财品的促销方式

金融机构对其产品的促销方式有很多种，大致有以下几种类型。

1. 广告

金融机构在促销宣传过程中，首先要应用的方式就是广告。广告不仅是推销产品、诱导客户购买的重要工具，也是树立金融机构形象的重要工具。做广告需要金融机构付出一定的费用，通过特定的媒体向市场传递信息。广告的接触面广，信息艺术化，且可以多次反复使用。但由于其说服力较小，难以促使客户立即购买。金融机构在做广告使面临的决策主要有：选择广告代理商、确定广告目标、制定广告战略、广告实施控制与效果评估等。

2. 人员推销

由于金融产品的无形性、服务和消费两者的同步性等特点，决定了金融机构必须在进行广告产品宣传的同时设置大量人员与潜在客户或现有客户直接交流。人员推销就是金融机构利用推销人员向客户直接推销产品和服务。这种形式传递信息更为直接、具体和准确。金融机构的推销人员可以是固定人员、流动人员、投资顾问或经纪人。人员推销可以采取坐席销售、电话、拜访、研讨会、路演、讲座和社区咨询活动等形式。人员推销方式直接且运用灵活，并且推销与促销并存，但是由于其接触面小且费用大，因此具有一定的难度。

3. 营业推广

营业推广又称消费促进，是指金融机构为刺激需求而采取的能够产生鼓励作用并达成交易目的的促销措施。营业推广能在短时间内迅速引起客户对产品的注意，扩大产品销路。营业推广的吸引力大、直观，能够很好地促进客户购买。

4. 公共关系

公共关系是指金融机构在从事营销活动中正确处理金融机构与社会公众的关系，协调与企业股东、内部员工、工商企业、同业机构、社会团体、新闻传播媒介、政府机构及消费者的关系，树立良好的企业形象，从而达到扩大销售的目的。由于公共关系影响面大，因此金融产品容易受到客户的欢迎和信任。但是由于公共关系自身的特点，金融机构难以对其进行计划和控制。

二、理财产品的促销步骤

金融机构开展促销活动，主要有以下一些步骤。

1. 确定目标促销对象

目标促销对象就是指接受促销信息的潜在客户。每一种金融产品都有其特定的目标客户，金融机构在促销之前，要分析目标客户对金融机构及其产品的熟悉程度，因为熟悉程度的不同决定了促销宣传内容的不同；然后金融机构还要分析目标客户对金融机构及其产品的喜欢程度，喜欢的原因，借以有针对性的调整促销的内容和形式。

2. 决定促销目标

促销目标是指金融机构从事促销活动所要达到的目的。在不同的时期以及不同的市场环境下，金融机构有其特定的促销目标，主要包括：

（1）告知。通过促销宣传使更多的客户了解该机构和产品，提高金融机构及其产品的知名度。

（2）激发。激发客户对某一新的金融产品的需求，争取客户对某一竞争激烈的金融产品产生选择性需求。

（3）劝说。即通过促销宣传劝说更多的客户使用本金融机构的某种金融产品，从而扩大销售，提高产品的市场占有率。

（4）提示。即通过促销宣传提醒客户不要忘记该金融机构的金融产品，并且能够反复购买和使用该金融产品，以巩固其市场地位。

（5）偏爱。即在目标市场中营造企业经营和产品的独特风格和个性，树立良好的金融机构整体形象和产品形象，使客户对该产品产生偏爱。

3. 确定促销预算

促销预算是指金融机构打算用于促销活动的费用开支，促销预算规模直接影响到促销效果的大小和促销目的的实现。确定促销预算的方法一般包括：

（1）量力而行法。即金融机构根据其自身所能负担的费用来灵活确定促销费用。此种方法简便易行，但是应用不多，主要是由于其忽略了促销对扩大销售的积极作用，因此不利于金融机构扩大产品市场。

（2）销售额比例法。根据以往的销售水平，预测未来的销售水平，以一定比例来确定促销预算。这种方法在实际情况中应用得比较广泛，但是由于对竞争对手情况的预测具有一定的困难，因此这种方法在实际操作中具有一定的弊端。

（3）竞争比较法。即根据竞争对手的促销费用来确定自己的促销预算。由于促销可以作为一种竞争工具，因此这种方法往往在竞争比较激烈的金融产品促销中使用。但是，由于这种方法完全依据竞争对手的情况而定，忽视了金融机构自身的实力和促销目标，因此具有一定的盲目性，甚至会引起恶性的促销竞争。

（4）目标任务法。即根据金融机构的促销目标和任务来确定所需要的费用，进而确定促销预算。这种方法是一种比较科学的确定促销预算的方法，因为它将促销活动目标与促销预算直接联系起来，针对性较强。采取这种做法时，促销预算人员必须明确了解市场情况，能够制定正确的促销目标，且能较准确的估计促销活动的所有费用，可见条件是比较苛刻的。

4. 决定促销组合

促销组合是金融机构根据促销目标对促销方式的合理搭配和综合运用，这些促销方式包括前面讲述的广告、人员推销、营业推广和公共关系等。金融机构在进行促销活动时，通常是实施由多种促销方式结合而成的促销组合，而不是单单运用一种促销方式。这是因为这些促销方式各有各的特色，各有各的弊端，综合运用各种促销方式可以达到扬长避短的目的。成功的促销组合一般符合以下几个条件。

（1）符合金融机构的促销目标。好的促销组合一定要符合金融机构的促销目标。如果金融机构了解到其产品的潜在客户群已经达到最大，并且大多具有购买意愿，则可以使用以广告和营业推广相结合的促销组合；如果金融机构希望客户直接了解其产品特色，改善金融机构的形象，那么可以采用人员推销和公共关系相结合的促销组合。

（2）符合机构产品的特点。好的促销组合一定要符合产品的性质。产品的不同性质决定了客户购买目的的不同，因此营销人员也要采取不同的促销组合策略。例如，大额贷款这类金融产品主要针对的是组织市场中的工商企业，客户相对集中，且专业性较强，因此适宜采用以人员推销为主的促销组合。而对于针对广大消费者的保险类产品、信用卡类产品，市场份额较大，则适宜采用广告和营业推广为主的促销方式。金融产品的不同性质还决定了产品市场生命周期的不同。在产品生命周期的不同阶段，促销的目标往往不同，因此需要采用不同的促销组合。例如，在产品的投入期，金融机构的促销目的主要是希望最广泛的人群能够了解该产品，因此适宜采用触及面广、影响面大的广告和公共关系为主的促销方式。在产品的成熟期，促销人员可以采用广告来提醒客户，运用营业推广方式刺激客户购买。

（3）符合市场条件。优秀的促销组合一定要符合市场条件，市场条件包括市场规模和市场特性。金融产品预计市场规模的大小决定了能够购买该产品的客户群的大小，因此也就决定了采用何种促销组合最为有效。如果金融产品的市场范围广，则客户多，那么适宜采用以广告为主、营业推广方式为辅的促销组合；如果市场范围窄、客户少，则适宜采用以人员推销为主、营业推广和广告为辅的促销组合。市场的特性对促销组合也会产生一定的影响。因为不同的市场特性决定了对不同的促销方式的接受程度不同。有的市场不太信任广告，比较信赖直接推销，则适宜采用人员推销方式。总之，在促销组合的选择中，必须依据市场条件有针对性地选择与金融产品目标市场相适应的促销组合。

（4）促销预算。促销方式不同决定了促销预算的大小不同，因此不同的金融机构只能根据自身的实力来选择适合自己的促销组合。金融机构的促销预算必须是其能够负担的，而且可以适应竞争的需要，为此要考虑销售额的多少、促销目标的要求、产品的特点等影响促销的因素，以避免盲目性。

5. 促销实施、控制与效果反馈

促销实施与控制过程就是对促销进行监督、指导的过程，在此基础上及时采取调整、改进措施。在开展了促销活动以后，金融机构还必须收集反馈信息，调查促销的效果，看看是否实现了预期的目标，并以此为依据来调整促销的效果，提高促销质量。

三、理财产品促销过程中的职业道德及素养

1. 理财服务促销活动中损害顾客利益的道德问题

（1）信息不对称。理财产品的消费者主要依靠理财企业和营销人员提供的信息做出购买决策，但由于理财产品的无形性特征，消费者对产品的判断力大大减弱。加上模块营销员出于利益方面的考虑，在一定程度上夸大正面信息，省略了一些负面信息。在理财产品促销中，信息不对称现象比较严重。

（2）服务质量差。理财服务产品在促销活动中损害顾客利益的道德问题主要体现在促销前、促销中和促销后。在促销前会采取一些促销措施，但常会出现不真实现象和浪费现象；在促销过程中，促销人员的服务态度和服务水平，往往会影响到顾客的利益；理财产品促销成功后，顾客购买了理财产品，但是与企业的联系并没有结束。许多理财企业在后期服务上，还需要提高水平，改善服务态度。

2. 理财服务促销活动中损害竞争者利益的道德问题

理财服务促销活动中损害竞争者利益的道德问题主要是指不正当竞争，如回扣、贿赂、搭售、窃取商业情报、蓄意贬低竞争对手等，都会在一定程度上损害竞争者利益。

3. 理财服务促销活动职业道德的树立

（1）树立社会营销观念。建立营销道德最根本的方法是确立并实施社会营销观念。企业在营销中要形成一套履行道德与社会责任的行为准则，自觉维护消费者利益与社会福利。

（2）加强法制建设，建立健全维护消费者利益的机构。进一步健全和完善法律、法规，严格依法治理市场，约束企业的不正当竞争行为，制裁欺骗和损害消费者权益的行为。建立有权威的消费者保护机构及监督、检查、仲裁机构，切实维护消费者的合法权益。

4. 认真解决信息不对称问题

通过加强对消费者的宣传教育，增强其自我保护意识，积极地与违法和不道德的营销行为做斗争。完善监管部门、媒体部门对不道德营销行为的有效监督，培养消费者的维权意识和理性消费行为。

案　例

香港银行的营销策略

香港银行的营销理念始终是站在客户的立场上，最大限度地满足客户的需求，为客户和社会提供超值服务。因而香港银行的营销理念始终围绕“诚信”和“人性”做文章，为您着想，为您服务的人性化、个性化特点尤为突出。如恒生银行的理财营销理念有“理财创富、专注为你”，“实现精彩，追求更精彩”，“细听客户心，服务更称心”，“为财富与生活注入活力”等等；香港永隆银行的营销理念是“进展不忘稳健，服务必尽忠诚”，永隆寓意永远兴

隆，期望与客户同步前进，共创繁荣。香港中国银行的营销理念是“中银与您共创新机”，围绕这一核心理念，该行设计出25个业务品种投入市场。如幸运星终身储蓄保险计划提倡“幸运常伴，人生美满”，“给亲人送上保障，为自己带来无忧”，“幸运星时刻照耀着您，伴您积极开创精彩人生”，以此设计出每个人从12岁到70岁投保，受益到100岁的方案来满足客户需求，发展壮大自己。

银行为能在激烈的市场竞争中获得商机，寻求更大的生存发展空间，必须要努力提高营销活动的效率和效益，以适应不断变化发展的市场需要，就必须制定有效的营销策略，只有这样，才能把握营销方向，突出营销重点，不断修订、完善营销措施，增强应对复杂局面的能力。

所谓银行营销策略是指银行在复杂的、变化的市场环境中，为了实现特定的营销目标以求得生存发展而制定的全局性、决定性、长期性的规划与决策。

有效的营销策略应该是营销目标与营销手段相统一。银行作为经营货币商品的特殊企业，以经营利润最大化为目标，要实现经营利润最大化，银行的经营活动就不可能脱离营销策略，营销策略是指导银行开展具体营销业务的指路明灯，而营销手段是沿着这个指路明灯向营销目标前进。因此，目标和手段是统一的，而不是矛盾的，只有将目标和手段进行有机结合，银行才能对不断变化的环境做出一个系统的、有效的反映，保证其经营活动不断发展。以超前的眼光制定银行的发展目标，以灵活机动的战略战术和脚踏实地的工作作风为实现发展目标服务，预测未来市场发展趋势，随时调整营销策略，不断解决发展过程中的疑难问题，从而掌握营销活动的主动权，从中谋取更大的利益。香港银行的营销策略主要有大众营销、单一营销、情感营销、分层营销、交叉营销等类型。

1. 大众营销

所谓大众营销是指银行的产品和服务是为了满足大众化需求，适宜所有的人群。其特点是目标大，针对性不强，效果差，类似公益性产品，如银行赞助大型文艺活动而取得的冠名权等。

2. 单一营销

单一营销又称一对一的营销。它是针对每一位客户的个体需求而设计的不同产品或服务，有条件地满足单个客户的需要。这个营销方式的特点是针对性强，适宜少数尖端客户，能够为客户提供个性化服务，但营销渠道狭窄，营销成本高。

3. 情感营销

情感营销是在单一营销的基础之上注入人性化的营销理念，它不局限于满足客户的一次性需要，而是用情感打动客户，把客户“终身套牢”，一生甚至几代人成为一家银行的忠实客户。如香港中国银行分行根据人的生命周期设计了从婴儿到老年每个生长阶段的金融产品，使客户从小到大自觉接受银行的营销理念，主动选择适合自己的金融产品。

4. 分层营销

所谓客户分层，是指银行依据客户需求的差异性和类似性，把整个市场划分为若干个客户群，区分为若干子市场。分层营销是现代营销最基本的问题，它把客户分成不同的细分市场，提供不同的产品和服务，但又不同于一对一的营销，研究的是某一层面所有的需求，介于大众营销和一对一营销之间，用相对少的资源满足这一批客户的需求。

实行客户分层的好处在于：一是有利于更加精密地将银行资源与市场要求相匹配，可以减少开支，紧紧瞄准有金融需求的客户，剔除无需求客户。如五保户、困难户、财政救济户就不需要银行的信贷需求。二是更加准确地满足消费者需求，提高消费者满意程度。三是能够选定某一些消费者群体，使得银行能够将精力集中在范围更小的目标上，因此能够深刻了解消费群体需求。四是可以把已知消费者群体的特征应用到新的潜在的消费者身上，来预测新的消费者需求。五是通过提高消费者满意程度来维持消费者，通过消费者群体变化预测消费者需求。

客户分层是一项复杂而系统的工程，根据不同的研究目的，可以分成若干子系统，以地区对金融需求为基础，按人口进行统计，在人口中还可以按性别、年龄、生命周期进行调查统计，在生命周期中可以分为年轻人、独立者、家属、子女离家、退休若干层次，对不同层次的金融需求进行分析研究，在此基础上做好有效营销。如香港老年人等孩子长大后，父母会把房子卖掉住进公寓或缩小住房面积，银行可以有针对性地营销储蓄和保险从而获利；而内地居民随着年龄增长房子越来越大，老年人的工资积蓄越来越少，反而不能成为银行营销的重点。

以社会阶层为基础，可按职业分为经理、文员、服务人员、技术工人、学生、主妇等。如家庭主妇在家里的地位越来越高，掌握的经济实权越来越大，但家庭主妇一般都精明能干，善于精打细算，爱动脑筋，哪家银行金融产品回报率和附加值高，就会趋利而行，搞“转移支付”。因此，家庭主妇往往是社会阶层中的有钱一族，但也是银行最不稳定的客户，银行需要研究这一阶层客户的心理需求，在分层营销的基础上更加注重情感营销，培育客户的忠诚度。

按收入和资产，可分为高、中、低、差若干层次。如花旗银行于 2006 年 2 月对香港百万富翁特征进行了统计分析：香港百万富翁总人数为 27.4 万人，全港 25 人中就有 1 人，他们平均年龄 45 岁，每人拥有流动资产平均 400 万元，平均固定资产有 1.7 个物业及 0.53 部车，男女比例各占一半，其中已婚的占 83%，育有子女的占 70%。致富原因有：49%投资（股票、债券等）获利，51%源自物业（楼宇等）买卖。

以企业规模和授信额度划分，可以分为大型企业、中小型企业、微型企业；按管理资产多少可以分为 100 万以上、50 万～100 万以下、20 万～50 万以下、20 万以下。

根据信用卡的消费额度可以分为高消费客户、低消费客户、循环客户、不动客户等。

客户分层还可以按心理统计如态度、认知、学识和对金融产品的成熟程度细分，这里不再一一列举。

客户分层的目的在于寻求有金融需求的积极型客户，包括主客户、大客户、普通客户和小客户，前三种类型占客户总量的 20%，小客户占客户总量的 80%。银行应积极发掘潜在客户，转化非积极型客户和还未与银行建立往来关系的怀疑型客户，对不同的客户采取不同的营销策略。所以我们要以相似的客户群体为基础，做出客户的金字塔。

5. 交叉营销

简单地说，交叉营销是基于银行同客户的现有关系，向客户推荐银行的其他产品。交叉销售的立足点不是放在争取新客户上，而是把工夫花在挽留老客户上，一个客户拥有的银行产品越多，挽留的机会就越大。实施交叉营销策略，有利于通过客户使用更多产品而获利，有利于培养客户的忠诚度，有利于保持现有的产品关系，有利于提高客户的账户余额及参与度。交叉营销又分为主动交叉营销和被动交叉营销，主动交叉营销还可分为以产品为基础的交叉营销（如直销信函、电话中心）和以客户为基础的交叉营销（如事件引起的销售，特征引起的销售）；被动交叉营销可以分为分行营销、电话推销等。交叉营销的优势在于银行帮助客户寻求下一个需要的最佳产品，其步骤为：首先看客户拥有什么产品，接着对客户的资产、负债、年龄、职业等进行认真分析研究，看看他们可能需要哪些产品，然后分析判断他们购买每个产品的可能性，最后再推算出客户购买后银行可能的赢利。

活动练习：

1．针对一款理财产品进行市场调查分析，并制定出该理财产品的促销策划方案。

2．哪些定价因素会影响银行理财产品的价格？

习题和能力训练

一、理论自测题

1．名词解释

产品　替代效应　X-非效率　网上银行

2．简答题

（1）银行理财产品开发步骤是什么？

（2）简述新产品的开发策略。

（3）简述影响银行理财产品开发的因素。

（4）简述影响理财产品价格的主要因素。

二、单元案例

网上银行成为理财产品购买主渠道

相对于物理网点而言，网上银行具有成本低廉、高效便捷、低碳环保等优势，对商业银行完善客户服务、稳定客户群、提升客户价值发挥着十分重要的作用。正基于此，近年来各商业银行纷纷重视网上银行发展，不断丰富网银产品和功能，大力引导客户通过网上银行办理业务，让客户在足不出户就能享受快捷便利的绿色金融服务的同时，也大大降低了银行运营成本，减少了社会资源消耗。

一直以来，民生银行高度重视网上银行产品创新和业务推广，致力于为客户提供安全、便捷、高效、费用优惠的网银服务。例如，针对CPI持续增长，老百姓理财需求旺盛这一现象，民生银行进行服务创新，于2010年6月首先推出U宝系列网银专属理财产品，并坚持每周提供20余款非凡资产管理和票据理财产品供客户选择。这些产品期限短，覆盖7天、14天、18天、1个月、2个月、3个月、6个月等众多周期；同时，这些产品安全稳健，收益高于柜台同期同类型理财产品，充分满足了客户需求。通过民生银行个人网上银行，客户可在线完成个人风险评估、理财产品查询、选择和购买，操作十分简单方便，客户还能参加民生银行个人网银好运“兔”YOU全年客户回馈活动，有机会获得月度和年度理财好运奖。

民生银行优质的网上银行理财服务赢得了客户的充分肯定和大力支持，网上理财客户群体不断扩大，销售额大幅飙升，7月初，该行网银渠道理财销售额已突破2 500亿元，是去年全年的3.5倍，网银渠道购买理财产品的交易笔数和金额都超过了70%。数据表明，越来越多的客户从柜面转向网银，网上银行已成为客户购买理财产品的主要渠道。

今后，随着各商业银行对网上银行的日益重视，投入的不断加大，我国网上银行的服务质量将得到进一步提升，会吸引越来越多的客户使用网银，客户对网银渠道的依存度也会持续攀升，网上银行将成为人们日常金融事务处理中最省时、省力、省钱的渠道。

问题：影响分销渠道设计的因素有哪些？商业银行为什么要进行渠道调整？如何调整？

分析要求：学生分析案例提出的问题，拟出案例分析提纲；小组讨论，拟出案例分析报告；班级交流，教师对案例分析报告进行点评；在班级展出附有教师点评的小组案例分析报告，供学生比较研究。

案例考核：包括形成性考核和案例报告考核，考核指标与标准见本书附录考核手册中的考核表 2。

三、单元实训

1. 实训题

实训题目：理财产品定价职业能力训练

与某商业银行联系组织一次理财产品定价活动，让学生通过参加理财产品定价活动，能够对理财产品定价活动有更深入的了解，能编写理财产品定价活动方案并组织实施，能对理财产品定价活动进行分析评估，提出改进建议，撰写理财产品定价活动分析报告。

实训目标：新产品设计活动

通过实践训练，培养学生理财产品定价活动能力与职业核心能力；通过践行职业道德规范，促进健全职业人格的塑造。

实训内容：（1）专业技能与能力：学生分组组建公司，按照理财产品定价活动程序的要求，编写理财产品定价活动方案，并按照程序组织实施，最后对理财产品定价活动结果进行分析和评价，提出改进建议，完成理财产品定价活动分析报告。

（2）相关职业核心能力：初级训练。

（3）相关职业道德规范：内化级践行。

实训要求：（1）将“职业核心能力培养（初级）”和“职业道德素质养成（内化级）”相关训练内容（见表 2-1 和考核表 3-1-2）融入“专业技术能力”训练内容中。

（2）在实施“理财产品设计活动”业务胜任力训练同时，参照考核表 3-1-2 的相关“评估标准”，强化表 2-1 选项的“职业核心能力”和“职业道德能力”训练。

（3）实训前要求学生了解本实训的目标、内容与要求，熟记表 2-6、表 2-7 和考核表 3-1-2 中“评估指标”与“评估标准”的内涵，并将后者作为本实训的技能训练点和考核点来准备。

实训时间：本章学习后的课余时间，用一周的时间完成。

操作步骤：（1）将班级学生分成若干学习小组，教师布置实训任务。

（2）各小组根据理财产品定价活动程序的要求，编写理财产品定价活动方案。

（3）教师和银行专家对各小组的活动方案进行指导。

（4）各学习小组对活动方案进行分析评价。

（5）各学习小组在班级进行交流、讨论。

成果形式：撰写“某银行理财产品定价活动”分析报告。

2. 实训考核

活动过程考核：根据学生参加与实训全过程的表现，就表6.4中各项评估指标与评估标准，针对“职业核心能力培养”与“职业道德素养”的训练效果，评出个人分项成绩与总成绩，并填写教师评语。

表6.4 “活动过程”成绩考核表

	评估指标	等级	选项	评估标准	分项成绩
职业核心能力（50%）	自我学习（10%）	初级	√	参照“考核手册”考核表3-1-2中相应等级的“评估标准”	
	信息处理（10%）	初级	√	参照“考核手册”考核表3-1-2中相应等级的“评估标准”	
	数字应用	初级		参照“考核手册”考核表3-1-2中相应等级的“评估标准”	
	与人交流（10%）	初级	√	参照“考核手册”考核表3-1-2中相应等级的“评估标准”	
	与人合作（10%）	初级	√	参照“考核手册”考核表3-1-2中相应等级的“评估标准”	
	解决问题（10%）	初级	√	参照“考核手册”考核表3-1-2中相应等级的“评估标准”	
	革新创新	初级		参照“考核手册”考核表3-1-2中相应等级的“评估标准”	
职业道德素养（50%）	职业观念（10%）	内化	√	对职业、职业选择、职业工作、营销人员职业道德和企业营销等问题具有正确看法	
	职业情感（10%）	内化	√	对职业有愉快的主观体验、稳定的情绪表现、健康的心态、良好的心境、具有强烈的职业认同感、职业荣誉感和职业敬业感	
	职业理想（10%）	内化	√	对将要从事的职业种类、职业方向与事业成就有积极的向往和执著的追求	
	职业态度（10%）	内化	√	对职业选择有充分的认知和积极的倾向性行动	
	职业良心（10%）	内化	√	在履行职业义务时具有强烈的道德责任感和较高的自我评价能力	
	职业作风	内化		在职业实践和职业生活的自觉行动中，具有体现职业道德内涵的表现	
总成绩（100%）：					
教师评语	签名： 20 年 月 日				

实训课业考核：根据学生“实训课业”的完成情况，表 6.5 中各项课业评估指标与课业评估标准，评出个人和小组的分项成绩与总成绩，并填写教师评语与学生意见。

表 6.5　“实训课业”成绩考核表

课业评估指标	课业评估标准	分项成绩
1．某银行理财产品定价活动方案（30%）	1．方法是否可操作 2．市场可行性的检测方法是否细致 3．预算是否合理 4．语言简洁，逻辑性强	
2．某银行理财产品定价活动效果（30%）	1．分工明确，业务协调 2．顾客对理财产品定价活动的评价	
3. 改进某银行理财产品定价活动建议（20%）	1．具有针对性 2．描述清晰 3．改进措施具有一定的可操作性	
4．分析报告的写作（20%）	1．格式的规范性 2．内容的完整性、科学性 3．结构的合理性 4．文理的通顺性	
总成绩（100%）：		
教师评语	签名： 20　年　月　日	
学生意见	签名： 20　年　月　日	

项目七

理财产品营销服务技巧

学习目标

熟悉理财产品营销话术的应用环境，学会客户的开发和管理方法，学会客户约洽、接触、销售面谈技巧的内容，理解成交面谈的步骤，了解客户异议的种类及其产生的原因；学会销售各阶段的典型异议及应对技巧，理解理财产品售后服务的重要性；学会理财产品售后服务的内容和方法。

模块一　客户开拓技巧

【能力目标】　能运用营销话术解决客户开拓、客户接触、客户促成等具体问题，能熟练掌握3种客户开拓的基本方法，并加以运用。

【活动目标】　学习理财产品客户开拓技巧。

基本知识

一、寻找客户

1. 寻找客户的重要性

（1）寻找客户是销售循环的第一步，是带动销售工作的首要条件，只有从寻找客户开始才能推动其他销售环节的顺利进行，寻找到对产品有需求的客户，并将产品最终推销给他们。

（2）寻找客户是业务员生存与发展的基本条件，没有客户便不能进行理财产品营销，寻找客户是每一位业务员每天必须进行的工作，业务员要养成寻找客户的习惯，为了成功营销，你必须要“有事情去做，有地方可去，有特定的人去拜访。”

2. 什么是寻找客户？

寻找客户应从获得名单开始。利用“有望客户”（PROSPECT）、“寻找有望客户”（PROSPECTING）的英文字母来说明如何开发潜在的客户：

P：PROVIDE，“提供”自己一份客户名单；

R：RECORD，“记录”每日新增的客户；

O：ORGANIZE，“组织”客户资料；

S：SELECT，“选择”真正准客户；

P：PLAN，“计划”客户来源来访问对策；

E：EXERCISE，“运用”想象力；

C：COLLECT，“收集”转手资料；

T：TRAIN，“训练”自己挑客户的能力；

P：PERSONAL，“个人”观察所得；

R：RECORD，“记录”资料；

O：OCCUPATION，“职业”上来往的资料；

S：SPOUSE，“配偶”方面的协助；

P：PUBLIC，“公开”展示或说明；

E：ENCHAIN，“连锁”式发展关系；

C：COLD，“冷淡”的拜访；

T：THROUGH，“透过”别人协助；

I：INFLUENCE，“影响”人士的介绍；

N：NAME，“名录”上查得的资料；

G：GROUP，“团体”的销售。

要开发新客户，应先找出潜在客户，而潜在客户必须进行多方寻找。

（1）在朋友间寻找。

朋友和潜在客户有必然的关联吗？不是的。对于一个从事销售工作的人来说，什么是朋友呢？您以前的同事、同学，在聚会或者俱乐部认识的人都有可能是您的朋友，换句话说是认识您的人，您知道他们的联系方法，他们愿意了解您的工作和生活，关注您的事业，这些人都是您的朋友。

如果您确信您所销售的产品是他们需要的，为什么不去和他们联系呢？而且他们大多数都没有时间限制，非工作时间都可以进行。向朋友或亲戚销售，多半不会被拒绝，而拒绝和失败正是新手的恐惧。他们喜欢您，相信您，希望您成功，他们总是很愿意帮助您。尝试向他们推荐您确信优越的产品，他们将积极地回应，并成为您最好的客户。

如果您的亲戚朋友不会成为您的客户，也要与他们联系。寻找潜在客户的第一条规律是不要假设某人不能帮助您建立商业关系。他们自己也许不是潜在客户，但是他们也许认识将成为您客户的人。不要害怕要求别人推荐。取得他们的同意，与您分享您的新产品、新服务以及新的构思时的关键语句是：“因为我欣赏您的判断力，我希望听听您的观点。”这句话一定会使对方觉得自己重要，并愿意帮助您。与最亲密的朋友联系之后，再转向熟人。如果方法正确，多数人将不仅给您一些恰当的建议，而且还有可能帮您挖掘到一个大客户。

（2）借助专业人士帮助。

刚刚迈入一个新的行业，很多事情您根本无法下手，您需要能够给予您经验的人，从他们那里获得建议，这对您的价值非常大。导师就是这样一种人，他比您有经验，对您所做的事情感兴趣，并愿意指导您的行动。导师愿意帮助面临困难的人，帮助别人从自己的经验中获得知识。导师可以从营销与销售管理人员协会或者本地一些以营销见长的企业去寻找。

多数企业将新手与富有经验的老手组成一组，共同工作，让老手培训新手一段时期。这种企业导师制度在全世界运作良好。通过这种制度，企业中老手的知识和经验获得承认，同时也使新手得到有效的提高。

当然您还可以委托广告代理企业或者其他企业为您寻找客户，这方面需要企业的支持。代理商多种多样，他们可以提供很多种服务，您要根据您的实力和需要寻求合适的代理商。

（3）利用企业提供的名单。

如果您在为一家企业服务，企业通过广告和营销的细节来获得最佳的业绩。许多企业向销售人员提供业绩名单，为了成为优秀的业务高手，您还需要从中找到自己的潜在客户。这样，即使从企业的名单中毫无所获，您也有所准备。如果您一直在寻找潜在的客户，您将遭遇最小的挫折，大踏步前进。

（4）扫街。

扫街是指销售人员的业务对象广泛，比如理财业、餐饮业所有人都有可能成为潜在客户，通过对所有的有可能成为潜在客户的对象进行联系的方法。这样的潜在客户没有很强的规律性，比如您怎么会清楚哪条街上会开一家新的餐馆呢？扫街时失败的可能性非常大，但通过扫街，您可以了解更多市场信息，有些可能是非常有价值的。

（5）更广阔的范围。

如果您销售的产品对企业有利，就应该从当地的黄页电话簿开始。愿意让自己的企业列入电话簿中，说明经营者比较严肃地对待生意。如果您的产品或服务带给他们更多的生意，您应该和他们取得联系。如果您希望扩大潜在客户的范围，就应该查找至少含有 800 个具有姓名地址的目录。

如果您熟悉计算机，您可能在互联网上找到潜在的客户。互联网上很多的分类项目可以让您在短时间内找到有可能成为客户的群体。如果您还不熟悉互联网，那您需要从现在开始接触了，因为它的发展给人们带来许多新的经营思路和发展方向。

调查完这些潜在客户以后，下一步的工作应尽快地跟他接触，接触之前要做好销售前的心理准备。

（1）寻找客户是一种活动。有些工作是在案头完成的，而有些工作只能通过行动才能完成，尽管寻找客户需要思考和计划，但寻找客户最重要的还是行动。寻找客户是一种体力活动，它要求你不断地约见客户，不断地与人交谈并且与别人推荐的人交谈，寻找客户是一项活动而不是一个思考过程。

（2）寻找客户是持续不断的工作。大多数业务员的销售时间都是间歇性的，然而，对于一个不是每天都进行客户寻找的人，他很容易在最近的几次销售竞赛中将现存的客户名单用完，一旦发生这种情况，他将不得不停止销售活动而重新回到寻找客户的工作中，这将会导致业务下滑，以致收入受损。

（3）寻找客户是一个评估过程。寻找客户是要求获得深层次信息的活动，当然，你能够获得成百上千的名单，而这些人都很有可能最终成为理财产品的买主，但是往往很多名单上的人并不是短期内值得你花很多精力进行营销的客户，你要先进行评估，加以判断和筛选。

二、寻找客户的步骤

1. 收集名单

收集名单是要做的第一件事情，不要试图将所有这些名单变成你的客户，在这个过程中你需要做的仅仅是将你知道的名字写出来，这些名单是基本的原始资料，从中你可以发现有潜力的客户。收集名单的渠道有以下几种。

（1）个人认识。通常，你会发现最容易接近的人来自于你的自然市场——家人和朋友。

① 家人和朋友们需要产品同陌生人没有区别。

② 家人和朋友们同陌生人一样都需要购买，而他们正好从你这儿买。

③ 你对家人和朋友们的责任更大一些，因此要给他们提供最好的意见。

④ 同你有生意往来的人：记录下你付款对象的名单，例如杂货店老板、房东、汽车加油站的伙计、家具供应商等等。

⑤ 在社交场合结识的人：记录下你邀请到家中做客的人名或你曾参加的聚会中的人名，同时，不要忘记将你的邻居也记录在内。

⑥ 你参加的俱乐部或其他社团组织：你可能是好几个团体的成员，有社会上的、工作中的、校友会上的或一些自愿组织的，将你认识的各个团体的人区分开来，分别记录下他们的名字。

⑦ 和你有共同嗜好的人：你有没有非常钟爱的嗜好，如高尔夫、网球、足球或其他体育项目，如果有的话，你就会结识许多人，你就可以将这些人的名单记录下来。

⑧ 你爱人的亲戚和朋友：请将这些人名也记录下来，你对他们非常了解，你有接近他们的便利条件，如果你爱人也是某个俱乐部或某个团体的成员，那么你也可以将其中的成员发展成你的客户。

⑨ 你的前一份工作：如果在从事理财产品推销工作以前，你还做过其他工作，那么你应该在工作中结识许多人，这些人你也应该记录下来，他们也是可能有购买理财产品需求的人。

（2）影响力中心。随着时间的推移，要想在寻找客户方面获得成功的最好方法之一是建立影响力中心。请记住：此时寻找客户工作是从记录下所有你在自然市场中认识的人名开始的，如家人、朋友、邻居、生意伙伴等等。所有这些人同样都有各自的家人、朋友以及生意上的伙伴。因此，建立影响力中心要努力获得自然市场人员的帮助，从而从他们那里获得更多的新的客户。

一些较好的影响力中心包括会计、律师、银行家、房地产代理人、教师、医生和其他一些信任你并愿意将你推荐给他人的人。

2. 筛选名单

当你手上拥有很多准客户资料时，究竟谁才是未来真正的黄金客户呢？

下面一些可供选择：

（1）对你的产品与服务有迫切的需求；

（2）你的产品或服务与客户理财计划之间存在联系；

（3）对你的行业、产品或服务持肯定的态度；

（4）有给你大订单的可能；

（5）是影响力的核心；

（6）财务稳健，付款迅速；

（7）客户的办公室和住家离你不远。

3. 维护更新客户卡

如果希望“每天都要有 100 位潜在客户”，这就是说，在 100 位潜在客户中，若其中一位销售成功，便得在同一天内另外补上一位新的潜在客户。如此只要我们持续营销，就要经常保持 100 位潜在客户在自己的手中。

小资料

利用“客户资料卡”进行客户管理的原则

1. 在利用“客户资料卡”进行客户管理时，应注意把握以下原则：

（1）动态管理。“客户资料卡”建立后不能弃之不顾，否则就会失去价值。因为客户的情况总是会不断地发生一些变化的，所以对客户的资料也应随之进行调整。通过调整剔除陈旧的或已经变化的资料，及时补充新的资料，在档案上对客户的变化进行追踪，使客户管理保持动态性。

（2）突出重点。应从众多的客户资料中找出重点客户。重点客户不仅要包括现有客户，而且要包括未来客户和潜在客户。这样可以为选择新客户、开拓新市场提供资料，为市场的发展创造良机。

（3）灵活运用。客户资料收集管理的目的是为了在销售过程中加以运用。所以，不能将建立好的“客户资料卡”束之高阁，要能进行更详细的分析，使死资料变成活材料，从而提高客户管理效率。

2. 最佳、最差客户分析

最佳客户分析：最佳客户是指对您微笑，喜欢您的产品或服务，使您有生意可做的那些客户。他们是您希望的回头客。好的客户会这样做：

（1）让您做擅长的事；

（2）认为您做的事情有价值并愿意购买；

（3）通过向您提出新的要求，来提高您的技术或技能，扩大知识，充分合理利用资源；

（4）带您走向与战略和计划一致的新方向。

最差客户分析：差的客户正好相反，他们会这样做：

（1）让您做那些您做不好或做不了的事情；

（2）分散您的注意力，使您改变方向，与您的战略和计划脱离；

（3）只买很少一模块产品，使您消耗的成本远远超过他们可能带来的收入；

（4）要求很多的服务和特别的注意，以至于您无法把精力放在更有价值且有利可图的客户上；

（5）尽管您已尽了最大努力，但他们还是不满意。

3. 制造您的宣传大使

对于许多老练的销售人员，被推荐的客户是新生意的重要来源。在现有客户的介绍下与您联系的客户，比通过电话、扫街得到的客户要容易得多。首先，被推荐者已经属于潜在客户，虽然仍是陌生人，因为推荐者从自己的购买中已经初步认定被推荐者是有可能购买您的产品或服务的。其次，推荐本身能给被推荐者带来比较好的感受，而不是陌生人对销售人员的反感。第三，推荐可以给销售人员带来更好的信誉，无论是否成交，被推荐者都会认为您是一位值得信赖的人。

研究表明，推荐生意的成交率是 60%，相比之下，如果您是位新手，那么可能您接触 100 个人都不能成交一单生意。可见，被推荐的生意对您是多么的有价值。如果您学会如何成功地获得推荐生意，就不会把您的客户拱手让给竞争对手了。

三、客户开拓的基本方法

1. 基本方法概述

（1）直接拜访。

直接拜访能迅速地掌握客户的状况，效率极高，同时也能磨练销售人员的销售技巧，培养选择潜在客户的能力，在办公设备、理财业、图书销售等行业，被广泛地使用。

（2）连锁介绍法。

乔·吉拉得是世界上汽车销售最多的一位超级销售员，他平均每天销售五辆汽车，他是怎么做到的呢？连锁介绍法是他使用的一个方法，只要任何人向他介绍客户买车，成交后，他都会付给介绍人 25 美元，25 美元在当时虽然不是一笔庞大的金额，但也足够吸引一些人，举手之劳即能赚到 25 美元。哪些人能充当介绍人呢？当然每一个都能成为介绍人，可是有些人的职位更容易介绍大量的客户，乔·吉拉得指出，银行贷款员、汽车厂的修理人员、处理汽车赔损的理财公司职员，这些人几乎天天都能接触到有意购买新车的客户。

每一个人都能使用介绍法，但要怎样进行才能成功呢？乔·吉拉得说："首先，我严格规定自己'一定要守信'、'一定要迅速付钱'"。

例如，当买车的客人忘了提到介绍人时，只要有人提及"我介绍约翰向您买了部新车，怎么还没收到介绍费呢？"我一定告诉他"很抱歉，约翰没有告诉我，我立刻把钱送给您，您还有我的名片吗？麻烦您介绍客户时，把您的名字写在我的名片上，这样我可以立刻把钱寄给您。"有些介绍人无意赚取 25 美元的介绍费，他们觉得收了钱心里会不舒服，此时，乔·吉拉得会送他们一份礼物或在饭店安排一次免费大餐。

（3）直邮法。

直邮也是帮助您大量接触客户的一个好办法。名古屋的房屋介绍经纪人，应用直邮社区房屋买卖的消息，找到大量的买主与卖主。

（4）销售信函。

一位寿险的经纪人列出将近 300 位潜在客户，这些潜在客户对理财具有正确的认识，但基于各种原因，目前还没有投保，但他相信这些客户 1～2 年内都有可能实际地参与投保，他不可能每个月都亲自去追踪这 300 位潜在客户，因此他每个月都给这 300 位潜在客户寄出一封别出心裁的卡片，卡片上不提及理财的事情，只祝贺每月的节日，例如春节、情人节、劳动节……每个月的卡片颜色都不一样，潜在客户接到第四、第五封卡片时必然会对他的热诚感到感激，就算是自己不立刻投保，当朋友有意购买保险时，他都会主动地介绍这位寿险经纪人。

（5）电话。

电话最能突破时间与空间的限制，是最经济、有效的接触客户的工具，您若能规定自己每天至少打五个电话给新客户，一年下来能至少增加 1500 个与潜在客户接触的机会。

（6）展示会。

展示会是获取潜在客户的重要途径之一，事前您需要准备好客户资料，以便发现客户的兴趣点以及现场解答客户的问题。即使您的公司没有组织展示会，但您的客户群体组织的展示会同样重要，当然您要有办法拿到他们的资料。

（7）扩大您的人际关系。

业务主管的几个重要因素有产品知识、销售技巧、意愿、耐力、销售客户基数等，其中销售客户基数就是人际关系。企业的经营也可以说是人际的经营，销售人员的人际关系越广，接触潜在客户的机会就越多。如何扩大人际关系呢？以下几个方法可以参考。

① 准备一张有吸引力的卡片，您要让您接触的人知道您是谁？能提供什么样的服务？名片能加深对方的印象。

② 参加各种社团活动。

③ 参加一项公益活动。

④ 参加同学会。

2. 做好客户管理

为了获得最大的效益，我们必须再把这些潜在客户进行分类管理，以提高销售效率。

（1）依可能成交的时间分类：根据您的判断，将客户可能成交的时间间隔长短进行分类。

（2）依客户的重要性分类：所谓重要性是指客户可能购买数量的大小，虽然每一位客户对销售人员都是重要的，但要想提高销售业绩，就必须对大客户多花一些时间。为了有效率、有计划地保持客户销售，必须把所发现的潜在客户按其可能实现销售的程度妥为分类，以便分别处理。

第一种可能性潜在客户按照“放弃与否”加以分类：

（1）应继续访问的。

（2）拟暂隔一段时间再去访问的。

（3）不放弃的。

第二种可能性是把“打算继续访问的客户，及再去访问时间的间隔”加以分类，可分为：20 天以内、40 天以内、60 天以内及 80 天以内。

对于潜在客户的这种分类，不但易于决定即将访问的对象和顺序，并可帮助做到均衡化的销售活动，使销售业绩不致发生很大的起伏。经过分类与不断的分析后，自然可消除那些全无希望的潜在客户。保持多数的潜在客户，将为销售人员带来信心。

潜在客户虽然经过开拓与接触，但不一定能继续和我们保持联系。所以为了使潜在客户尽早变成真正的客户，销售人员应采取拜访、电话或书信等方式与客户保持联络。

模块二 客户销售面谈技巧

【能力目标】 能应用客户约洽、接触、销售面谈技巧约访客户，能应用成交的信号把握客户的购买意图；能按成交面谈的基本步骤促成客户交易；能运用成交面谈技巧说服客户。

【活动目标】 能按成交面谈的基本步骤促成客户交易。

基本知识

一、客户约洽（客户约访）

1. 约访的目的

约访的唯一目的就是取得与客户面谈的机会。

2. 约访的好处

提前预约可以节约时间、竖立形象、增加成交机会。

3. 约访的方法

约访的方法有电话约访、面对面约访、信件约访、电子约访。约访时应本着“己所不欲、勿施于人”的原则。

4. 电话约访的步骤

（1）向客户问好，寒暄致意；
（2）确定自已取得谈话的时间；
（3）介绍公司服务；
（4）道明来意；
（5）通过“二择一”的方法确定下次会面的时间，减少反对意见出现的可能性；
（6）重申下次约会时间；
（7）礼貌性地结束对话。

二、接触客户

“接近客户的三十秒，决定了销售的成败”这是成功销售人共同的体验，那么接近客户到底有什么意义呢？在专业销售技巧上，我们将接近客户定义为“由接触潜在客户，到切入主题的阶段。”

1. 明确主题

每次接近客户时都有不同的主题，例如是想和未曾谋面的潜在客户约时间见面，还是想约客户参加演示活动。

2. 选择接近客户的方式

接近客户的方式有三种——电话、直接拜访、信函。

主题与选择接近客户的方式有很大的关联，例如您的主题是约客户见面，电话联络是很好的方式，但要留意的是最好不要将主题扩散到销售产品的特性或产品的价格，因为如果销售的产品比较复杂，是不适合用电话沟通上述的主题。

3. 选择接近话语

在专业销售技巧中，初次面对客户时所说的话语称为接近话语。

接近话语的步骤如下：

（1）称呼对方的姓名。叫出对方的姓名及职称——每个人都喜欢自己的名字从别人的口中说出。

（2）自我介绍。清晰地说出自己的名字和企业名称。

（3）感谢对方的接见。诚恳地感谢对方能抽出时间接见自己。

（4）寒暄。根据事前准备的客户资料，表达对客户的赞美之意或能配合客户的状况，选一些对方易于谈论及感兴趣的话题。

（5）表达拜访的理由。以自信的态度，清晰地表达出拜访的理由，让客户感觉到专业性及可信赖性。

（6）赞美及询问。每一个人都希望被赞美，可在赞美之后接询问的方式，引导客户的注意及需求。

案 例

销售员王维正以稳健的步伐走向张总经理，当视线触及张总时，他轻轻地行礼致意。走到张总面前时，王维正停下脚步并向张总深深地点头行礼，先向张总经理问好并进行了自我介绍。

王：“张总经理，您好。我是大华公司的销售人员王维正，请多多指教。”

张：“请坐。”

王：“谢谢，非常感谢张总经理在百忙中抽时间与我会面，我一定要把握住这么好的机会。”

张：“不用客气，我也很高兴见到你。”

王维正非常诚恳地感谢张总经理的接见，表示要把握住这个难得的机会，让张总经理感受到自己是个重要的人物。

王：“贵公司在张总经理的领导下，业务领先业界，真是令人钦佩。我拜读过贵公司的内部刊物，知道张总经理非常重视人性化管理，员工对您都非常爱戴。”

王维正在事前调查的资料中，将人性化管理这点提炼出来，特别在寒暄中提出来，以便在后面诉求团体理财时能有一个好的前提。

张：“我们公司是以直接拜访客户为导向的，需要员工有冲劲及创意。冲劲及创意都必须靠员工主动去做，用强迫、威胁的方式是不可能成为一流公司的。因此，我特别强调人性化管理，公司必须尊重员工、照顾员工，这样员工才会真正的发挥他们的潜力。”

王：“张总经理，您的理念确实反映出贵公司经营的特性，真是有远见。我相信贵公司在照顾员工福利方面不遗余力，已经做得非常多了。我谨代表本公司向张总经理汇报有关我公司最近推出的一个团保方案，最适合外勤工作人员多的公司采用。”

张：“新的团体理财？”

王维正先称赞对方，然后表达拜访的理由。

王：“是的。张总平常那么照顾员工，我们相信张总对于员工理财这项福利知道得一定很多，不知道目前贵公司有哪些理财措施呢？”

王维正采用夸奖，并提出询问的手法。

进行有效夸奖的手法有三种方式：

（1）夸奖对方所做的事及周围的事务。如：您办公室布置得非常高雅。

（2）夸奖后紧接着询问。如：您的皮肤这么白，试穿这件黑色的礼服怎么样？

（3）代第三者表达夸奖之意。如：我们总经理要我感谢您对本公司多年的照顾。

4. 接近注意点

从接触客户到切入主题的这段时间，应注意以下两点：

（1）打开潜在客户的“心防”。曾任美国总统的里根，不仅是位卓越的总统，也是一位伟大的沟通家，他说：“你在游说别人之前，一定要先消除对方的戒心。”接近是从“未知的遭遇”开始的，接近是和未见过面的人接触，任何人碰到从未见过的人，内心深处都会有戒备心理。当客户第一次接触您时会有以下心理：

① 他是“主观的”。“主观的”含意很多，包括对个人穿着打扮、头发长短、品位，甚至高矮胖瘦等主观上的感受，而产生喜欢或不喜欢的直觉。

② 他是“防卫的”。“防卫的”是指客户对销售人员会有道捍卫的屏障。

因此，只有在迅速地打开潜在客户的“心防”后，才能使客户敞开心扉，才能使客户用心听你的谈话。打开客户心防的基本途径是先让客户产生信任感，接着引起客户的注意，最后是引起客户的兴趣。

（2）销售商品前，先销售自己。接近客户技巧的第一个目标就是先将自己销售出去。

一位保险经纪人曾经说：“您以为我是怎么去销售那些种类繁多的保险产品的啊？我的客户 90%都没有时间真正去了解他们保了一些什么，他们只提出希望有哪些保障，他们相信我会站在他的立场，替他规划，所以呢，对我而言，我从来不花大量的时间解释保险的内容和细节，我认为，我的销售就是学习、培养、锻炼一个值得别人信赖的风格。”

“客户不是购买商品，而是购买销售商品的人”，这句话流传已久，说服力不是靠强而有力的说词，而是仰仗销售人员言谈举止散发出来的人性与风格。

丰田的神谷卓一曾说：“接近客户，不是一味地向客户低头行礼，也不是迫不及待地向客户说明商品，这样做，反而会引起客户反感，当我刚进入企业成为一名新销售人员时，在接近客户时，我只会销售汽车，因此，在初次接近客户时，往往都无法迅速打开客户的心防。在无数次的体验揣摩下，我终于体会到，与其直接说明商品不如谈些有关客户太太、小孩的话题或谈些乡里乡间的事情，让客户喜欢自己才是真正能关系到销售业绩的成败，因此，接近客户的重点是让客户对一位以销售为职业的业务主管产生好感。”

三、接近客户的技巧

再优秀的业务员，如果不跟客户见面，无论公司拥有如何优质的产品与技术，也不可能取得客户的订单。所以，业务员的任务就是开拓客户与取得订单。这两大任务就如人的左右手，缺一不可。业务员在访问潜在客户时，销售成败往往在最初的30秒内就可以分别出来。由此可见，接近客户这项工作对一个业务员来说是非常重要的，业务人员接近客户时，必须留意以下事项：

（1）给客户良好的第一印象。当业务员开门进去拜访时，客户都会稍加注意，但是对于没有电话约定的不速之客，通常是不受欢迎的，因此我们要给对方良好的第一印象，将不利的形势改变成有利的形势。要给客户良好的第一印象，要注意以下几点：

① 服装是否干净整齐，男士最好打领带，女士要穿着朴实。

② 适当的先介绍自己，递上名片，若你要见面的人需要由公司内部的职员甚至由总机小姐先接待，也应递交名片，不得轻视这些人员，口气要和蔼，因为这些阶层的人员说不定是你接近客户的钥匙。

③ 多使用赞美之词。每个人都希望被赞美，虽然有时你的顾客所提出的问题不贴切，甚至有不同看法，业务员也不得马上反驳，要适时利用一些赞美语言。例如，“您讲的也有道理”、“您懂得很多”或“应该向您多多学习”等等。

（2）唤起对方的关心。为了让客户加深对你的印象，业务员应该注意以下几点：

① 要让客户感觉此次访问的目的完全是为了对方。

② 让客户深深觉得你的拜访是在帮他的忙，而不只是为了做生意。

③ 讨论的主题要广泛，应熟悉与商品相关的知识。

④ 言行不但要吸引人，还要让客户对你产生好感。

⑤ 以对方所关心之事为中心展开谈话，如国际时事、体育运动等方面的内容，以迎合客户兴趣。

⑥ 有纪念品应先提供，如简单的礼物、赠品等。

⑦ 事先探讨、了解如何让顾客乐意接近的技术。

⑧ 适时提供推销用的道具，如相片、样品、订购单、展示图、报纸杂志的广告文等。

⑨ 新产品、新技术或新用途应尽快告知客户，邀请客户一起参加新产品发布会。

⑩ 尽可能请人介绍认识，加深印象。

（3）对于自己的产品要有信心。当客户与你商谈时，一定会提出许多他想知道的问题，如果业务员对自己公司的产品都没有信心，那客户对你的产品就更加缺乏信心，也就不会产生热情。当业务员经过系统的训练后，对公司的产品有了很好地了解，自然就能累积丰富的经验，进而对自己推销的产品产生信心，对自己的能力也更有信心。第二阶段的努力便是让客户对公司的产品产生兴趣，充分说明交易条件，并使客户满意自己的介绍，这是很重要的。

（4）制造融洽的商谈气氛。将顾客紧闭的心扉打开，制造出融洽的商谈气氛，才是优秀的业务人员，因此，要特别注意以下几点。

① 设法让顾客对你保持好感。

② 应表现出专业人员锲而不舍的精神。
③ 条理清晰，让客户相信你的能力。
④ 业务员应比约定时间提早 10 分钟到达，勿让客户久等。
⑤ 态度一定要保持诚恳自信。
⑥ 绝对不可弄错拜访对象的姓名和职位。
⑦ 商谈中要面露微笑，表情自然。
⑧ 尽早进入话题，找出双方的共鸣点。
⑨ 在交谈中，业务员应养成记录客户谈话的习惯。
⑩ 关注客户的意见并时时考虑对方的立场。

四、谈话方法和签约时机

业务员在与客户商谈时，一定要注意研究谈话方法和签约时机，并掌握一定的技巧，以保证商谈取得成功。

1. 商谈进行时的谈话方法

业务人员与客户商谈时，为了商谈能顺利进行，应充分认识到以下四点：

（1）此次商谈的叙述重点是什么？

（2）商谈的要点及优先顺序应该事先确定。

（3）商谈之前应事先拟出客户可能提出的问题，并做好应对技巧。

（4）商谈进行时应随时注意客户的反应，了解客户的重点。

为了商谈能够有效地进行，商谈时应特别注意以下事项：

（1）以讲故事的方式谈话。可列举出若干购买实例，包括顾客购买此商品后所获得的实际利益以及因为没有购买而遭受的损失，实例举例最能引起顾客的信任。

（2）商谈资料的准备。例如，公司简介、商品介绍、证明文件、剪报、个人信函等足以证明商品效用的资料，均应充分加以运用，这些会对商谈有很大帮助。

（3）利用其他顾客。设法寻找几家值得信赖的客户，请他们详细发表使用该产品后获得实际利益的例子，这样就足以佐证本产品的效用，让客户放心。

（4）让顾客多发表意见并倾听他的讲话。当你与客户商谈时，业务员应避免用演讲式的方法与客户商谈，这种商谈很容易引起客户的反感，为此，业务员应该多提问，让客户多扮演发表意见的角色，客户扮演的角色越重要，商谈气氛就会越好，交易成功的概率也就越高。

（5）商谈的话语要肯定。业务员与客户商谈时，对一些较重要的回答，一定要表示肯定，不能有混淆不清的感觉，更不能有让客户得到不安的答复。例如，客户与你商谈产品的品质或售后服务，业务员不能用“你用了便知道”或“保证我们的品质绝对比别家好”等空洞的词语，此类语言很难赢得客户的信心。

（6）争取客户的信心。获得客户信心有下列三个原则：

① 果断性——凡是与客户商谈，最终目的就是为了获得客户的信任，所以，要直率地、诚实地、有力地说出具体答案。

② 重复性——遇到商谈的重点要反复强调并使客户相信。

③ 宣传性——顾客对你的产品产生信任之后，他会很自然的把你的产品宣传给别人，为你免费做广告，促使你达成下一笔交易。

（7）切忌用太深的专业名词。有些顾客学识较浅，不喜欢业务员讲那些太深的专业名词或外语，因为这样很容易伤害他们的自尊心，客户会认为与你之间难以沟通进而取消商谈。这是现在很多业务员容易犯的毛病。

2. 判断签约时机

（1）客户把你的估价资料始终摆在最上面，并仔细考虑时。业务员必须特别注意这点，因为一旦业务员把正式的报价单送到客户手上，一定可以确定此时客户已经达到订购产品的阶段，最好是口头报价即可。既然估价资料已送到客户手中，就必须注意要在最短的时间内引导客户引导签约，若你发现你的估价资料客户始终放在最上面，可以判断顾客对你的产品已经产生了浓厚的兴趣。此时业务员应善于运用各种配合方法，做好引导签约的工作；反之，如果客户翻箱倒柜都找不到你的资料，或根本是摆在最下面而无人问津的，则签约机会就非常渺茫。

（2）谈起同业的使用情形时。很多客户的采购都会考虑到其他同业的购买情形，尤其是讲究品牌形象的产品更是如此，客户比较偏向询问其他业者的订购及使用情形来作为采购的参考，所以，当客户在商谈之中忽然提到××公司采购的样式、规格、数量等较为敏感的问题时，业务员的反应也应随着客户的话语来考虑，从而与客户取得共鸣，以求签约时机的成熟。

业务员必须随时都能提供数家已交易过的潜在、实际客户，一旦顾客询问同业采购使用的情形时，可帮助业务员加速缔结的时机，同时更能让客户加深对产品的信心，因为客户会存有××公司都在使用或××公司也敢使用，自己并不是第一个使用者的心理。

（3）谈到价格及付款条件时。当客户很认真地与你谈论价格及各种合约的条件时，业务员必须体察到如何由被动成为主导缔结的初步完成。假使客户所提的购买条件已经给你参考，此时不论其条件是否可以接受，业务员必须主导客户立下草约书或签购同意书。这种主导让客户自己所提出的购买条件书面化（非正式合约），而业务员与客户签下草约书后，公司对这类业务绩效评价一般很高，从而不会失去缔结的商机。

（4）请你稍候，与第三者讨论时。在客户与业务员商谈过程中，或商谈到某个关键时刻时，客户请你稍候，而与第三者（或更高主管）讨论此案件的各种内容，这也意味着缔结时机即将到来。因为经过客户内部讨论后，对订购商品的欲望是比较高的，这时业务员也可引导客户进行缔结。

（5）要求看样品或实品时。客户仔细地与业务员商讨欲购买的产品，并检验过规格、数量或价格等条件后，若是新客户，则顾客可能对产品仍不完全明了，信心不足，顾客会提出观看样品。若你销售的产品体积不是很大，业务员应给客户看，并逐一说明，必要时当场示范；若你销售的产品体积过大，或是存放在特定地点，业务员应安排时间陪同参观。当客户观看过实品后，就是客户决定缔结的时机。

五、首次访问时的技巧

潜在客户在受到陌生人的拜访时，通常都抱有很大的戒心。尤其是初次拜访的客户，彼此之间都不熟悉，业务员与客户之间好像隔着一道铁门，此时业务员应如何打开这道深锁的门？如何打开话匣子？如何给顾客以良好的印象？此时，业务人员的表现就显得尤为重要了，必须注意应有的礼貌。“请问×××”、“对不起，您是×××”等语气绝对不能忘。要是业务员给顾客的第一印象不佳，客户的戒心会更大，就等于给这个铁门另加了一道锁，业务员很可能被这位客户拒绝。

在工作过程中，很多客户只有一次被接近的机会，有时甚至必须经过引荐业务员才能见到想拜访的客户，因此，如果第一次拜访时的接近工作做得不好，那么以后的拜访也就无法顺利进行了。所以，第一次的接近很重要。要使这一次的接近工作成功，应注意以下几点。

（1）初次拜访前要有心理上的准备。

（2）坚定信念，认为此次拜访是为了客户利益，而不是纯粹的商业行为。

（3）应保持轻松的心情。

（4）此次拜访是为了建立本公司的公共关系。

（5）拜访是推销自己的大好机会。

（6）第一次拜访的时间不宜过长，并确定下次拜访的方式和时间。

（7）要用“早已成交”的心理去拜访。

（8）如果要拜访的人不在，应留下自己的名片，并简单留言择日再访。

（9）巧妙地记下公司的联络电话。

（10）巧妙地询问被拜访者的作息时间、出勤状况。

（11）尽可能提供对客户有益的情况。

（12）要能成为客户的顾问。

此外，业务人员还必须具备接近顾客的勇气，以及评定顾客的雄心与冷静，同时也要具有不拘束的心情及和蔼的态度，并保持高度的信心，这些都是作为一位业务员应具备的素质。

六、采用记忆姓名法接近顾客

一位业务高手指出，顾客的姓名是业务员的潜在资产。这句话道出了姓名资源的重要性。

业务员应该懂得，姓名虽然是人的代号，但更是人生命的延伸。许多人奋斗一生就是为了成功出名，所以人对姓名的爱犹如对自己生命的爱。业务员要想借助别人的力量来帮助自己，首先要懂得尊重别人的姓名。

有一位经营美容店的老板说：“在我们店里，凡是第二次上门的顾客，我们规定不能只说‘请进’。而要说：‘请进!××太太（小姐）。’所以，只要来过一次，我们就存有档案，全店人员必须记住她的贵姓芳名。”

如此重视顾客的姓名，不但便于美容店制作顾客卡，掌握其兴趣、爱好；而且让顾客倍感亲切和尊重，走进店里有宾至如归的感觉。因此，这个美容店的老客户越来越多，生意也越来越兴隆了。

在推销界，“记忆姓名”法是受到极力推崇的。

1. 没有名叫“顾客”的人

商店里贴着“顾客您好”，火车广播员亲切问候“乘客您好”，此时，作为顾客或乘客的你会倍感亲切。但当业务员问道：“顾客，你想买什么？”你可能会感到不悦，甚至生气。联系到推销活动，如果业务员称对方为“顾客先生”，一定不会有多少成功的机会在等待他。

最好不要第二次问顾客姓名，而应一次记住，如果一时记不起来，可问一下第三者，迫不得已问一下本人也比称其为“顾客”要好得多。

2. 不能第二次说“有人在吗?”

访问时如果说“有人在吗?”很可能没人理你。可是如果问：“××先生在吗?”那么只要屋里有人，一般都会开门出来。这便体现了名字的魅力。

如果你是第二次拜访同一位客户，就更不应该问：“有人在吗?”而应该问：“××先生在吗？”

唤出对方姓名是缩短业务员与顾客距离最简单、最迅速的方法。记住姓名是交际的必要条件，而交际就是业务员的生命线，因此，怎么能不记住顾客的姓名呢?

当然，如果你的记忆力不好，就要依靠顾客卡，把每一个有希望的顾客的一切资料都记录在卡片上，随用随取，这种做法一定大大有益于推销。

模块三　客户促成技巧

【能力目标】　熟悉和了解客户促成技巧，能运用客户促成技巧。

工作任务　熟悉和了解客户促成技巧。

项目活动　学习客户促成技巧。

【活动目标】　课堂练习客户促成技巧。

基本知识

一、成交的信号

我们要随时关注成交信号，成交信号是客户通过语言、行动、表情泄露出来的购买意图。客户产生了购买欲望常常不会直言说出，而是不自觉地表露出来。客户的购买信号有以下几种。

（1）语言信号。客户询问使用方法、售后服务、交货日期、交货手续、支付方式、保养方法、使用注意事项、价格、新旧产品比较、竞争对手的产品及交货条件、市场评价等。

（2）动作信号。客户频频点头、端详样品、仔细看说明书、向销售人员方向前倾、用手触及订单等。

（3）表情信号。客户紧锁的双眉分开、上扬，表现出深思的样子、神色活跃、态度更加友好、表情变得开朗、自然微笑，客户的眼神、面部表情变得很认真等。

二、达成协议的准则

1. 经常性准则

以销售为导向，充分利用环境、与关键人物建立的关系以及双方的自信，推动销售协议的达成。

有经验的销售人员可以在非常短的时间内让客户接受自己的签约。对客户来讲，采购的决策并不是盲目的，如果销售的不是一件让所有客户都感到陌生的新产品，客户必定知道您的产品或同类产品的存在，所以经常性提出签订协议的要求是非常可行的。

2. 对每一个销售重点的准则

在业务员说完一个销售的重点后，要表示出一个达成协议的动作，以确认这个重点是否是客户关注的利益点。如果错过这样的机会，在业务员辛苦地忙碌了几个小时之后，却发现客户已经没有兴趣了，这样就轻易地让达成协议的机会溜走了，即便是最后交易成功，也白白浪费了客户的时间。

3. 重大异议解决后的准则

化解了客户的重大异议后，业务员可以立即提出交易，因为重大的异议是客户决定是否购买的主要障碍，解决异议时客户已经承认了产品的价值。这时，为什么不赶紧用合适的语气说："您看，现在基本上没有什么问题了，那我们就这么定下来吧！"

三、达成协议的技巧

1. 利益汇总法

地点：总经理办公室

销售人员："陈总，这台普通纸传真机，能让您在收到的传真文件上轻松地批下各种意见，交由相关人员处理，解决以往在热敏纸上书写的困扰；输出的纸张是固定的 A4 或 B4 规格，能改善目前规格不一的裁剪纸所造成的存档和遗失的困扰；30 页 A4 纸的记忆存档装置，使您不用担心纸张用完而收不到重要的信息，延误企业商机。上面这几点，都是您感到困扰的事情，我们这台普通纸传真机能立刻解决企业的问题。同时，价格方面您也是非常清楚的，知道我们给您的价格是最优惠的价格，是否请陈总在这份装机确认书上签下您的大名，好让我们安排装机工作。”

销售人员在向客户介绍产品时，将获得客户认同的地方，特别汇总在一起，简明扼要地提醒客户，加重客户对这些特点的感受，同时要求达成协议。

利益汇总法是销售人员经常用到的技巧，特别是在做完产品介绍时，可运用利益汇总法向关键人物提出订单要求，另外书写建议书做结论时，也可以运用这项技巧。

2. 本杰明·富兰克林法

地点：总经理办公室

销售人员：“陈总，谢谢您抽出这么长时间，听我介绍普通纸传真机的产品说明，刚才我们看了实际的操作演示，我们可以以贵企业目前实际的需求状况，站在贵企业的立场评估这台传真机的优点与缺点，如果您不介意的话我们可以在纸上描述出来。”

（取出一张纸，在中间画一条线，左边写上优点，右边写上缺点，等待陈总的许可。）

“您提到过普通纸接收能让您很容易地在收到的资料上进行批示；您也希望一定规格的输出纸张，便于归档又不易遗失；30 张 A4 纸的记忆装置，让您不用担心因缺纸而遗漏讯息；它的速度比您目前的传真机速度要快，能节省许多长途电话费；纸张容量是 200 张，不需要经常更换；况且纸张是放在外盒，一眼就能发现是否缺纸；普通纸的成本还不到热敏纸的四分之一，纸张成本也大大节省；这些都是您使用后立刻能获得的好处。当然，这台机器还有一些功能，目前贵企业使用得较少，但相信随着贵企业业务的成长，这种需求一定日渐增加。”

“此外，您也提到体积较大、价格较高这两个缺点。是的，这台传真机的确比您目前使用的那台要大一些，如果我们把它同一般的桌上个人计算机比较，它还是要小很多，个人计算机在贵企业几乎人手一台，您就把它当成是多装了一台计算机。本机的价格是比一般的热敏纸机器要高，但如果我们以使用五年来看，相信您立刻可以发现每月节省的国际电话费，所以您早就可以再买一台机器了。

（将优点、缺点分析表再次递给陈总看。）

“您选择的这台普通纸传真机，不但能提升工作效率，费用方面还能节省，越早换机越有利。陈总，我是不是明天就把机器送来？”

这项技巧由本杰明·富兰克林发明，多年来已经有无数的销售人员成功地运用过。这项技巧简单、清晰、易于理解，所以每个人都理解它的效力。

本杰明·富兰克林法是一个非常有效的方式，特别是当业务员与关键人物已有多次接触，彼此间建立了一定的人际关系，采用此法能让客户更坚定地下决心，特别是在书面写下这些信息时，能让客户感觉到业务员只是代表他把他的评估写在上面。

3. 前提条件法

业务员在工作中难免会碰到一些较真的客户，他要求您按照确切、严格的标准提供产品或服务。这时的关键是要迎接这种挑战，但是要确定您是否能够克服相应的困难。由于获得了生意，您取得了胜利；由于以自己的方式拥有了产品或服务，客户也获得了胜利。

给客户一定的压力，促使客户加速决定，同时能测出客户的心理底线，如果客户仍然不能做出正面的决定，表示客户所期望的仍大于您目前所提供的。

销售人员：“这套设备（小型交换机）您已经看过两次了，也看出来您对这套设备非常满意，我想一定有其他什么问题困扰您？”

客户：“因为最近工作非常忙，安装这套设备的时间是三天，我担心影响工作。”

销售人员：“您的员工周末是否需要加班？”

客户：“周末不加班。”

销售人员：“如果我们利用周末及晚上的时间安装，并保证下周一您就可以使用上新的设备，您是否愿意定下这个协议？”

又如，客户强烈提出3月4日前必须送货到门，这时业务员可以说：“如果3月4日前送货到门，您今天就可以签订这份协议吗？”

类似这种问题，客户已经表达了某种需求，对您来说，应该利用客户自己的需求来说服他。

4. 价值成本法

方总经理：“我不知道为什么你们公司派了三个顾问替我们改善库存与采购系统，两个月的时间要支付240万的费用，相当于每个人每月40万，我都可以雇三个厂长了。”

销售人员：“总经理，根据贵企业提供的平均库存时间为两个月，金额为6 000万，由于生产数量逐年增长，库存金额与平均库存月份也逐年上升。我们的顾问群花了两个星期对贵厂采购作业流程、生产流程、生产现场、作业流程的现状等做了详细的了解，我们确信，通过我们的改善方案，贵企业在半年后，库存金额能下降至3 000万，您的利息费用每年至少可以下降300万左右，您节省的费用足够支付顾问费了。”

方总经理：“话是不错，您怎么能保证库存会降至3 000万呢？”

销售人员：“要做到库存降低，如采购作业方式要有改善，特别是交货期间及交货品质两个要点，生产流程及作业方式也要调整，品质的监控制度，库存金额的降低只是最后显现的结果。因此，您只要同意签下合约，今后每个星期都会收到一份报告，报告上会告诉您我们本星期要完成的事项及上星期完成的状况，在这个时候，您可以视我们的绩效随时停止合约，我们会让您清楚地看出您投入的每一分钱都能够得到回报，若您认为不值得，可以立刻终止付款。因此，您可以评估出来，您支付给本企业的顾问费都是从您节省的费用中拨出的，事实上您根本就不需要多支付任何额外的费用，却能达到提升工厂管理品质的目的。总经理，我诚恳地建议您，这的确是值得一试的事情，您若可以现在就签约，我可以安排一个半月后，开始进行这个项目。”

当业务员的销售的是能为客户改善工作效率、增加产量或降低成本的商品或服务时，可选择成本价值法作为成交的手法，它能发挥极强的说服力。

5. 证实提问法

证实提问法就是提出一些特殊问题，对方回答这些问题之后，就表明其更加感兴趣而且愿意继续深入下去。您提出证实性问题时，其实是在寻找正面激励的答案。

（1）直接询问法。

销售人员：“王总，您是否在预约单上签下您的大名，好让我安排出货手续。”

很多销售人员极度畏惧直接向客户开口要求订单，他们害怕客户会拒绝。事实上，当您对客户有一定把握的时候，简单而直接地提出订单要求，让客户有一个简单回答或处理的机会就可以把订单签下来。

（2）选择法。这项策略是向潜在客户提供两个选择，每个选项都对销售有利。这样比只是提出一项建议要好得多，因为建议有可能被对方一口否决。提供选择有助于客户思考什么对自己有利，以及自己实际上需要什么。

销售人员："陈主任，您看是周一给您送过来，还是周二比较方便？"如果对方不确定，将产生异议或者竭力改变话题。

（3）错误的结论。在现场讲解示范时应自始至终度认真听取对方的言论，为的是以后成交时，可以利用其中错误的结论。所谓错误的结论就是用以检验潜在客户对继续进行交易的严肃程度而故意得出的结论。如果他们不加以矫正，表明他们对此并不严肃。如果他们确是在矫正您，那么他们的购买热情已经被点燃了，在成交测试中，业务员希望的只是测试对方的购买热情，看对方是否有足够的热情进行下一步。

6. 哀兵策略法

当销售人员山穷水尽，无法成交时，由于多次拜访已经和客户建立了感情，此时，若客户在年龄和头衔上都比业务员大时，可采用这种哀兵策略，以让客户说出真正的异议。

业务员知道了真正的异议，有如"柳暗花明又一村"，可确实地掌握住客户真正的想法，只要能化解这个真正的异议，业务员的处境将有巨大的转变，订单将唾手可得。

您可以按下列步骤进行哀兵策略：

步骤1：态度诚恳，做出请托状；

步骤2：感谢客户抽时间让您进行销售；

步骤3：请客户坦诚指导自己销售时的错误；

步骤4：客户说出不购买的真正原因；

步骤5：了解原因，再度销售。

四、交易未达成时的注意事项

有的销售人员费了九牛二虎之力都没能与顾客达成交易，怎样与顾客告辞也是需要注意的。

1. 正确认识失败

一些销售人员面对失败，感到心中沮丧，并在表情上有所流露，失魂落魄，言行无礼。没谈成生意，不等于今后不会再谈成生意。俗话说"买卖不成仁义在"，虽然没谈成生意，但沟通了与顾客的感情，给顾客留下一个良好的印象，那也是一种成功——您为赢得下次生意的成功播下了种子。因此，销售人员要注意自己辞别顾客时的言行。

2. 友好地与顾客告辞

要继续保持和蔼的表情，不要翻脸，真诚地致歉，如"百忙中打扰您，非常抱歉。"

销售人员仅仅因为顾客耐心听完自己的话也要致以谢意。

启发式销售是销售人员提醒客户购买与他已购买的商品相关的商品，从而使客户购买更多的商品，增加交易额。

模块四 客户异议处理技巧

【能力目标】 能运用客户异议的处理技巧应对营销过程中客户的各种异议；能熟练运用常用的处理客户异议的话术。

【活动目标】 学习和运用客户异议的处理技巧。

基本知识

从接近客户、调查、产品介绍、示范操作、提出建议书到签约的每一个销售步骤，客户都有可能提出异议；越是懂得异议处理的技巧，业务员越能冷静、坦然地化解客户的异议，每化解一个异议，就减少了您与客户之间的一个障碍，您就更加接近客户一步。请牢记——销售是从客户的拒绝开始。

一、客户异议的含义

1. 什么是客户异议

客户异议是业务员在销售过程中的任何举动，客户对此的不赞同、质疑或拒绝。

例如，您要去拜访客户，客户说没时间；您询问客户需求时，客户隐藏了真正的动机；您向客户解说产品时，客户带着不以为然的表情……这些都称为异议。

多数新加入销售行列的销售人员们，对异议都抱着负面的看法，对太多的异议感到挫折与恐惧，但是对一位有经验的销售人员而言，他却能从另外一个角度来体会异议，揭露其另一层含意。

从客户提出的异议，让销售人员判断客户是否有需要。

从客户提出的异议，让销售人员了解客户对自己的建议书接受的程度，从而迅速修正自己的销售战术。

从客户提出的异议，让销售人员获得更多的信息。

“异议”的这层意义，是“销售是从客户的拒绝开始”的最好印证。

2. 异议的种类

（1）真实的异议。客户表达目前没有需要或对您的产品不满意或对您的产品抱有偏见。例如，从朋友处听到您的产品容易出现故障。面对真实的异议，您必须视状况采取立刻处理或延后处理的策略。

立刻处理状况：面对以下状况时，最好立刻处理客户异议。

- 当客户提出的异议属于他关心的重要事项时；
- 您必须处理后才能继续进行销售的说明时；
- 当您处理异议后，能立刻要求订单时。

延后处理的状况：面对以下状况时，最好延后处理客户异议。

- 自己权限外或确实不确定的事情，要承认自己无法立刻回答，但保证会迅速找到答案告诉他；
- 当客户在还没有完全了解产品的特性及利益前，提出价格问题时，此时最好将这个异议延后处理；
- 当客户提出的一些异议，在后面能够更清楚证明时。

（2）虚假的异议。虚假的异议可分为两种。

一是，客户用借口、敷衍的方式应付销售人员，目的是不想诚意地和销售人员进行会谈，不想真心介入销售的活动。

二是，客户提出很多异议，但这些异议并不是他们真正在意的地方，如“这件衣服是去年流行的款式，已过了时”、“这辆车子的外观不够流线型”等等，虽然听起来像一项异议，但并不是客户真正的异议。

（3）隐藏的异议。隐藏的异议指客户并不提出真正的异议，而是提出各种真的异议或假的异议，目的是要借此假象达成隐藏异议解决的有利环境。例如客户希望降价，但却提出其他如品质、外观、颜色等异议，以降低产品的价值，从而达成降价的目的。

销售人员要有正确的态度，才能用正确的方法把事情做好；面对客户提出的异议，销售人员应秉持以下原则。

- 异议是宣泄客户内心想法的最好指标。
- 异议经由处理能缩短与订单的距离，经由争论会扩大与订单的距离。
- 没有异议的客户才是最难处理的客户。
- 异议表示您给客户的利益目前仍然不能满足客户的需求。
- 注意聆听客户说的话，区分真的异议、假的异议及隐藏的异议。
- 不可用夸大的语言来处理异议，当销售人员不知道客户问题的答案时，应坦诚地告诉客户自己不知道；告诉他，自己会尽快找出答案，并确实做到。
- 将异议视为客户希望获得更多的信息。
- 异议表示客户仍有求于销售人员。

二、异议产生的原因

异议有的是因客户而产生，有的是因销售人员而产生。

1. 原因在客户

（1）拒绝改变。大多数的人对改变都会产生抵抗情绪，销售人员的工作具有带给客户改变的含意，例如从目前使用的 A 品牌转成 B 品牌，从目前可用的所得中，拿出一部分购买未来的保障等，都是要让客户改变目前的状况。

（2）情绪处于低潮。当客户情绪正处于低潮时，没有心情进行商谈，容易提出异议。

（3）没有意愿。客户的意愿没有被激发出来，没有能引起他的注意话题。

（4）无法满足客户的需要。客户的需要不能被充分满足，因而无法认同销售人员提供的商品。

（5）预算不足。预算不足会使客户产生价格上的异议。

（6）借口、推托。

（7）客户不想花时间会谈。

（8）客户抱有隐藏式的异议。客户抱有隐藏异议时，会提出各式各样的异议。

2. 原因在销售人员

（1）销售人员无法赢得客户的好感。

（2）销售人员的举止态度让客户产生反感。

（3）销售人员做了夸大不实的陈述。

（4）销售人员为了说服客户，以不实的说辞哄骗客户，结果会带来更多的异议。

（5）使用过多的专业术语。销售人员说明产品时，若使用过于高深的专业知识，会让客户觉得自己无法理解，从而提出异议。

（6）事实调查不正确。销售人员引用不正确的调查资料，引起客户的异议。

（7）不当的沟通。说得太多或听得太少都无法确实把握住客户的问题点，从而产生许多异议。

（8）展示失败。展示失败会立刻遭到客户的质疑。

（9）姿态过高，处处让客户词穷。销售人员处处说赢客户，让客户感觉不愉快，而提出许多主观的异议。例如不喜欢这种颜色、不喜欢这个式样等等。

销售人员了解了可能产生异议的各种原因时，能更冷静地判断异议的原因，采取有效方法化解异议。

三、处理异议的原则

1. 事前做好准备

“不打无准备之仗”是销售人员战胜客户异议应遵循的一个基本原则。

销售人员在走出公司大门之前就要将客户可能会提出的各种拒绝列出来，然后考虑一个完善的答复。面对客户的拒绝事前有准备就可以胸中有数、从容应付；如果事前无准备，就可能惊慌失措，或是不能给客户一个圆满的答复。加拿大的一些企业专门组织专家收集客户异议并制定出标准应答语，要求销售人员记住并熟练运用。

编制标准应答语是一种比较好的方法，其具体程序是：

步骤 1：把大家每天遇到的客户异议记录下来；

步骤 2：进行分类统计，依照每一异议出现次数的多少排列顺序，出现频率最高的异议排在前面；

步骤 3：以集体讨论方式编制适当的应答语，并整理成文章；

步骤 4：大家都要记熟；

步骤 5：由老销售人员扮演客户，大家轮流练习标准应答语；

步骤 6：对练习过程中发现的不足，通过讨论进行修改和提高；

步骤 7：对修改过的应答语进行再练习，并最后定稿备用。最好是印成小册子发给大家，以供随时翻阅，达到运用自如、脱口而出的程度。

2. 选择恰当的时机

美国通过对几千名销售人员的研究，发现好的销售人员所遇到的客户严重反对的概率只是差的销售人员的十分之一。这是因为，优秀的销售人员：对客户提出的异议不仅能给予一个比较圆满的答复，而且能选择恰当的时机进行答复。懂得在何时回答客户异议的销售人员会取得更大的成绩。销售人员对客户异议答复的时机选择有四种情况：

（1）在客户异议尚未提出时解答。防患于未然，是消除客户异议的最好方法。销售人员觉察到客户会提出某种异议，最好在客户提出之前，就主动提出来并给予解释，这样可使销售人员争取主动，先发制人，从而避免因纠正客户看法，或反驳客户意见而引起的不快。

销售人员完全有可能预先揣摩到客户异议并抢先进行处理，因为客户异议的发生有一定的规律性，如销售人员谈论产品的优点时，客户很可能会从最差的方面去考虑问题。有时客户没有提出异议，但他们的表情、动作以及谈话的用词和声调却可能有所流露，销售人员觉察到这种变化，就可以抢先解答。

（2）异议提出后立即回答。绝大多数异议需要立即回答，这样，既可以促使客户购买，又是对客户的尊重。

（3）过一段时间再回答。以下异议需要销售人员暂时保持沉默：

异议显得模棱两可、含糊其辞、让人费解；异议显然站不住脚、不攻自破；异议不是三言两语可以辩解得了的；异议超过了销售人员的能力水平；异议涉及较深的专业知识，解释不易为客户马上理解，等等。急于回答客户此类异议是不明智的，经验表明，与其仓促错答十题，不如从容地答对一题。

（4）不回答。许多异议不需要回答，如：无法回答的奇谈怪论；容易造成争论的话题；废话；可一笑置之的戏言；异议具有不可辩驳的正确性；明知故问的发难等等。销售人员不回答时可采取以下技巧：沉默；装作没听见，按自己的思路说下去；答非所问，悄悄扭转对方的话题；插科打诨幽默一番，最后不了了之。

3. 争辩是销售的第一大忌

不管客户如何批评，销售人员永远不要与客户争辩，因为，争辩不是说服客户的好方法，与客户争辩，失败的永远是销售人员。有一句销售行话是：“占争论的便宜越多，吃销售的亏越大”。

4. 销售人员要给客户留“面子”

销售人员要尊重客户的意见。客户的意见无论是对是错、是深刻还是幼稚，销售人员都不能表现出轻视的样子，如不耐烦、轻蔑、走神、东张西望、绷着脸、耷拉着头等。销售人员要双眼正视客户，面部略带微笑，表现出全神贯注的样子。并且，销售人员不能语气生硬地对客户说："您错了"、"连这您也不懂"；也不能显得比客户知道得更多："让我给您解释一下……"、"您没搞懂我说的意思，我是说……"这些说法明显地抬高了自己，贬低了客户，会挫伤客户的自尊心。

四、客户异议处理技巧

1. 忽视法

所谓"忽视法"，顾名思义，就是当客户提出一些反对意见，并不是真的想要获得解决或讨论时，这些意见和眼前的交易没有直接关系，您只要面带笑容地表示同意就好了。

对于一些"为反对而反对"或"只是想表现自己的看法高人一等"的客户意见，若是您认真地处理，不但费时，还有旁生枝节的可能，因此，您只要让客户满足了表达的欲望，就可采用忽视法，迅速地引开话题。

忽视法常使用的表现有：

微笑点头，表示"同意"或表示"听了您的话"。

"您真幽默"！

"嗯！真是高见！"

2. 补偿法

潜在客户："这个皮包的设计、颜色都非常棒，令人耳目一新，可惜皮子的品质不是顶好的。"

销售人员："您真是好眼力，这个皮料的确不是最好的，若选用最好的皮料，价格恐怕要高出现在的五成以上。"

当客户提出的异议有事实依据时，销售人员应该承认并欣然接受，强力否认事实不是明智之举。但要记得，这时应给客户一些补偿，让他取得心理平衡，也就是让他产生两种感觉：

- 产品的价格与售价一致的感觉。
- 产品的优点对客户是重要的，产品没有的优点对客户而言是较不重要的。
- 世界上没有一样十全十美的产品，当然要求产品的优点越多越好，但真正影响客户购买与否的关键点其实不多，补偿法能有效地弥补产品自身的弱点。

补偿法的运用范围非常广泛，效果也很有实际。例如，艾维士一句有名的广告语——"我们是第二位，因此我们更努力！"这也是一种补偿法。再如，当客户嫌车身过短时，汽车销售人员可以告诉客户"车身短能让您停车非常方便，若您有大型的停车位，可同时停两部车"。

3. 太极法

经销店老板："贵企业把太多的钱花在广告上，为什么不把钱省下来，作为进货的折扣，让我们的利润好一些？"

销售人员："正是因为我们投下大量的广告费用，客户才会被吸引到指定地点购买指定品牌，不但能节省您销售的时间，同时还能顺带销售其他的产品，您的总利润还是最大的吧！"

太极法取自太极拳中的借力使力。澳洲居民使用的回力棒就具有这种特性，用力投出后，会反弹回原地。

太极法用在销售上的基本做法是当客户提出某些不购买的异议时，销售人员能立刻回复说：“这正是我认为您要购买的理由！”也就是销售人员能立即将客户的反对意见直接转换成为什么他必须购买的理由。

我们在日常生活中也经常碰到类似太极法的说辞。例如主管劝酒时，您说不会喝，主管立刻回答说：“就是因为不会喝，才要多喝多练习。”您想邀请女朋友出去玩，女朋友推托心情不好，不想出去，您会说：“就是心情不好，所以才需要出去散散心！”这些异议处理的方式，都可归类于太极法。

4. 询问法

客户：“我希望您的价格再降百分之十！”

销售人员：“××总经理，我相信您一定希望我们给您百分之百的服务，难道您希望我们的服务也打折吗？”

客户：“我希望您能提供更多的颜色让客户选择。”

销售人员：“××经理，我们已选择了五种最易被客户接受的颜色了，难道您希望有更多颜色的产品，增加您的库存负担吗？

询问法在处理异议时扮演着两个角色：

（1）透过询问，把握客户真正的异议点。

销售人员在没有确认客户反对意见的重点及程度前，直接回答客户的反对意见，往往可能引出更多的异议，让销售人员更加困扰。

销售人员的字典中，有一个非常珍贵的字眼——“为什么？”不要轻易地放弃了这个利器，也不要过于自信，认为自己已能猜出客户为什么会这样或那样，“为什么”应该让客户自己说出来。

当销售人员问为什么的时候，客户必然会做出以下反应：

- 他必须回答自己提出反对意见的理由，说出自己内心的想法。
- 他必须再次检视他提出的反对意见是否妥当。

此时，销售人员能听到客户真实的反对原因，明确地把握住反对的项目，他也能有较多的时间思考如何处理客户的反对意见。

（2）透过询问，直接化解客户的反对意见。有时销售人员也能通过客户提出反问的技巧，直接化解客户的异议。

5. “是的……如果”法

潜在客户：“这个金额太大了，不是我马上能够支付的。”

销售人员：“是的，我想大多数人都和您一样是不容易立刻支付的，如果我们能配合您的收入状况，在您发年终奖金时，多支付一些，其余配合您每个月的收入，采用分期付款的方式，这样让您支付起来一点都不费力。”

人有一个通性，不管有理没理，当自己的意见被别人直接反驳时，内心总是不愉快，甚至会被激怒，尤其是遭到一位素昧平生的销售人员的正面反驳。

屡次正面反驳客户，会让客户恼羞成怒，就算销售人员说得都对，也没有恶意，还是会引起客户的反感，因此，销售人员最好不要开门见山地直接提出反对意见。在表达不同意见时，尽量利用“是的……如果”的句法，软化不同意见的口语。用“是的”同意客户提出的意见，使用“如果”表达另外一种状况是否会更好。

请比较下面两种表述方法，感觉是否天壤之别。

A:“您根本没了解我的意见，因为状况是这样的……”

B:“平心而论，在一般的状况下，您说的都非常正确，如果状况变成这样，您看我们是不是应该……”

A:“您的想法不正确，因为……”

B:“您有这样的想法，一点也没错，当我第一次听到时，我的想法和您完全一样，可是如果我们做进一步的了解后……”

养成用 B 的方式表达您的不同意见，您将受益无穷。

“是的……如果……”是源自“是的……但是……”的句法，因为“但是”的字眼在转折时过于强烈，很容易让客户感觉到您说的“是的”并没有多大诚意，您强调的是“但是”后面的诉求，因此，若您使用“但是”时，要多加留意，以免失去了处理客户异议的原意。

6. 直接反驳法

客户：“这房屋的公共设施占总面积的比率比一般要高出不少。”

销售人员：“您大概有所误解，这次推出的花园房，公共设施占房屋总面积的 18.2%，一般大厦公共设施平均达 19%，我们要比平均少 0.8%。”

客户：“你们企业的售后服务风气不好，电话叫修时大都姗姗来迟！”

销售人员：“我相信您了解的一定是个案，有这种情况发生，我们感到非常遗憾。我们企业的经营理念就是服务第一。企业在全省各地的技术服务部门都设有电话服务中心，可随时联络在外服务的技术人员，以最快的速度为客户服务，以达成电话叫修后两小时一定到达现场修复的承诺。

在“是的……如果”句法的说明中，我们已强调不要直接反驳客户。直接反驳客户容易不自觉地陷入与客户争辩之中，往往事后懊恼，但已不能挽回。但有些情况您必须直接反驳以纠正客户不正确的观点。

例如：客户对企业的服务、诚信有所怀疑时；客户引用的资料不正确时。

出现上面两种状况时，您必须直接反驳，因为客户若对您企业的服务、诚信有所怀疑，您拿到订单的机会几乎为零。例如，当理财企业的理赔诚信被怀疑时，您会去这家企业投保吗？如果客户引用的资料不正确，您能以正确的资料佐证您的说法，客户会很容易接受，反而对您更加信任。

使用直接反驳技巧时，在遣词用语方面要特别的注意，态度要诚恳，对事不对人，切勿伤害客户的自尊心，要让客户感受到您的专业与敬业。

以上介绍了六项处理异议的技巧，熟悉这六项技巧，能让销售人员面对客户的异议时更加自信。技巧能帮助销售人员提高效率，但对异议秉持正确的态度，才能使销售人员面对客户异议时冷静、沉稳，做到这点才能辨别异议的真伪，才能从异议中发觉客户的需求，才能把异议转换成销售机会。因此，销售人员们训练自己处理异议的能力时，不但要练习技巧，同时也要培养面对客户异议的正确态度。

案　例

中国银行业客户服务中心服务规范

第一章　总则

第一条　为提升中国银行业客户服务中心整体服务水平，提高客户满意度，树立行业文明规范服务形象，根据《中国银行业文明服务公约》、《中国银行业文明规范服务工作指引》等公约和规范性文件，特制定本规范。

第二条　本规范所称客户服务中心服务是指各单位客户服务中心利用电话、传真、手机、邮件及互联网等远程方式为客户提供的各类金融服务。

第三条　客户服务中心的服务范围主要包括受理客户业务咨询、投诉和建议；受理并完成客户的交易需求；主动了解客户需求，推荐适合的金融产品及服务等。

第四条　本规范主要包括客户服务中心的基本要求、制度流程、服务质量、应急管理、风险管理、投诉处理、人员培训及行为规范等内容。

第五条　本规范适用于中国银行业协会会员单位（以下简称各单位）。

第二章　基本要求

第六条　各单位客户服务中心应根据业务发展和客户需求，设立统一客户服务电话号码，为客户提供电话语音和人工服务，应覆盖各单位营业网点开设地区。

第七条　提倡各单位客户服务中心应用新技术扩展服务渠道，如网络渠道、手机短信渠道、电子邮件渠道、传真渠道等，并加强服务渠道宣传。

第八条　服务时间原则上应为 7*24 小时，各单位客户服务中心可根据业务情况和客户情况等进行调整。

第九条　提倡使用普通话，各单位客户服务中心可根据实际情况开通多语种服务。

第十条　电话语音菜单应层级简单、描述清晰，便于客户理解和选择。人工服务选项便于寻找，禁止在主菜单插播广告。

第十一条　客服中心系统设计应充分考虑冗余，并由专门人员定期进行系统维护，保持系统平稳运营，保持特殊情况下的服务不间断。

第三章　制度流程

第十二条　各单位客户服务中心应根据业务范围和特点，制定业务、服务管理办法，统一服务标准，规范各项业务操作，给客户统一的服务感受。

第十三条　制度流程应涵盖客户服务、业务操作、质量管理、知识库管理、培训管理、应急管理、风险管理、绩效管理、现场管理等各方面。

第十四条　制度流程的设计应考虑客户需求、业务规定和风险防范，明确流程的执行范围、控制目标、涉及部门、主要控制点，逻辑严谨、流转顺畅、岗位职责明确，便于贯彻与执行，以系统地指导客户服务具体工作，达到有效提升业务组织与管理能力的目的。

第十五条　各单位客户服务中心应对制度与流程的执行人员进行培训，并对制度与流程的贯彻执行进行监控管理，对流程进行持续优化。

第四章 服务质量

第十六条 各单位客户服务中心应以客户满意为目标，以呼叫中心行业运营管理特点为依据，运用数字化管理手段，结合本单位整体战略规划、服务要求、运营条件等实际情况，制定服务效率及服务质量相关运营指标。

第十七条 各单位客户服务中心运营指标应主要包括：

（一）接通率

计算方法：（人工接听电话总数÷转入人工服务电话总数）×100%

指标要求：各单位客户服务中心应根据自身服务策略确定标准。

（二）服务水平

计算方法：Y%以上电话在X秒内接起

指标要求：各单位客户服务中心应根据自身服务策略确定标准。

（三）一次问题解决率

计算方法：（客户来电服务需求一次解决数量÷客户来电服务需求总量）×100%

指标要求：一次问题解决率是提升客户体验的重要指标，建议各单位客户服务中心要关注本指标，根据自身运营要求和服务标准确定统计方法，并不断提升。

（四）非电话业务处理及时率

计算方法：（及时处理传真、手机、邮件及互联网等其他非电话形式客户服务需求总数÷非电话形式客户服务需求总数）×100%

指标要求：各单位客户服务中心应根据自身运营要求和服务标准制定。

第十八条 各单位客户服务中心应定期开展客户满意度调查。通过对满意度调查结果的分析和研究，不断改进服务流程，创新服务内容、形式和手段，拓宽服务渠道和空间，提高服务质量和客户满意度。

第十九条 客户服务中心的客户满意度调查一般可分为系统调查（如自助语音调查、短信调查）、内部组织调查、第三方公司调查等方法。

第二十条 各单位应根据本单位实际情况，明确规定满意度调查频率、满意度评价指标及客户满意率目标。

第二十一条 客户满意率指标

计算方法：（满意客户总数÷被调查客户总数）×100%

指标要求：各单位客户服务中心应根据自身服务策略确定标准。

第五章 应急管理

第二十二条 各单位客户服务中心应结合实际情况，坚持预防与应急相结合、常态与非常态相结合原则，做好各类突发事件的应急管理。

第二十三条 各单位客户服务中心应充分认识到对外服务过程中出现的各类异常情况可能引起的非正常服务中断，通过制订响应和恢复业务连续性的服务应急预案和灾难恢复计划，有效抵减非正常服务中断产生的不良影响。

第二十四条 应急预案应包括系统故障、自然灾害、社会异常事件和话务量突增等事件的应急服务措施、系统备份及人员备份等计划。

第二十五条 系统故障时的应急预案应包括客户服务中心系统故障的预测、监控、响应和排除，以及本单位其他业务系统异常时的服务措施。

（一）对于因客户服务中心系统故障导致的服务渠道全部或部分中断，应急预案应明确服务中断事件的上报流程以及服务中断过程中的客户分流措施，并有专人跟踪、督促系统故障的排除。

（二）对于行内其他业务系统异常导致的业务或服务中断，客户服务中心应及时反馈相关业务部门，寻求解答口径，做好客户解释安抚工作。

第二十六条　灾害性事件的应急预案包括但不仅限于客户服务中心遭遇自然灾害、公共卫生事件等突发事件下的应急人员排班，灾备系统的启用和灾后恢复计划等应对准备。

第二十七条　各单位客户服务中心对社会异常事件的应急预案主要包括针对新闻危机、法律诉讼等可能给本单位乃至本行业带来重大影响事件的应对措施。应急预案应明确对事件的性质、类别、危害程度和可控情况等的判断以及上报流程，力争尽快控制和平息事态。

第二十八条　各单位客户服务中心对由于业务变化、社会新闻等原因引起的人工服务话务量激增的应急预案应明确人员调度、紧急应对话术、问题上报流程等措施，做好客户安抚工作，并保证接通率和服务水平。

第二十九条　各单位客户服务中心应定期开展服务应急预案的培训演练，提高服务人员应急处理能力，检验当前预案对于客户服务中心服务连续性的保障作用。

第六章　风险管理

第三十条　客户服务中心工作中所涉及的风险分为系统风险与非系统风险。

第三十一条　系统风险是指客户服务中心对客户提供服务的各种系统受操作流程不完善、系统故障或失误及外部重大事件等因素而产生的风险。

第三十二条　系统风险管理应依据各单位客户服务中心实际情况及内部规定，充分认识到服务过程中可能出现的各类情况，严格监控风险。

（一）相关技术部门定期、不定期对操作系统及业务设备进行检查、维护、升级等，确保正常运行；

（二）针对可预测的问题制定配套风险防范预案；

（三）新系统上线前应经过多方面测试及信息反馈，调整及完善业务流程；

（四）在系统中设置相应的安全机制，如针对涉及资金的交易进行相应的安全信息验证等。

第三十三条　非系统风险是指客户服务中心客户服务代表在对客户提供服务的过程中由于人为因素而产生的风险。

第三十四条　客户服务中心工作中涉及的非系统风险主要包括：

（一）客户信息安全风险，指客户服务代表在为客户提供服务过程中因泄露客户信息，对客户的声誉或财产造成损失，并进而影响银行的客户关系和经济利益而产生的风险；

（二）客户服务代表操作风险，指客户服务代表在为客户提供服务过程中由于操作不当或道德因素而引发的无法为客户提供所需服务或造成客户某种程度上损失的风险；

（三）人员因素风险，指由于各单位客户服务中心实际的用工方式、岗位设置及人员流动等因素造成的无法确保日常运营的工作效率、准确性及连续性的风险。

第三十五条　非系统风险的管理

（一）制度管理。各单位客户服务中心应根据银监会相关文件及银行内部规定制定完善、明确的业务流程、制度及规定，在日常工作中严格执行，定期审查和监督执行，有效地识别、评估、监测和控制风险，针对发现的问题及时整改，并进行相应的奖惩；

（二）系统管理。各单位客户服务中心需具备风险监控措施，包括：

1. 为客户提供交易和服务的过程应全程录音，并记录日志，录音资料和日志应及时整理、编号、归档。涉及资金交易、重大投诉等高风险类业务的相关档案建议保存五年以上。

2. 根据各项交易风险的级别逐级确定员工的操作权限,为客户办理交易或服务应在本职权限范围内进行相应的操作，在确认客户在线的情况下可以协助客户办理交易；

3. 对可以登录业务处理系统的工作人员设置工作编号和操作密码，操作密码应定期修改。

（三）后台监控管理。客户服务中心需根据自身规模及实际工作需要进行全方位的风险监控，包括：

1. 客户服务代表入职时应接受部门相关保密规定的教育，在日常培训中定期进行保密教育，并进行检查；

2. 为防止泄露银行和客户信息资料，不允许客户服务代表使用个人存储设备与工作系统输入、输出接口进行关联；

3. 运营现场应设置必要的监控设备，如监控摄像头、门禁系统等；

4. 日常工作及业务运营中生成的各类表格、文件，含电子文档、语音资料、文字资料等，应专夹保管，定期整理装订、归档，按相关规定保存。

第七章　投诉处理

第三十六条　本规范规定的客户投诉是指客户通过客户服务中心表达对银行的产品、系统及服务的不满。

第三十七条　各单位应深入贯彻以客户为中心的服务理念，制定客户投诉管理办法、客户投诉实施细则等规章制度，确保客户投诉处理有据可依。

第三十八条　各单位客户服务中心可根据自身岗位设置及服务策略在热线语音菜单中设置投诉选项。

第三十九条　各单位客户服务中心应对客户服务代表进行投诉处理技能培训，提升员工化解投诉、安抚客户的能力，避免投诉升级。

第四十条　各单位应建立客户投诉处理的闭环管理机制，准确记录投诉受理、投诉处理、过程跟踪、结果回复及满意度回访各环节的处理结果，保证客户投诉处理全过程的完整记录，以便后续检查之用。

第四十一条　投诉受理

各单位客户服务中心接受客户投诉时，应完整记录客户的姓名、联系方式、投诉时间、事件、诉求等要素，同时保留投诉电话录音及后续处理的相关电话录音。

第四十二条　投诉传递及处理

（一）客户投诉由客户服务中心负责处理解决时，应负责组织对相应投诉的调查、处理工作，并在处理时限内回复客户，告知处理结果。

（二）客户投诉由各单位分支机构或总行相关业务部门负责解决时，客户服务中心应以工单、电子邮件、传真、电话等方式将客户投诉及时传递到相关部门，确保对方及时收到客户投诉。

第四十三条　各单位客户服务中心应与相关业务部门保持顺畅的信息沟通，建立投诉预警预防机制，对可预见的客户投诉提前制定话术及应对方案。

第四十四条　各单位应制定客户投诉分级标准，明确不同级别投诉的受理时限、受理标准及客户满意度要求等。

第四十五条 各单位客户服务中心应定期对受理的客户投诉进行总结分析，改善服务品质，提升客户满意度。

第八章 人员培训

第四十六条 为确保向客户提供高效、满意的服务，各单位客户服务中心应建立完善的客户服务代表培养体系，制定员工基本素质、培训、上岗资质认定等一系列的管理制度与标准。

第四十七条 各单位客户服务中心应根据自身业务的特性制定客户服务代表基本素质的相关标准，具体内容主要包括:学历背景、语言能力（如普通话及外语语言能力）、服务意识、电脑操作能力、学习能力等，并且根据标准设计相关入职考试及考核标准等。

第四十八条 各单位客户服务中心应根据自身业务涵盖范围，建立客户服务代表不同工种岗位的业务技能标准，并建立各岗位资质认定的有关机制。

第四十九条 各单位客户服务中心应建立客户服务代表的入职培训体系，以确保客户服务代表达到基本素质要求并且具备合格的上岗资质与能力。

第五十条 入职培训内容主要包括：客户服务代表电话服务技巧的相关培训，业务范畴的相关知识及系统应用培训，合规及风险控制培训，员工情绪管理培训以及在线演练培训等。

第五十一条 各单位客户服务中心应同时建立客户服务代表的在职培训体系，以确保客户服务代表业务水平和服务技能持续提升。

第五十二条 在职培训内容主要包括：新业务新系统的培训、技能资格培训。

第九章 行为规范

第五十三条 客户服务代表用语规范主要包括：

（一）客户服务代表应使用标准的开场白和结束语；

（二）客户服务代表应语速适中，匹配客户，和蔼、有微笑感，吐字清晰、流畅自然；

（三）客户服务代表应在客户等待或客户等待后对客户表示歉意；恰当地使用“请、您、谢谢、对不起、请稍等”等礼貌用语；

（四）客户服务代表不得使用服务禁语。严禁与客户争吵、顶撞、辱骂客户、主动或借故挂断客户电话等。

第五十四条 客户服务代表服务意识要求主要包括：

（一）接通电话时客户服务代表应主动倾听，注意力集中；不随意打断客户，保持与客户之间的良好互动。不应表现出不耐烦、推托之辞等现象；

（二）接通电话时客户服务代表应主动服务，思路清晰，恰当引导客户，有效控制对话节奏，在客户对某些问题比较混淆时，能使用恰当语言总结性阐述客户问题，尽快切入正题，并能注意适当控制通话时长；

（三）接通电话时客户服务代表应服务意识强，责任心强，积极主动地为客户解答问题，主动提供额外相关信息或额外帮助。

第五十五条 客户服务代表业务能力要求主要包括：

（一）客户服务代表应准确快速判断客户问题原因，了解客户实际需求；

（二）客户服务代表应熟练准确、回答完整，处理有效，正面回答，相关业务知识丰富，提示无遗漏并能提出适当建议，避免不必要持线；

（三）客户服务代表应对于超出解答能力范围的问题，与客户重复确认，主动记录客户问题（形成工单）并在必要时跟进。

第十章 附则

第五十六条 本规范附带《客户服务中心岗位设置与人员配置指引》和《客户服务中心数字化管理指标定义及计算公式》两个附件，供各单位参考。

第五十七条 各会员单位应依据本规范制定实施细则，并组织落实。

第五十八条 本规范由中国银行业协会自律工作委员会制定，自律工作委员会常务委员会审议通过后实施。

第五十九条 本规范由中国银行业协会自律工作委员会负责解释和修订

客户服务中心岗位设置及人员配置指引

各单位应根据服务目标要求，综合考虑业务量、成本与效率等因素，使用科学方法，合理设置前台服务和后台支持岗位。岗位职责及配置指引如下：

岗位名称	岗位职责	配置建议
客户服务代表岗	受理各渠道客户咨询、投诉、建议、交易需求；主动联络客户，实施客户关怀或营销	根据业务量及增长规模、效率指标、成本因素，进行配置
前台管理岗	负责班组人员的现场管理，确保各项运营指标达成	前台管理岗与客户服务代表的配比：1/8-1/15
质量管理岗	对客户服务质量进行监控、管理	质量管理岗与客户服务代表的配比：1/20-1/30
知识库管理岗	及时完成各类业务资料和信息的维护工作，确保业务资料的内容准确	根据业务规模，配置专岗或兼岗
培训管理岗	建立培训体系，根据业务需求实施培训	培训管理岗与客户服务代表的配比：1/30-1/40，配置专岗或兼岗
工单管理岗	及时将工单传递至相关部门，并跟踪处理情况	根据业务规模，配置专岗或兼岗
数据分析岗	及时统计分析客户服务相关数据、指标	根据业务规模，配置专岗或兼岗
设备管理岗	维护坐席设备,保证坐席设备正常使用	根据业务规模，配置专岗或兼岗
综合管理岗	负责人力资源、绩效管理、后勤保障等工作	专岗

客户服务中心数字化管理指标定义及计算公式

客户指标	定义或计算公式	统计周期
客户综合满意度	针对客户服务中心进行的客户满意度调查,包括第三方调查、系统调查及内部调查等方法	周期可为月、季度、半年或年满意度数值
财务指标	定义或计算公式	数据周期
单呼成本	全成本核算值÷电话接听总量	周期可为最近连续四个季度或连续六个月的数值
辅助营销收入比	辅助营销收入占企业总收入的比率	
主动营销收入比	主动营销收入占企业总收入的比率	
员工指标	定义或计算公式	数据周期
员工满意度	内部员工满意度调查统计结果	周期可为季度、半年或年的数值
员工流失率	年度员工流失总数÷年度月平均在职员工数	周期可为上年度数据
人均年度培训时长	呼叫中心全年所有员工下岗培训时间总数除以员工总数	

续表

运营指标	定义或计算公式	数据周期
内部员工提升率	呼叫中心内部提拔的人数占全部提升岗位比率	
业务量预测准确率	实际发生业务量÷预测业务量	周期可为最近连续四个月月度平均值
人员排班准确率	实际上岗人数÷预测排班人数	周期可为最近连续四个月月度平均值
服务水平	Y%的电话在X秒内接起	周期可为最近连续四个月月度平均值
电话放弃率	放弃电话量÷（接听电话量＋放弃电话量）	周期可为最近连续四个月月度平均值
平均应答速度	指来电客户平均等待时长，计算包括所有立即接起和进入队列的来电量	周期可为最近连续四个月月度平均值
平均通话时长	指每个电话从电话接起到挂断的时间	周期可为最近连续四个月月度平均值
话后处理时长	指从电话挂断进行话后处理到恢复接话等待状态的时间	周期可为最近连续四个月月度平均值
通话质量监控评分	质检员对于客户服务代表电话监控的评分	周期可为最近连续四个月月度平均值
一次问题解决率	客户的来电服务请求一次解决数量÷客户来电服务请求总量	周期可为最近连续四个月月度平均值
坐席利用率	（电话处理时长（通话和话后）+就绪时长）÷（电话处理时长（通话和话后）+就绪时长+休息）	周期可为最近连续四个月月度平均值
坐席生产率	（电话处理时长（通话和话后））÷（电话处理时长（通话和话后）+就绪时长+休息）	周期为最近连续四个月月度平均值
坐席占用率	（电话处理时长（通话和话后））÷电话处理时长（通话和话后）+就绪时长	周期可为最近连续四个月月度平均值
自助服务比例	通过自助系统处理的客户服务请求量÷全部服务请求量	周期可为最近连续四个月月度平均值
电话转接率	指电话接起后需要转接的电话量÷接起电话总量	周期可为最近连续四个月月度平均值
非实时业务处理准时率	邮件、网站、传真、短信等其他非电话形式客户服务请求处理时间的准时率	周期可为最近四个月的数据
业务差错率	所有业务类型和业务方式中所发生的差错占所有业务的百分比	周期可为最近四个月的数据
日均电话处理量	呼叫中心日均接听的电话量	周期可为最近连续四个月数据
人均班次电话处理量	以每班次为时间单位，人均接听的电话量	周期可为最近连续四个月数据

活动练习

课堂演练处理各种纠纷和争议

习题和能力训练

一、理论自测题

1. 名词解释

客户异议

2. 简答题

（1）简述寻找客户的步骤。

（2）简述客户开拓的基本方法。

（3）简述接近客户的技巧。

（4）简述达成协议的技巧。

（5）简述客户异议处理技巧。

二、单元案例

问题银行也要重视“售后服务”

哈佛大学的一项研究结果表明，对某一品牌的忠诚顾客数量增加 5%，企业利润可相应增加 55%。同理，银行利润的增加很大程度上也取决于顾客的忠诚度。因此，如何给顾客营造一种持续温馨的氛围，让顾客对产品有长期的消费欲望，提高顾客对自己的依赖感和忠诚度，是银行需要认真思考的问题。

不难知道，对任何产品，售前的宣传攻势可以预热顾客的消费心理，售中的热情服务能够刺激顾客的消费需求，并且实现消费行为。但要让这种消费持续下去，就必须不断培养顾客对产品的忠诚度，这也就离不开完善的售后服务系统。也许有人会说，银行产品不同于那些有形的实物产品，可以做诸如“保修多少年”一类的文章，售后服务也无从谈起。这其实是没有真正理解售后服务的含义，其实对于任何产品、任何服务，售后服务都是一个不能丢弃的话题。

银行给顾客提供了产品和服务后，应进一步解决顾客在使用过程中遇到的疑难问题，受理顾客的每一笔反馈和投诉都是售后服务应该考虑的内容，甚至对自己的顾客的长期情感往来也属于该项服务范畴。正如德国汽车经销商吉拉德说的那样：“我坚信，销售始于售后。”他在顾客购买汽车之后的每个节日都会给顾客寄去不同大小、颜色各异的信，写上“我喜欢你！祝你节日快乐！吉拉德贺”之类的话语——这就是吉拉德式的情感服务。银行也许可以从中得到些许启发。

保证在合法经营的前提下，根据市场需求和客户期望，妥善处理好顾客的投诉，是不断改进银行服务质量，树立良好企业形象，提高银行信誉度和顾客忠诚度的有效途径之一。对顾客的投诉，不能敷衍塞责，而要抱着诚恳的态度，一对一地做好这项工作。有人曾对此总结了如下七条：一要向顾客表示道谢；二要向顾客表示很高兴收到他的投诉；三要为银行方面的失误或服务不到向顾客致歉；四要承诺立即解决；五要迅速寻求所需信息；六要马上纠正错误；七要打电话检查顾客对处理结果的满意程度。只有做到了以上七条，并不断完善投诉、举报工作的处理，就一定能赢得顾客的青睐。

问题：如何处理客户投诉和异议，保证售后服务质量？

分析要求：学生分析案例提出的问题，拟出案例分析提纲；小组讨论，拟出案例分析报告；班级交流，教师对案例分析报告进行点评；在班级展出附有教师点评的小组案例分析报告，供学生比较研究。

案例考核：包括形成性考核和案例报告考核，考核指标与标准见本书附录考核手册中的考核表 2。

项目八

理财产品网络营销

学习目标

掌握网络营销、理财产品网络营销的概念；了解网络营销的特点及其与传统营销的异同点；了解理财产品网络营销的种类，如电子银行、网上证券业务、网上理财业务的大致发展情况。

模块一 理财产品网络营销概述

【能力目标】 理解网上银行业务及使用方法；理解网上理财业务的平台及使用方法；学会网上理财业务的运作模式。

【活动目标】 学习理财产品网络营销。

基本知识

一、网络营销的概念

网络营销的全称是网络直复营销，属于直复营销的一种形式，是企业营销实践与现代信息通信技术、计算机网络技术相结合的产物，是指企业以电子信息技术为基础，以计算机网络为媒介和手段而进行的各种营销活动（包括网络调研、网络新产品开发、网络促销、网络分销、网络服务等）的总称。

网络营销根据其实现的方式不同有广义和狭义之分，广义的网络营销指企业利用一切计算机网络（包括企业内部网、行业系统专线网及国际互联网）进行的营销活动，而狭义的网络营销专指国际互联网络营销。国际互联网是全球最大的计算机网络系统。

与许多新兴学科一样，“网络营销”同样没有一个公认的、完善的定义。广义地说，凡是以互联网为主要手段进行的、为达到一定营销目标的营销活动，都可称为网络营销（或叫网上营销），也就是说，网络营销贯穿于企业开展网上经营的整个过程，包括信息发布、信息收集，到开展网上交易为主的电子商务阶段，网络营销一直都是一项重要内容。

从“营销”的角度出发，将网络营销定义为：网络营销是企业整体营销战略的一个组成模块，是建立在互联网基础之上、借助于互联网特性来实现一定营销目标的一种营销手段。

据此定义，可以得出下列认识：

第一，网络营销不是网上销售。网上销售是网络营销发展到一定阶段产生的结果，网络营销是为实现网上销售目的而进行的一项基本活动，但网络营销本身并不等于网上销售。

这可以从两个方面来说明：

（1）因为网络营销的效果可能表现在多个方面，例如企业品牌价值的提升、加强与客户之间的沟通、作为一种对外发布信息的工具、网络营销活动并不一定能实现网上直接销售的目的，但是，很可能有利于增加总销售量。

（2）网上销售的推广手段也不仅仅依靠网络营销，往往还要采取许多传统的方式，如传统媒体广告、新闻发布、印发宣传册等。

第二，网络营销不仅限于网上。这样说也许有些令人费解，不在网上怎么叫网络营销？这是因为互联网本身还是一个新生事物，在我国，上网人数占总人口的比例还很小，即使对于已经上网的人来说，由于种种因素的限制，在互联网上通过一些常规的检索办法，不一定能顺利找到所需信息，何况，对于许多初级用户来说，可能根本不知道如何去查询信息，因此，一个完整的网络营销方案，除了在网上做推广之外，还很有必要利用传统营销方法进行网下推广。

第三，网络营销建立在传统营销理论基础之上。因为网络营销是企业整体营销战略的一个组成模块，网络营销活动不可能脱离一般营销环境而独立存在，网络营销理论是传统营销理论在互联网环境中的应用和发展。有关网络营销理论与传统营销理论的比较将在后面内容中做深入分析。

二、理财产品网络营销的概念与特点

1. 理财产品网络营销的概念

理财产品网络营销是指网络理财以市场为导向，通过有效营销手段的组合，以可赢利的理财产品和服务满足客户的要求，实现网络理财的赢利目标的一种管理活动。

理财产品网络营销是一个动态的过程，它以满足客户现实需求和潜在需求为目的。网络理财产品营销的方法主要是营销手段的组合，具体包括：网络理财产品和服务的开发、调研、信息沟通、分销、定价以及业务活动等，并使它们相互作用，以最协调的状态来满足客户的需要，从而实现网络理财企业的赢利目标。

理财产品网络营销的程序为：市场调研、营销分析、市场目标选择、组合营销策略、组织和控制营销过程。

2. 理财产品网络营销的特点

（1）网络理财产品营销无形化。第一，书写电子化和传递数据化；第二，网络理财产品经营规模不受场地、时间限制；第三，网络理财产品和理财服务高度电子化、数字化。

（2）网络理财产品营销个性化。网络理财产品营销个性化是指网络理财企业为使 Web 站点或 E-mail 适应不同年龄、不同地点的客户的需要，网络理财企业必须收集客户有关的数据，以利于进行一对一的营销。网络理财产品营销个性化技术分为两种，一是共同筛选技术，它把客户的习惯、爱好加以比较，以确定其需要。另一种是神经网络匹配技术，其功能是识别复杂数据中的隐含模式。理财产品和客户间的相关性，可以通过客户与银行交谈得出，从而使银行能够推出特殊理财产品和服务。如果个性化服务在网络营销中全面推行，将能够开创网络营销的新天地，改变理财产品研究、运行的全部运作过程。

（3）网络理财产品营销低成本化。因为网络理财产品营销没有网点租金，所以营销成本和结算成本往往比较低。

（4）网络理财产品营销标准化。即理财商品信息标准化、理财商品交易标准化、理财市场建设标准化、理财市场监督标准化。

三、网络营销的优缺点分析

网络营销作为一种全新的营销方式，与传统营销方式相比具有明显的优势。

首先，作为网络营销的媒介或者工具——网络，具有很强的优势。网络的优势在于传播速度快、资源共享容易以及操作便利。信息在网络上以光速传播，一夜间可以传遍全世界所有的互联网用户，企业花很少的成本就可以获得巨大的收益，企业产品价值越大，网络营销就越划算，可说是低成本、高回报；网络上的资源浩如烟海，客户信息、行业信息、产品信息、技术信息、市场信息等等，在网上都能找到；由于电子商务、EDI（电子数据交换）等的应用，以往大量冗杂、繁复的交易作业，现在只需轻点鼠标就可以完成，网络真正实现了无纸化作业。网络媒介具有传播范围广、速度快、无时间地域限制、无时间版面约束、内容详尽、多媒体传送、形象生动、双向交流、反馈迅速等特点，有利于提高企业营销信息传播的效率，增强企业营销信息传播的效果，降低企业营销信息传播的成本。

其次，网络营销无店面租金成本。且有实现产品直销，帮助企业减轻库存压力，降低经营成本的作用。

第三，国际互联网覆盖全球市场，通过它，企业可方便快捷地进入任何一国市场。尤其是世贸组织第二次部长会议决定在下次部长会议之前不对网络贸易征收关税，网络营销为企业架起了一座通向国际市场的绿色通道。

第四，在网络上，任何企业都不受自身规模的绝对限制，都能平等地获取世界各地的信息及平等地展示自己，这为中小企业创造一个极好的发展空间。利用互联网，中小企业只需花极低的成本，就可以迅速建立起自己的全球信息网和贸易网，将产品信息迅速传递到以前只有财力雄厚的大公司才能接触到的市场中去，平等地与大型企业进行竞争。从这个角度看，网络营销为刚刚起步且面临强大竞争对手的中小企业提供了一个强有力的竞争武器。

第五，网络营销能使消费者拥有比传统营销更大的选择自由。消费者可以根据自己的特点和需求在全球范围内不受地域、时间限制，快速寻找满足品，并进行充分比较，有利于节省消费者的交易时间与交易成本。此外，互联网还可以帮助企业实现与消费者一对一的沟通，便于企业针对消费者的个性需求，提供一对一的服务。

当然，万物各有所长，也各有所短。作为新兴营销方式，网络营销具有强大的生命力，但也存在着某些不足。例如，网络营销尤其是网络分销无法满足消费者个人社交的心理需要，无法使消费者以购物过程来显示自身的社会地位、成就或支付能力等。尽管如此，网络营销作为 21 世纪新型的营销方式将势不可挡，成为全球企业竞争的利器。

模块二　理财产品网络营销策略

【能力目标】　理解理财产品网络营销策略，学会运用理财产品网络营销策略。

工作任务　理财产品网络营销策略学习。

项目活动　学习理财产品网络营销策略。

【活动目标】　学习理财产品网络营销策略。

基本知识

一、网络营销策略的概念

网络营销策略是企业根据自身在市场中所处地位不同而采取的一些网络营销组合，它包括网络营销产品服务策略、网络营销价格策略、网络营销渠道策略和网络营销促销策略。在采取网络营销实现企业营销目标时，必须采取与企业相适应的营销策略，因为网络营销虽然是非常有效的营销工具，但企业实施网络营销时是需要进行投入的。同时企业在制定网络营销策略时，还应该考虑到产品周期对网络营销策略的影响。

网络营销区别于传统营销的根本原因是网络本身的特性和消费者需求的个性回归。在这两者的综合作用下，使得传统营销理论不能完全胜任对网络营销的指导。这才需要在传统营销理论的基础上，从网络的特征和消费者需求演化这两个视角出发重新做出演绎和创新。但不管怎样，网络营销仍然属于市场营销理论的范畴，它不过是市场营销这棵老树上的一朵新花。从下面的论述可以看到，事实上网络营销在某些地方是强化了传统市场营销理论的观念，但在有些地方也改写了工业化大规模生产时代营销理论的一些观点。

二、理财产品网络营销策略

1. 理财产品的网络营销渠道开发策略

（1）网络理财产品营销渠道的职能与类型。

① 网络理财产品营销渠道的基本职能是根据客户的不同需要，将理财产品进行有效地组织和传送，从而转换成有意义的产品组合。

② 网络理财产品的营销渠道分为硬性渠道和软性虚拟渠道。软性虚拟渠道是指由于理

财业务和理财产品的电子化、网络化，使理财产品和理财服务的组织和传送完全通过网络化、数字化的电子渠道完成，这样的渠道称为软性虚拟渠道。硬性渠道是指网络理财企业在最便利客户的地方设置的分支机构。

（2）网络理财产品营销渠道策略。

① 密集型网络营销渠道策略是指网络理财企业根据自己的能力和社会基础，广泛而切实地设立分销“网点”，使其构成一个网络，提高理财产品和理财服务的销售量，从而获得较大的利润。

② 长短型营销渠道策略是由长型营销渠道策略和短型营销渠道策略组合而成的。其中短型营销渠道策略是专门针对时空距离较近、客户较为集中、对理财产品需求量大、品种繁多，并随时需要进行技术指导和便利型服务的情况而制定的。

③ 交叉选择型渠道策略。交叉选择型渠道策略融汇了密集型网络渠道策略和长短型营销渠道策略，并根据区域特点、科技进步程度、客户特征、理财产品和理财服务特点、网络理财企业的资金能力等具体情况，有选择地交叉使用密集型网络渠道策略和长短型营销渠道策略，集各种营销渠道的优势，进行营销。

④ 专营型营销渠道策略是指网络理财企业设立专门营销的单独渠道，经营特定的理财产品和理财服务的策略。

⑤ 推拉型营销渠道策略。推拉型营销渠道策略包括推型营销渠道策略和拉型营销渠道策略。其中，推型营销渠道策略是指网络理财企业建立起一支专门的营销队伍，密集的网络、错落有致的长短型渠道，具有较强的资信能力，在推销新产品时适用的策略。拉型渠道策略是指网络理财企业利用大量的、广泛的、有影响的宣传工具和网络广告来激发客户对理财产品和理财服务的兴趣，引起客户的需求，从而扩大理财产品和理财服务的销售策略。

（3）网络理财产品营销渠道选择。

① 网络理财产品营销渠道选择的依据。网络理财产品营销渠道的选择是网络理财产品营销活动和占领市场的内核基础，在理论上是以经济学和社会学为依据，来阐明营销活动在时间和空间上的分配；在营销上，渠道选择是以保证预期经营目标的实现为依据。在市场竞争日益激烈的情况下，网络理财企业的营销渠道选择，不仅限于数量规模的选择，地点和空间的选择也十分重要。

② 影响网络理财产品营销渠道选择的因素。这些因素包括：网络理财产品的特征；网络理财市场因素和客户特征；网络理财企业的规模、信息、科技因素；网络理财产品营销技术水平；网络理财产品现有营销渠道的可用性以及政策因素。

总之，具体影响网络理财产品营销渠道选择的因素，涉及社会发展的方方面面，不仅涉及地理便利因素、经济发展水平、科技发展水平，还涉及理财意识、理财理念、网络意识等因素。

2. 网络理财产品的价格策略

（1）网络理财产品定价的主要因素。

① 网络理财产品定价目标。网络理财产品定价目标是网络理财企业通过对自己所经营的理财产品和业务制定相应水平的价格，凭借价格产生的效用达到预期的目的，即为定价目标。定价目标是网络理财产品营销目标体系中的具体目标之一，网络理财企业的经营目标一旦确定，定价目标作为网络理财产品营销组合目标，它必须服从于网络理财产品营销的总目标，同时也要和其

他营销目标相协调。根据网络理财企业经营条件的不同，定价目标大致可分为以下几种：

第一，追求利润最大化。

第二，扩大市场占有份额。

第三，维护网络理财企业形象。

② 影响网络理财产品定价的主要因素。

a．成本费用。网络理财企业的成本主要包括各种费用支出、利息支出，具体涵盖利息支出、固定资产折旧费、手续费支出、业务宣传费、业务招待费、外汇金银买卖损失、提取各种准备金、其他支出等。

b．理财产品和业务的销售量。

c．消费者对理财产品的价值判断。

d．网络理财产品的生命周期。

e．同类网络理财产品和业务的竞争状况。即网络理财企业在定价时，必须考虑处于不同的竞争地位上的网络理财企业，需采取怎样的价格策略。若网络理财企业的同类理财产品是处于市场领先者的地位，则网络理财企业在定价时，首先考虑的是稳定价格并略微优惠的定位服务价格策略，以此来保持领先地位，稳定市场。若网络理财企业处于挑战者地位，则网络理财企业在定价时，要从定位服务上发起价格挑战，从而跻身于市场领先者的行列。若该网络理财企业处于市场追随者的行列，则其在定价时，必须要参考其他网络理财企业的定价。

（2）网络理财产品定价的策略和方法。

① 网络理财产品定价的策略有成本定价策略、需求定价策略、竞争定价策略、个性化定价策略。

② 网络理财产品的定价方法。

第一，成本加成法。即网络理财企业按总成本加上预期的利润回报率来定价的方法。一般有两种计算方法，一是根据单个理财产品的平均成本进行加成计算，二是先预计出网络理财企业能够达成的销售量，再给予加成定价。本方法简单易行，可预计利润。但此方法灵活性比较差，缺乏弹性，如果在理财市场竞争较为激烈、营销环境不太稳定的情况下，采用此方法制定的价格较难适应环境的变化。

第二，损益平衡定价法。即网络理财企业首先找出本企业的盈亏临界点应达到的业务量，再进行保本分析，并加以定价的方法。其数学模型是 $y=ax-b$。其中，y 表示利润，a 表示收付利差，x 表示资产、负债业务量，b 表示总费用。令 $y=0$，则 $ax-b=0$，此时就是盈亏平衡点，即保本点。

损益平衡定价法的优点是简单易行，能为网络理财企业提供可以接受，并能获得目标利润的最低价格参考。但是由网络理财企业的基本盈亏平衡业务量制定的价格，恰好忽略了价格是影响业务量的重要因素这个问题。若我们在损益平衡定价法的基础上，加入一个需求函数因素，借助需求曲线，将价格和资产负债业务量加以综合考虑，从而使所定价格利于实现预期业务量和利润目标，这个方法就是需求定价法。需求定价法包括市场渗透定价法和市场撇脂定价法，此处不做详细讲解。

模块三　网上银行

【能力目标】　理解网上银行的业务及使用方法；理解网上理财业务的平台及使用方法；学会网上理财业务的运作模式。

【活动目标】　学会网上银行的业务及使用方法。

基本知识

网上银行又称在线银行，是指银行利用互联网技术，向客户提供开户、销户、查询、对账、行内转账、跨行转账、信贷、网上证券、投资理财等传统服务项目，使客户可以足不出户就能够安全便捷地管理活期和定期存款、支票、信用卡及个人投资等。可以说，网上银行是基于互联网的虚拟银行柜台，如图 8.1 所示。

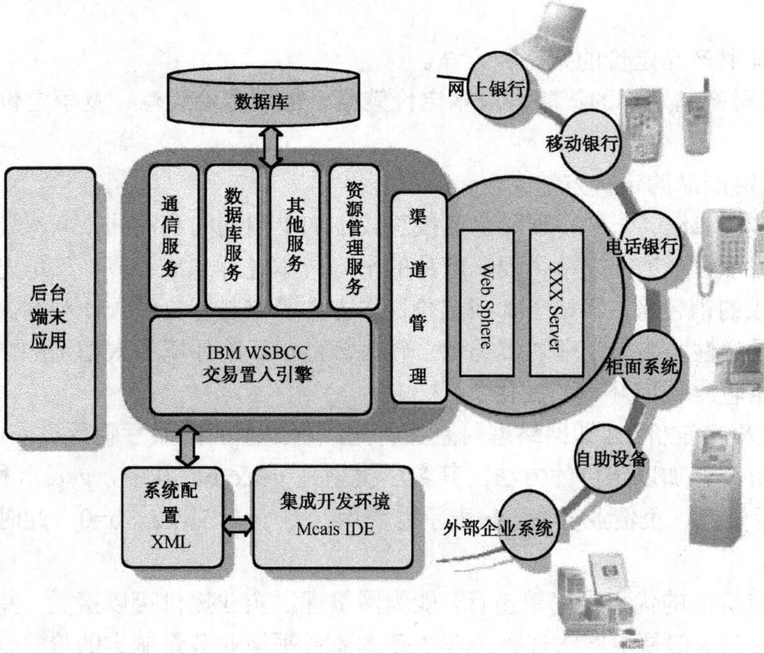

图 8.1

一、网上银行的特点

网上银行有以下特点：

（1）以客户为中心，以技术为基础，创建独特品牌。网上银行不面对面与客户接触，一切交易和沟通是通过互联网、电话进行的。而这就要求网上银行的营销理念从过去的注重一般性理财产品的开发和管理，转移到以客户为核心，根据每个客户不同的理财需求，“量身定做”个人的理财产品并提供银行业务服务。此外，由于网上银行是以技术为基础的银行，因此技术力量要雄厚，对计算机系统软件的开发、应用和管理的能力要强。再者，网上银行要将客户作为一个个的人来对待，在为客户解决理财疑问和困难的时候，使客户感到解决的方案是按自己的想法和愿望形成的，并且最适合自己的需求；同时要使客户感觉自己可以自由、灵活地控制资金。这就是“创建独特品牌”的内在含义之一，同时也是成熟市场消费者的要求。

（2）应运计算机软件系统进行操作和管理。网上银行的全部业务，如贷款申请、发行信用卡、开设存款账户等均通过互联网进行并由系统软件处理。因为计算机软件系统是网上银行顺利运作的核心，所以它的维护和管理显得十分重要。

（3）需要良好的社会基础设施支持。首先，网上银行的平稳运作要有高度发达的通信设施支持；其次，需要技术、开发能力强、了解银行业务的计算机软件公司、互联网服务商及数据处理公司的通力合作；最后，社会资信咨询公司是网上银行的业务运作，特别是贷款业务运作的重要保证。它不仅是网上银行，也是西方国家商业银行进行个人风险评估和控制的重要手段之一。

（4）容易进行成本控制。网上银行无分支机构，人员少，通信费用低，无纸化操作，可有效控制成本，产品价格竞争力强。网上银行容易进行成本控制，其利率比一般的商业银行要低 1/4。

（5）信息共享。网上银行的业务操作可以形象地比喻为一条生产流水线。因此，员工之间、员工与上司之间及各部门之间要建立沟通和协调的渠道；同时，各部门要大量收集客户及相关信息，通过内部信息网络管理系统，进行信息共享，以达到提高效率的目的。

（6）不关门的银行。由于网上银行所拥有的技术和计算机软件系统的优势，使其能承诺并保证为客户提供全天 24 小时、全年 365 天的不间断服务。

二、网上银行的服务体系

网上银行一般包括三个要素：互联网或其他电子通信网络；基于电子通信的理财服务提供者；基于电子通信的理财服务消费者。

网上银行服务可归纳为三类：一是关于本银行的广告、历史、新闻等告知性介绍；二是本银行在网上提供的非实时的不涉及资金支付的服务，如咨询；三是真正通过互联网为个人和企业提供查询、转账、网上购物或电子贸易等实时支付服务。

网上交易分为交易环节和支付环节。交易环节是在客户与销售商之间完成的；而支付环节必须有银行作为中介机构提供理财服务。

三、网上银行的形式

网上银行有 3 种形式：

（1）没有传统的营业网点，直接建立在互联网上的网上银行，这是一种虚拟银行的形式，如美国的安全第一网上银行（SFNB），它开创了虚拟银行的先河。

（2）传统银行以其现有银行专用网络系统与 Internet 进行联网，提供互联网服务，为客户提供账户查询、资金转账等理财服务。

（3）传统银行在互联网上设立网站，介绍银行自身情况，发布有关理财信息，但在网上没有开设银行业务，这不是真正意义上的网上银行。

四、网上银行业务流程设计

1. 办理网上银行业务应具备的条件

银行交易中心必须取得理财认证中心的权威认证。

商家在交易中心设立网上商店，建立商户档案，将产品通过图文并茂的方式展示在互联网上。

顾客（一般消费者或单位）最好持有银行账户或信用卡，符合该条件的可以通过互联网或到当地储蓄所、分理处注册成为会员用户，会员既可以以更加优惠的价格购买货物，又能只凭一个会员 PIN 支付货款。若不是银行客户的顾客在线购买，也可以通过数字现金、汇兑、同城交换、邮政汇款、货到付款等多种方式进行支付。

2. 网上银行业务的基本流程

顾客通过互联网浏览在交易中心注册的网上商店的产品，选择合适的产品后填写订单并选择付款方式，发出购买请求。

交易中心核对商家产品。若顾客采用银行账户付款，核对顾客账户资金，以模块冻结、保留或转入中心临时账户的方式扣除货款，并记录交易日志和订单。

交易中心向顾客发回订单被接受的信息，提示顾客目前正在送货过程中，同时通过 E-mail 发回执给顾客。

交易中心通知商家提货、送货，可以通过电话、E-mail 告知商家或商家自己通过网络自动获取订单信息。

商家给顾客送货并附发票。

送货成功后，商店向交易中心发出送货完毕信息。

顾客收货后，向交易中心发出接收货物完毕信息。

交易中心根据供需双方最后的确认，将临时账户或冻结的资金扣除手续费后转账到商家账户中，至此，该笔交易成功完成。若商家和顾客有一个环节不能完成，表示该交易无效，资金转回顾客的账户中。

3. 网上银行系统应用结构

网上银行系统应用结构一般由五个模块组成，以中国工商银行为例：

（1）客户端软件。客户端软件是可选择的。客户端软件通常有两种：一是当发行数字货币或现金时，客户端需下载一个本地钱包软件；二是为了实现更加安全快捷的交易流程，站点自己制作浏览器，类似于网上股票交易软件和美国在线方式的商业站点。

（2）Web 站点系统。第一，网页文档，这是商业站点的门面，需要精心策划购物环境，以图文并茂的生动方式向顾客介绍产品，介绍各种服务以及亲和、流畅、安全、快速的订购方法，促使顾客最终订货。站点的开发和维护需要具有较深厚功力的美工人员和市场营销人员的参与。第二，订购系统，进行客户身份认证，订单有效性检查，交易合法性检查、执行等工作。

（3）支付网关。接收请求付款指令，严格核对交易有效性，通过仿真终端发往主机，提供 24 小时服务，具备日期时间切换功能。

（4）客户服务。建立强大的后台支援系统。第一，客户信息管理，包括商家信息、消费者会员信息、VIP 会员管理，对诸如客户账户信息、密码等重要数据以加密方式存储；第二，产品资料管理，记录各商户的产品资料信息，为站点网页提供自动更新的内容；第三，订单信息管理，订单状态的查询、更新，为支付网关提供交易指令，自动向客户和商户发送确认交易的电子邮件；第四，交易历史明细，消费者行为模式分析、客户消费行为分析，为企业提供产品咨询服务；第五，数字货币；第六，日终报表打印。

（5）主机系统。第一，联机，通过 Switch CICS 判断是本地或异地，根据消费者是个人还是单位分别进行储蓄或对公系统处理；第二，批量，将交易中心作为一个虚拟网点，参与对公、储蓄系统的日终轧账。

五、网上银行的营运成本

网上银行不仅降低了商业银行的业务经营成本，而且也降低了管理维护成本，对银行的现金押运、保存、点钞、找零、防盗、防假等经营成本形成替代效应，对其他理财服务品种形成互补效应。网上银行的经营成本只占经营收入的 15%～20%，而传统银行的经营成本占了经营收入的 60%。

六、网上银行支付结算系统

网上支付是指付款方把支付指令发给收款方，然后由收款方把支付指令转发给银行。银行经后台系统处理，并通过传统的支付系统完成银行之间的清算和结算。因此，保证通过互联网传送支付指令的安全性和保密性是非常重要的。网上支付系统涉及付款人、收款人和银行，网上支付系统把银行的柜台延伸到客户端，因此，网上支付是传统支付系统的创新和发展。目前，网上支付工具主要有信用卡支付、电子支票和电子现金等。网上银行主要有四种支付方式：一是间接信用卡付款；二是电子现金，又称虚拟货币；三是以电子邮件技术为基础，在网上设置虚拟 POS，代企业收款；四是用 IC 卡，既可直接付款，又不需在网上直接输入信用卡号码。

七、票据电子化管理系统

在成千上万的理财存档票据中查找某一特定单据时，传统的文档管理方式由于纯手工操作，劳动强度大，效率低下，已难以适应业务发展的需要。票据电子化管理系统是利用计算机图像处理、网络、多媒体等技术，实现文件存储、查询、管理的完全电子化，系统可广泛应用在信用卡、会计通存通兑、出纳现金自动化处理及自动柜员机等方面，也可应用于理财公司的各类保单的存储查询，税务报表及医院病案的管理，如图 8.2 和图 8.3 所示。

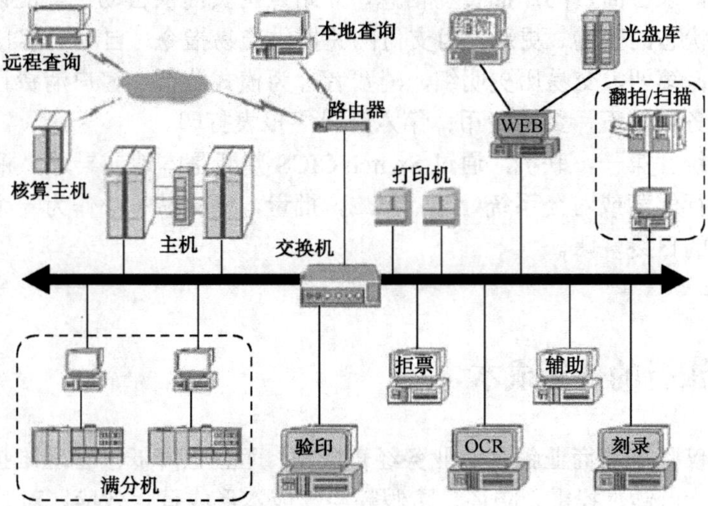

图 8.2

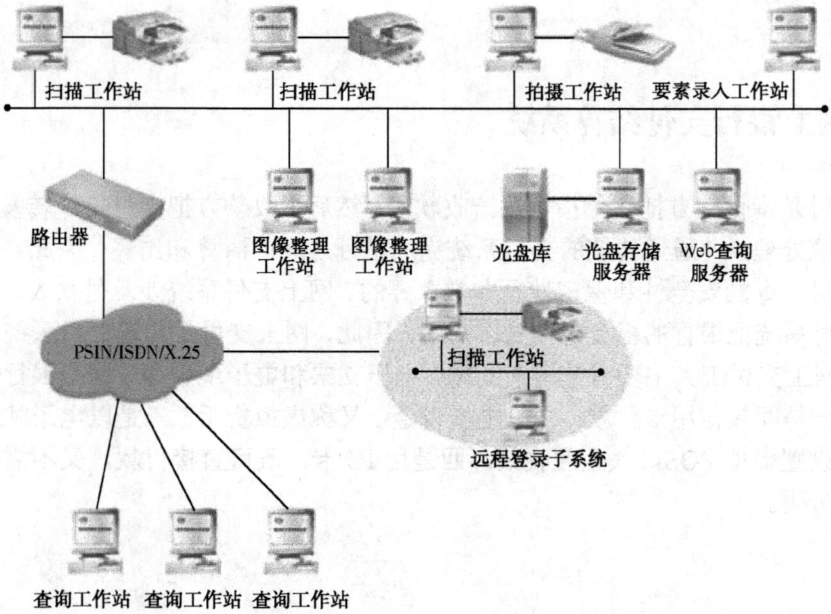

图 8.3

该系统的录入端有数字摄像头及高、中、低速扫描仪可供选择。生成的影像可存储在光盘和胶卷两种不同介质上。系统支持高速光盘查询、本地网络查询和远程 Web 查询，充分满足用户不同的个性化需求和投资规模要求。各部门不需增加新的数据录入工作，在正常业务处理的同时即可完成文档的电子化管理，如图 8.4、图 8.5 和图 8.6 所示。

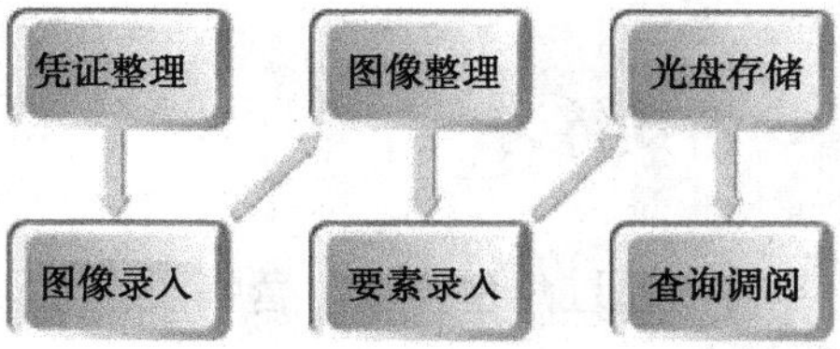

图 8.4

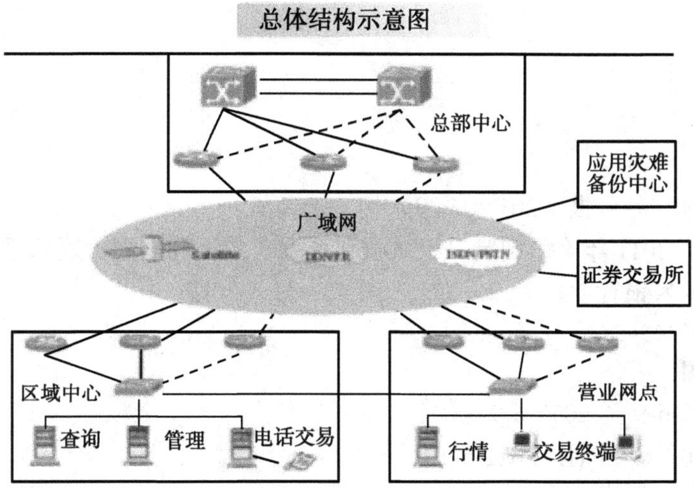

图 8.5

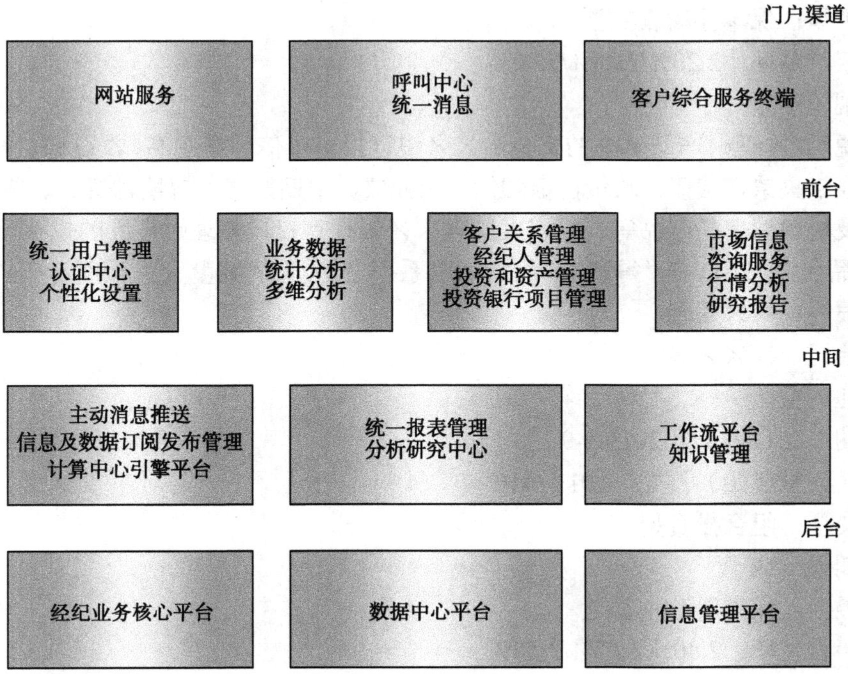

图 8.6

活动练习

1．通过角色扮演、营销晨会、习题写作等模拟营销训练，掌握网络理财产品营销流程和方法。

2．通过信用卡、理财产品的模拟网络销售，体会理财产品网络销售的真实感受，掌握理财产品营销技能。

阅读资料

用益银信理财产品日报（2011.06.09）

1．产品名称：2011年“得利宝”智慧添利系列之7天周期型人民币理财产品L0309701

发行银行：××银行

信托公司：××××

发行地：全国

销售期：2011-6-9至2011-6-9

成立（计息起始）日期：2011-6-10

投资类型：组合投资型

投资期限：7天

收益类型：保本浮动收益型

预期年收益率：2.20%/2.25%/2.30%

发行规模：万

产品说明：本理财产品募集的资金由××银行投资于信用级别高、收益稳定的投资工具，包括但不限于央票、国债、政策性金融债、企业债、中期票据、短期融资券、票据资产、信贷资产以及稳健型信托产品等。投资人同意××银行有权调整理财产品的投资范围。

2．产品名称：2011年“得利宝”智慧添利系列之14天周期型人民币理财产品M0304901

发行银行：××银行

信托公司：××××

发行地：全国

销售期：2011-6-9至2011-6-9

成立（计息起始）日期：2011-6-10

投资类型：组合投资型

投资期限：14天

收益类型：保本浮动收益型

预期年收益率：2.40%/2.45%/2.50%

委托起始金额：5万/50万/200万

发行规模：万

产品说明：本理财产品募集的资金由××银行投资于信用级别高、收益稳定的投资工具，包括但不限于央票、国债、政策性金融债、企业债、中期票据、短期融资券、票据资产、信贷资产以及稳健型信托产品等。投资人同意××银行有权调整理财产品的投资范围。

3．产品名称：2011年“得利宝”智慧添利系列之28天周期型人民币理财产品J0302501

发行银行：××银行

信托公司：××××

发行地：全国

销售期：2011-6-9至2011-6-9

成立（计息起始）日期：2011-6-10

投资类型：组合投资型

投资期限：28天

收益类型：保本浮动收益型

预期年收益率：2.70%/2.75%/2.80%

委托起始金额：5万/50万/200万

发行规模：万

产品说明：本理财产品募集的资金由××银行投资于信用级别高、收益稳定的投资工具，包括但不限于央票、国债、政策性金融债、企业债、中期票据、短期融资券、票据资产、信贷资产以及稳健型信托产品等。投资人同意××银行有权调整理财产品的投资范围。

4．产品名称：个人高净值客户专属人民币理财产品（15天）GZXT1137

发行银行：××银行

信托公司：××××

发行地：广州

销售期：2011-6-9至2011-6-12

成立（计息起始）日期：2011-6-13

投资类型：组合投资型

投资期限：15天

收益类型：非保本浮动收益型

预期年收益率：3.8%/4%

委托起始金额：5万/50万

发行规模：50000万

产品说明：本期产品主要投资于符合监管机构要求的信托计划及其他资产或资产组合、存款以及其他货币资金市场投资工具。

习题和能力训练

一、理论自测题

1. 名词解释

网络营销　理财产品网络营销　网络营销策略

2. 简答题

（1）简述理财产品网络营销的特点。

（2）简述网络营销的优缺点。

（3）简述网络理财产品的价格策略。

（4）简述网络理财产品的定价方法。

（5）简述网上银行的特点。

（6）简述网上银行业务流程设计。

二、单元案例

中信银行网络营销案例解析

中信银行借助2005年11月更名之势，掀起了2006年整合营销传播的浪潮。一时间，电视、平面媒体、网络、营业厅都在传递着同样的声音和视觉信息。不同的媒体平台担负着不同的传播任务，或者说针对不同的目标群体达成各自的传播目标，最终实现中信银行的品牌形象树立及其相关产品、服务的推介。

随着中国互联网行业的迅猛发展，网络用户数量急剧上升，使得广告主不得不重视网络媒体的使用。网络营销已经成为各行业领先品牌整体传播策略中不可或缺的组成部分。互联网媒体的在线互动营销给广告主提供了丰富的传播手段和应用方式。

中信银行2006年网络营销策略要点：

1. 网络媒体是电视媒体的重要补充

计算机、网络、宽带越来越多的进入人们的工作与生活，互联网上海量的资讯使得一部分用户每天长时间挂在网上，上班如此，下班亦是如此，加上相当数量的网络游戏爱好者，构成了一个不看电视或很少看电视的典型人群。

因此，中信银行2006年的整合传播策略当中，很明确的策略之一便是在覆盖央视黄金媒体的前提下，使用网络媒体进行精准辅助营销。

2. 网络用户是更高端、更活跃的目标群体

虽然很多调查数据表明上网的人群数量过亿，但是对广告主来说，只有那些重度使用网络的人群才真正有意义。如果按每周至少上一次网的人来界定这个群体的大小，显然是过于宽松和乐观的看法。此时靠常识或直觉来判断会显得更有意义。

不容置疑的是，网络用户是一群更活跃、更高端的群体，他们是当代社会的领导者。互联网的普及应用，给这部分人带来的不仅仅是一种工作上的便利，更是一种生活方式的改变。这个数以千万计的群体，对于任何产品和服务的消费，都是不容忽视的。更重要的是，这个高端、活跃的群体处于高速增长阶段。

3. 网络媒体能够满足品牌、产品和服务的深度传播要求

网络媒体不同于其他任何一种成熟媒体的特点，是网络媒体自身的整合性。人们可能更多地把网络媒体的互动性作为其特性，实际上互动只是其中一个特性而已。

为什么强调网络媒体自身的整合性，是要说明在网络这个无国界、可以无限延伸的平台上，能用于传播的途径和手段很多。视频、游戏、邮件、网页、网络广告、推广网站、富媒体、在线调查等等，在做网络营销的时候，本身就需要进行整合。这也就是为什么说在网络媒体上，广告主可以根据需求进行品牌推广、产品或服务的推广。而且在网络平台上，先进

的技术可以保障传递信息的灵活性和快速转变，而传统媒体基本是无法实现这些功能的。

4. 持续传播有效到达

随着网络媒体价值的突显，广告主进行网络营销的门槛也不断上升，为了保证媒介投资的收益最大化，持续传播策略能够保证最大范围的有效到达以及到达的频次。

问题：银行网络营销的优势是什么？中信银行网络营销成功的做法是什么？

分析要求：学生分析案例提出的问题，拟出案例分析提纲；小组讨论，拟出案例分析报告；班级交流，教师对案例分析报告进行点评；在班级展出附有教师点评的小组案例分析报告，供学生比较研究。

案例考核：包括形成性考核和案例报告考核，考核指标与标准见本书附录考核手册中的考核表2。

三、单元实训

1. 实训题

实训题目：“某银行理财产品网络营销策划”业务胜任力训练

各个活动小组结合自己所在院校的实际情况，试就“某银行理财产品网络营销”进行市场营销策划设计。

实训目标：通过模拟训练，帮助学生初步掌握网络营销策划的基本步骤和设计要点。

实训内容：

（1）专业技能与能力：根据网络营销策划基本原理，学生分组完成“某银行理财产品网络营销策划设计方案”的撰写。

（2）相关职业核心能力：初级训练。

（3）相关职业道德规范：内化级践行。

实训要求：

（1）将“职业核心能力培养（初级）”和“职业道德素质养成（内化级）”相关训练内容（见表4-1和考核表3-1-2）融入“专业技术与能力”训练内容中。

（2）在实施“市场营销策划”业务胜任力训练的同时，参照考核表3-1-2中相关“评估标准”，强化表4-1选项的“职业核心能力”和“职业道德素质”训练。

（3）实训前要求学生了解本实训的目标、内容和要求，熟记表4-1、表4-2和考核表3-1-2中“评估指标”与“评估标准”的内涵，并将后者作为本实训的技能训练点和考核点来准备。

实训时间：本章学习后的课余时间，用一周时间完成。

操作步骤：

（1）将班级分成若干个小组，教师布置实训任务。

（2）学习小组讨论并编制调查提纲。

（3）教师对市场竞争分析及营销策划方案分别进行指导。

（4）各学习小组内部交流，推选代表准备参加班级交流。

（5）学习小组代表在班级内进行交流，同学互相点评。

（6）教师总结归纳，明晰专业课程实训规范要求。

成果形式：撰写“某银行理财产品网络营销策划设计方案”。

2. 实训考核

活动过程考核与实训课业考核相结合。

活动过程考核：根据学生参与实训过程的表现，就表 8.1”中各项评估指标与评估标准，针对其“职业核心能力培养”与“职业道德素质养成”的训练效果，评出个人分项成绩与总成绩，并填写教师评语。

表 8.1 “活动过程”考核表

实训名称：“市场营销策划”业务胜任力训练

评估标准		等级	选项	评估标准	分项成绩
职业核心能力（50%）	自我学习（10%）	初级	√	参照“考核手册”考核表 3-1-2 中相应等级的“评估标准”	
	信息处理（10%）	初级	√	参照“考核手册”考核表 3-1-2 中相应等级的“评估标准”	
	数字应用	初级		参照“考核手册”考核表 3-1-2 中相应等级的“评估标准”	
	与人交流（10%）	初级	√	参照“考核手册”考核表 3-1-2 中相应等级的“评估标准”	
	与人合作（10%）	初级	√	参照“考核手册”考核表 3-1-2 中相应等级的“评估标准”	
	解决问题（10%）	初级	√	参照“考核手册”考核表 3-1-2 中相应等级的“评估标准”	
	革新创新	初级		参照“考核手册”考核表 3-1-2 中相应等级的“评估标准”	
职业道德素质（50%）	职业观念（10%）	内化	√	对职业、职业选择、岗位工作、营销人员职业道德和企业营销伦理等问题具有正确的看法	
	职业情感（10%）	内化	√	对职业有愉快的主观体验、稳定的情绪表现、健康的心态、良好的心境，具有强烈的职业认同感、职业荣誉感和职业敬业感	
	职业理想（10%）	内化	√	对将要从事的职业种类、职业方向与事业成就有积极的向往和执着的追求	
职业道德素质（50%）	职业态度（10%）	内化	√	对职业选择有充分的认知和积极的倾向性行动	
	职业良心（10%）	内化	√	在履行职业义务时具有强烈的道德责任感和较高的自我评价能力	
	职业作风	内化		在职业实践和职业生活的自觉行动中，具有体现职业道德内涵的一贯表现	
总成绩（100%）：					
教师评语	签名： 20 年 月 日				

实训课业考核考核：根据实训所要求的学生“实训课业”完成情况，就表 8.2 中各项“课业评估指标”与“课业评估标准”，评出个人和小组的分项成绩与总成绩，并填写教师评语

与学生意见。

表 8.2　“实训课业”成绩考核表

课业名称：《某银行理财产品网络营销策划设计方案》

课业评估指标	课业评估标准	分项成绩
1. 市场调研计划（30%）	1. 调研对象明确 2. 调查方法合理 3. 抽样计划可行 4. 语言简洁，逻辑性强	
2. 市场营销环境分析（30%）	1. 分析的全面性和整体性 2. 分析的针对性和深入性	
3. 市场行为分析（20%）	1. 分析对象明确 2. 影响因素分析到位 3. 购买行为分析合理性	
4. 设计方案的写作（20%）	1. 格式的规范性 2. 内容的完整性、科学性 3. 结构的合理性 4. 文理的通顺性	
总成绩（100%）：		
教师评语	签名： 20　年　月　日	
学生意见	签名： 20　年　月　日	

附录　考核手册

一、考核模式

本课程采用兼顾“知识测试”和“能力与素质评估”的“知识考核+案例考核+实训考核”的“多元整合”考核模式。

二、考核目的

全面测评考生对课程“理论知识”与“实务知识”的理解和掌握程度，评估考生在教材要求的“职业技能训练”、“职业核心能力培养”和“职业道德素质养成”教学活动中达到的效果与水平。

三、考核种类

本课程考核包括“知识考核”、“案例考核”和“实训考核”三种。各种考核针对学生“学力结构”的不同层面，旨在全面反映学生“学力”发展的整体水平。

四、考核方式、内容与成绩核定

所有种类的考核均采用百分制，满分为 100 分。其中，“知识考核”只评价考生的学习结果（试卷）；“案例考核”和“实训考核”不仅评价考生的学习成果，而且评价考生在“活动过程”中的表现。

1. 知识考核

考核方式："单元考核"与"期末考核"相结合，从"自测系统"的题库或教材课后习题中抽题，采用闭卷笔试方式。

考核内容：本教材涉及的主要"理论知识"和"实务知识"。

考核成绩核定：以"单元平均成绩"和"期末考试成绩"各占50%的比例加总确定成绩。其中，"单元平均成绩"取各章"单元测试成绩"的平均值。

2. 案例考核

考核方式："单元考核"与"期末考核"相结合，试题为教材中的"单元案例"和"综合案例"；"形成性考核"与"结果性考核"相结合（"形成性考核"针对考生在相关案例中"个人准备"、"小组讨论"、"班级讨论"过程中的表现，"结果性考核"针对考生在相关案例中提供的《案例报告分析》和《决策设计报告》）。

考核内容：考生在"单元案例"和"综合案例"的"案例分析"和"决策分析"中的表现与成果。

考核成绩核定：以"单元平均成绩"和"综合平均成绩"各占50%的比例加总确定成绩。"单元平均成绩"取各"单元案例考核成绩"的平均值；"综合平均"取各"综合案例考核成绩"的平均值。

考核成绩核定："形成性考核"与"结果性考核"各占总成绩的50%。其中，"个人准备"占20%，"小组讨论"占15%，"班级讨论"占15%。

考核指标："形成性考核"中的"个人准备"主要考查提供的《案例分析提纲》或《决策设计提纲》(包括案例概括、讨论主题、问题分析、可供选择方案、决策标准、可行性方案等)；"小组讨论"主要考查考生上课出席情况、讨论发言的参与度、言语表达能力及说服力大小、思维是否敏捷等；"班级讨论"主要考查考生在团队协作、与人交流、课堂互动等方面的表现、参与讨论的深度与广度等。"结果性考核"的指标与标准主要有"分析依据的乐观性与充分性"(10%)、"分析步骤的恰当性与条理性"(10%)、"理论思考的正确性、深刻性与全面性"(10%)、"解决问题或决策设计的创新性"（10%)、"文字表达的清晰性与准确性"（10%)。

3. 实训考核

考核方式："单元考核"与"期末考核"相结合，"活动过程考核"与"实训课业考核"相结合。

考核内容：考生在教材"单元实训"和"综合实训"涉及的"职业技能训练"、"职业核心能力培养"和"职业道德素质养成"中的表现、成果与发展水平。

考核成绩核定："实训考核"以"单元平均"和"综合平均"各占50%的比例加总成绩确定成绩。"单元平均"取各"单元实训考核成绩"的平均值；"综合平均"取各"综合实训考核成绩"的平均值。"单元实训考核成绩"指各章"单元实训"中各"实训题"成绩的平均值；"综合实训考核成绩"指书后每个"综合实训"的考核成绩。

对"职业核心能力"和"职业道德素质"的考核只要求"活动过程"评估。"活动过程考核"是衡量考生是否达到"实训教学"目标的基本依据之一。"活动过程考核"根据考生在实训活动过程中的表现来认定。其中，"职业核心能力"的"评估指标等级"分为"初级"、

“中级”和“高级”三等；“职业道德素质”的“评估指标等级”分为“顺从”、“认同”、“内化”三等。各学年的“评估指标等级要求”为：第一学年“初级/顺从”；第二学年“中级/认同”；第三学年“高级/内化”。各等级考核的具体成绩根据考生达标程度给出。“活动过程考核”可综合通过教师观察记录、考生活动音像记录、学生工作日记、企业评估、任务小组工作报告、考生工作文件等途经进行。

（1）教师观察记录：对考生个人活动、小组活动、团队活动运用一张检查表进行考察并记录；

（2）考生活动音像记录：对小组讨论或角色游戏的录像，学生会见企业代表、客户或相关人员的磁带录音；

（3）学生工作日记：反映学生各学力内涵的强项、弱点和发展水平；

（4）企业评估：企业对考生的工作活动，知识与技能发展的评估；

（5）任务小组工作报告：包括对小组成员的简评、采访和调查，做出决定所用时间及相关记录；

（6）考生工作文件：包括学生的工作报告、对学习困难的陈述、教师的评语，还有已完成的课业任务以及对小组课业的贡献。

对“职业技能”的考核通过“实训课业考核”进行。“实训课业考核”是衡量考生是否达到“实训教学”目标的另一基本依据。“实训课业考核”以考生完成课业的质量来认定。“单元实训”和“综合实训”中针对“职业技能”的各项“课业评估指标”和“课业评估标准”，由建材作者根据教学大纲要求参照“行业指标与标准”具体列示。

“实训课业考核”成绩的等级与打分标准：按百分制给出成绩，共分五等。总分 90 分以上为“优秀”；80～89 分为“良好”；70～79 分为“通过”；60～69 分为“重做”；59 分以下为“未通过”。各分段的尺度为：优秀，课业的各主要指标均表现出色；良好，课业某些指标表现出色，其他指标基本达标；通过，课业某些指标表现出色，其他指标基本通过；重做，课业基本指标没达到标准；未通过，经过重做课业的基本指标仍未达到标准。一般规定重做的课业成绩等级最高为“通过”。

五、评价主体

“知识考核”由教师以评阅试卷的形式进行。

“案例考核”中的“形成性考核”兼顾并综合“考生自我评价”、“考生互评”、“教师评价”三个维度；“结果性考核”除了兼顾前面三个维度外，还要加上“企业评价”。“单元案例考核”和“综合案例”考核的结果反映在教师填写的相应考核表中（其样本见“考核表”）。

“实训课业考核”兼顾并综合“考生自我评价”、“学生互评”、“教师评价”和“企业评价”四个维度。每次课业教师都要给出评语，指出该课业成果的优缺点，以利于学生的进步。“单元实训考核”和“综合实训考核”结果反映在教师填写的相应考核表中。

六、考核表

本课程的考核表由“课程成绩考核表”、“案例成绩考核表”、“实训成绩考核表”三部分构成。其中，“考核表 3-1-3”和“考核表 3-2-2”要附在教材各“单元实训”和书后“综合实训”的“实训课业考核”项下，两者的“课业评估指标”和“课业评估标准”要求专门针对各项“职业技能”设计，具体内容由教材作者根据教学大纲要求参照“行业指标与标准”详细列出。

各考核表样本如下：

考核表 1 课程成绩考核表

专业：投资与理财　　课程名称：理财产品营销　　班级：__　　姓名__　　学号__

考核表 1-1 理论成绩考核表

种　类	单元考核											单元平均	期末考核	总分
章序	1	2	3	4	5	6	7	8	9	10	…			
比例（%）												50%	50%	100%
得分														

考核表 1-2 实务成绩考核表

种　类	单元考核											单元平均	期末考核	总分
章序	1	2	3	4	5	6	7	8	9	10	…			
比例（%）												50%	50%	100%
得分														

考核表 1-3 案例成绩考核表

种　类	单元平均（50%）	综合平均（50%）	总分（100%）
得分			
教师评语	签名： 20 年 月 日		

考核表 1-4 实训成绩考核表

种　类	单元平均（50%）	综合平均（50%）	总分（100%）
得分			
教师评语	签名： 20 年 月 日		

考核表 1-5　课程成绩考核总表

种　　类	理论考核	实务考核	案例考核	实训考核	总成绩
比例（%）	30	20	20	30	100
得分					

（说明："考核表 1"是课程结业考核的各类成绩汇总表，其中"理论考核"与"实务考核"等知识考核成绩，由任课教师根据"单元测试卷"和"期末考试卷"的成绩填写。"案例考核"和"实训考核"成绩，由任课教师根据"考核表 2"和"考核表 3"的考核成绩填写。）

考核表 2　案例成绩考核

考核表 2-1　单元案例成绩考核

考核表 2-1-1　第　章　单元　　案例成绩考核表

案例序号：　　　　　　　案例名称：

评估指标		评估标准	分项成绩
形成性考核（50%）	个人准备（20%）	案例概况、讨论主题、问题分析、可供选择方案、决策标准、可行性方案	
	小组讨论（15%）	上课出席情况，讨论发言的参与度，言语表达能力，说服力大小，思维是否敏捷	
	班级交流（15%）	团队协作，与人交流，课堂互动等方面的表现，讨论参与的深度与广度	
案例分析报告 决策设计方案（50%）	分析依据（10%）	分析依据的客观性与充分性	
	分析步骤（10%）	分析步骤的恰当性与条理性	
	理论思考（10%）	理论思考的正确性、深刻性与全面性	
	解决问题（10%）	解决问题或决策设计的创新性	
	文字表达（10%）	文字表达的清晰性与准确性	
总成绩（100%）			
教师评语	签名： 20　年　月　日		

（说明："单元案例"指章后"习题与训练"中的"案例题"；"案例分析"与"决策设计"两种题型分别考核，取两者平均成绩为"单元案例"的考核成绩。每种题型不止一个案例的，取每种题型各案例的平均成绩为该种题型的考核成绩。）

考核表 2-1-2　单元案例成绩考核总表

序　　号	形成性考核（50%）	分析报告与决方案（50%）	考核成绩（100%）
第 1 章			
第 2 章			
第 3 章			
……			
单元平均			

考核表 2-2　综合案例（　　）成绩考核表

案例序号：　　　　　　　　　案例名称：

评估指标		评估标准	分项成绩
形成性考核（50%）	个人准备（20%）	案例概况、讨论主题、问题分析、可供选择方案、决策标准、可行性方案	
	小组讨论（15%）	上课出席情况，讨论发言的参与度，言语表达能力，说服力大小，思维是否敏捷	
	班级交流（15%）	团队协作，与人交流，课堂互动等方面的表现，讨论参与的深度与广度	
案例分析报告决策设计方案（50%）	分析依据（10%）	分析依据的客观性与充分性	
	分析步骤（10%）	分析步骤的恰当性与条理性	
	理论思考（10%）	理论思考的正确性、深刻性与全面性	
	解决问题（10%）	解决问题或决策设计的创新性	
	文字表达（10%）	文字表达的清晰性与准确性	
总成绩（100%）			
教师评语	签名： 20　年　月　日		

考核表 2-3　综合案例成绩考核总表

序　　号	形成性考核（50%）	案例分析报告（50%）	考核成绩（100%）
综合案例 1			
综合案例 2			
……			
综合平均			

考核表3　实训成绩考核表

考核表3-1　单元实训成绩考核表

考核表3-1-1　活动过程成绩考核表

实训名称：

<table>
<tr><th colspan="2">评估标准</th><th>等级</th><th>选项</th><th>评估标准</th><th>分项成绩</th></tr>
<tr><td rowspan="7">职业核心能力（50%）</td><td>自我学习</td><td></td><td></td><td>参照“考核手册”考核表3-1-2中相应等级的“评估标准”</td><td></td></tr>
<tr><td>信息处理</td><td></td><td></td><td>参照“考核手册”考核表3-1-2中相应等级的“评估标准”</td><td></td></tr>
<tr><td>数字应用</td><td></td><td></td><td>参照“考核手册”考核表3-1-2中相应等级的“评估标准”</td><td></td></tr>
<tr><td>与人交流</td><td></td><td></td><td>参照“考核手册”考核表3-1-2中相应等级的“评估标准”</td><td></td></tr>
<tr><td>与人合作</td><td></td><td></td><td>参照“考核手册”考核表3-1-2中相应等级的“评估标准”</td><td></td></tr>
<tr><td>解决问题</td><td></td><td></td><td>参照“考核手册”考核表3-1-2中相应等级的“评估标准”</td><td></td></tr>
<tr><td>革新创新</td><td></td><td></td><td>参照“考核手册”考核表3-1-2中相应等级的“评估标准”</td><td></td></tr>
<tr><td rowspan="6">职业道德素质（50%）</td><td>职业观念</td><td></td><td></td><td>对职业、职业选择、岗位工作、营销人员职业道德和企业营销伦理等问题的正确看法</td><td></td></tr>
<tr><td>职业情感</td><td></td><td></td><td>对职业有愉快的主观体验、稳定的情绪表现、健康的心态、良好的心境，具有强烈的职业认同感、职业荣誉感和职业敬业感</td><td></td></tr>
<tr><td>职业理想</td><td></td><td></td><td>对将要从事的职业种类、职业方向与事业成就有积极的向往和执著的追求</td><td></td></tr>
<tr><td>职业态度</td><td></td><td></td><td>对职业选择有充分的认知和积极的倾向与行动</td><td></td></tr>
<tr><td>职业良心</td><td></td><td></td><td>在履行职业义务时具有强烈的道德责任感和较高的自我评价能力</td><td></td></tr>
<tr><td>职业作风</td><td></td><td></td><td>在职业实践和职业生活的自觉行动中，具有体现职业道德内涵的一贯表现</td><td></td></tr>
<tr><td colspan="6">活动过程考核总成绩（100%）</td></tr>
<tr><td>教师评语</td><td colspan="5">签名：
20　年　月　日</td></tr>
</table>

（说明：1．“单元实训”是指章后“习题与训练”中的“实训题”。2．“单元实训”只要求对“职业核心能力”和“职业道德素质”进行“活动过程考核”。3．表中“选项”栏是指在“实训题”的“活动过程考核”设计中涉及“职业核心能力”和“职业道德素质”的具体指标，应在选中的“选项”格内打“√”。4．“职业核心能力”评估指标等级分“初级”、“中级”和“高级”三等；“职业道德素质”评估等级分“顺从”、“认同”、“内化”三等。5．两项“评估指标等级”在三个学年的要求分别为“初级/顺从”、“中级/认同”和“高级/内化”。6．具体成绩由任课教师根据考生达标程度给出。）

考核表 3-1-2　职业核心能力考核参考评估标准

种类	等级	评估标准
自我学习	初级	在确定短期学习目标时，能明确学习动机和目标，并计划时间、寻求指导；在实施学习计划时，能按照行动要点开展工作、按时完成任务，使用不同的方式、选择和运用不同学习方法实现目标，并能对计划及时做出调整；检查学习进度和效果时，能对学习情况提出看法、改进意见和提高学习能力的设想
	中级	在确定中期学习目标时，能明确提出多个学习目标，列出实现各目标的行动要点，确定实现目标的计划，并安排时间；在实施学习计划时，能开展学习和活动，通过简单的课程和技能训练，提高工作能力；在检查学习进度和成果时，能巩固取得的学习成果，并能将新学到的东西用于工作任务
	高级	在确定长期学习目标时，能根据各种信息和资源确定要实现的多个目标及途经，明确可能影响计划实现的因素，确认实现目标的时限，制订行动要点和时间表，预计困难和变化；在实施学习计划时，能保证重点、调整落实、处理困难、选择方法，通过复杂的课程和技能训练提高工作能力；在检查学习和成果时，能汇总学习成果、成功经验和已实现的目标，证明新学到的东西能有效用于新选择的职业或工作任务
信息处理	初级	在获取信息时，能通过阅读、计算机或网络获取信息；在整理信息时，能使用不同方法，从多个资源中选择、收集和综合信息，并通过计算机编辑、生成和保存信息；在传递信息时，能通过口头、书面形式传递，能选择合适的版面编排、规范的方式展示、能用电子手段传输信息
	中级	在获取信息时，能明确任务，确定搜寻范围，列出信息资源优先顺序，通过询访法和观察法搜寻信息；在开发信息时，能对信息进行分类、定量筛选、运算分析、加工整理，利用计算机扩展信息；在展示信息时，能通过演说传递信息，能用文字图表、计算机排版展示组合信息，能用多媒体辅助信息传达
	高级	在获取信息时，能分析复杂工作任务，比较不同信息来源的优势和限制条件，选择适当技术发现和搜寻信息；在开发信息时，能辨别信息真伪，定性核校、分析综合、解读与验证资料，建立较大规模的数据库，用计算机生成新的信息；在展示信息时，能用新闻方式发布、平面方式展示、网络技术传递，能利用信息预测趋势、进行新的设计，能收集信息反馈，评估使用效果
数字应用	初级	在采集、解读数据信息时，能按照要求测量并记录结果，准确统计数目，解读简单图表，读懂各种数字，并汇总数据；在进行数字计算时，能进行简单并验算结果；在展示和使用数据信息时，能正确使用单位，根据计算结果说明工作任务
	中级	在解读数据信息时，能从不同信息源获取信息，读懂、归纳、汇总数据，编制图表；在进行数据计算时，能从事多步骤、较复杂的计算，使用公式计算结果；在展示和使用数据信息时，能使用适当方法展示数据信息和计算结果，设计并使用图表，根据结果准确说明工作任务
	高级	在解读数据信息时，能组织大型数据采集活动，通过调查和实验获取、整理与加工数据；在进行数据计算时，能从事多步骤的复杂计算，并统计与分析数据；在展示和使用数据信息时，能选择合适的方法阐明和比较计算结果，检查并论证其合理性，设计并绘制图表，根据结果做出推论，说明和指导工作
与人交流	初级	在交谈讨论中，能围绕主题，把握讲话时机的、内容与长短，倾听他人讲话并采用多种形式回应，能使用规范易懂的语言，恰当的语调和连贯的语句清楚地表达意思；在阅读和获取资料时，能通过有效途经找到所需资料，识别有效信息，归纳内容要点，整理确认内容，会做简单笔记；在书面表达时，能选择基本文体，利用图表、资料撰写简单文稿，并掌握基本写作技巧

续表

种类	等级	评估标准
与人交流	中级	在交谈讨论中，能始终围绕主题参与，主动把握讲话时机、方式和内容，理解对方谈话内容，推动讨论进行，全面准确传达信息或观点；在作简短发言时，能为发言做准备，当众讲话并把握讲话内容、方式，借助各种手段说明主题；在阅读和获取资料时，能根据工作要求从多种资料筛选有用信息，看懂资料的观点、思路和要点，并整理汇总资料；在书面表达时，能掌握应用文体、注意行文格式，组织利用材料、充实内容要点，掌握写作技巧、清楚表达主题，注意文章风格、提高说服力
	高级	在交谈讨论中，始终把握会议主题，听懂他人讲话内容并做出反应，主持会议或会谈，全面准确表述复杂事件或观点；在当众讲演时，能为讲演做准备，把握讲演的内容、方式，借助各种手段强化主题；在阅读和获取资料时，能为一个问题或课题找到相关资料，看懂资料的思路、要点、价值和问题，分析、筛选和利用资料表达主题；在书面表达时，能熟悉专业文书、把握基本要求，组织利用素材、说明内容要点，掌握写作技巧、恰当表达主题，采用适当风格，增强说服力
与人合作	初级	在理解合作目标时，能确定合作的基础和利益共同点，掌握合作目标要点和本单位人事组织结构，明确个人在团结中的职责和任务；在执行合作计划时，能接受上级指令，准确、顺利地执行合作计划；在检查合作效果时，能通过检查工作进展情况，改进工作方式，促进合作目标的实现
	中级	在制订合作计划时，能与本部门同事、组织内部横向部门、组织外部相关部门共同制订合作计划；在完成合作任务时，能与其他人协同工作，处理合作过程中的矛盾；在改善合作效果时，能判断合作障碍，表达不同意见，接受批评建议，弥补双方失误
	高级	在调整合作目标时，能发现各问题，协调利益关系，进行有效沟通，调整合作计划与工作顺序；在控制合作进程时，能整合协调各方资源，妥善处理矛盾，排除消极因素，激发工作热情；在达到合作目标的过程中，能及时全面检查工作成效，不断改善合作方式
解决问题	初级	在提出解决简单问题的基本思路时，能用几种常用的办法理解问题、确立目标，提出对策或方案；在实施计划时，能准备、制订和实施被人认可并具有一定可行性的计划；在检查问题的解决情况时，能寻找方法，实施检查，鉴定结果，提出改进方式
	中级	在确认较复杂问题和提出解决问题的对策时，能描述问题，确定目标，提出并选择较佳方案；在实施计划、解决问题时能准备、制订和实施获得支持的较具体计划，并充分利用相关资源；在检查问题的解决情况时，能确定方法，实施检查，说明结果，利用经验解决新问题
	高级	在揭示复杂问题和提出解决问题的对策时，能分析探讨问题的实质，提出解决问题的最优方案，并证明这种方案的合理性；在制订计划、实施解决办法时，能制订并实施获得认可的详细计划与方案、并能在实施中寻求信息反馈，评估进度；在检查问题、分析结果时，能选择有效检查方法、分析总结、提出解决同类问题的建议与方案
革新创新	初级	在提出创新意见时，能指出事物不足，提出改进意见；在做出创新方案时，能在采纳各方意见的基础上，确定创新方案的目标、方法、步骤、难点和对策，指出创新方案需要的资源和条件；在评估创新方案时，能进行自我检查，正确地对待反馈信息和他人意见，对创新方案及实施结果做出客观评估，并根据实际条件加以调整
	中级	在提出创新意见时，能指出事物不同方面的不足，提出改进事物的创新点和具体方案；在做出并实施创新方案时，能从多种选择中确认最佳方案，并利用外界信息、资源和条件实施创新活动；在评估创新方案时，能按常规方式和专业要求，对创新方案和结果的价值进行评估，根据实际条件进行调整，并指导他人的创新活动
	高级	在提出创新意见时能客观分析事物发展与需求之间的矛盾，提出独特的改进意见和方法；在做出创新方案时能根据实际需要，设计并实施创新工作方案，并在条件变化时坚持创新活动；在评估创新方案时，能按常规方式和专业要求，对创新方案和结果进行检测并预测风险，能针对问题调整工作方案、总结经验、指导他人，提出进一步创新和改进的方法

（资料来源：原劳动和社会保障部职业技能鉴定中心．职业核心能力培训测评标准（共7册）．北京：人民出版社，2007．本表参照“资料来源”所列文献相关内容提炼编制。）

考核表 3-1-3　单元实训课业成绩考核表

实训课业名称：

课业评估指标	课业评估标准	分项成绩
1. （%）	（1） （2） ……	
2. （%）	（1） （2） ……	
3. （%）	（1） （2） ……	
4. （%）	（1） （2） ……	
5. （%）	（1） （2） ……	
6. （%）	（1） （2） ……	
……	……	
总成绩（100%）		
教师评语	签名： 20　年　月　日	
学生意见	签名： 20　年　月　日	

（说明：“实训课业考核”以学生完成课业的质量来认定。课后“习题和训练”中的“实训题”不止一个的，取各“实训课业”成绩的平均值为单元实训课业考核的成绩。“课业评估指标”和“课业评估标准”是专门针对各项“职业技能”的，其内容由教材作者根据教学大纲要求参照“行业标准与指标”详细列出。栏内空间不足的可适当放大。）

考核表 3-1-4　单元实训成绩考核总表

序　号	过程考核成绩（50%）	课业考核成绩（50%）	总成绩（100%）
项目一			
项目二			
项目三			
项目四			
项目五			
项目六			
项目七			
项目八			
单元平均			

考核表 3-2　综合实训成绩考核表

考核表 3-2-1　活动过程成绩考核表

实训名称：

评估标准		等级	选项	评估标准	分项成绩
职业核心能力（50%）	自我学习			参照“考核手册”考核表 3-1-2 中相应等级的“评估标准”	
	信息处理			参照“考核手册”考核表 3-1-2 中相应等级的“评估标准”	
	数字应用			参照“考核手册”考核表 3-1-2 中相应等级的“评估标准”	
	与人交流			参照“考核手册”考核表 3-1-2 中相应等级的“评估标准”	
	与人合作			参照“考核手册”考核表 3-1-2 中相应等级的“评估标准”	
	解决问题			参照“考核手册”考核表 3-1-2 中相应等级的“评估标准”	
	革新创新			参照“考核手册”考核表 3-1-2 中相应等级的“评估标准”	
职业道德素质（50%）	职业观念			对职业、职业选择、岗位工作、营销人员职业道德和企业营销伦理等问题的正确看法	
	职业情感			对职业有愉快的主观体验、稳定的情绪表现、健康的心态、良好的心境，具有强烈的职业认同感、职业荣誉感和职业敬业感	
	职业理想			对将要从事的职业种类、职业方向与事业成就有积极的向往和执著的追求	
	职业态度			对职业选择有充分的认知和积极的倾向与行动	
	职业良心			在履行职业义务时具有强烈的道德责任感和较高的自我评价能力	
职业道德素质（50%）	职业作风			在职业实践和职业生活的自觉行动中，具有体现职业道德内涵的一贯表现	
活动过程考核总成绩（100%）					

续表

评估标准		等级	选项	评估标准	分项成绩
教师评语		签名： 20年　月 日			

（说明：1. 在“综合实训考核”中，对“职业核心能力”和“职业道德素质”的考核只要求“活动过程考核”。2. 表中“选项”栏是指在“实训题”的“活动过程考核”设计中涉及“职业核心能力”和“职业道德素质”的具体指标，应在选中的“选项”格前打“√”3.“职业核心能力”评估指标等级分为“初级”、“中级”和“高级”三等，“职业道德素质”分为“顺从”、“认同”、“内化”三等。4. 各学年“评估指标等级”要求为：第一学年“初级/高级”；第二学年“中级/认同”；第三学年“高级/内化”。5. 具体成绩由任课教师根据考生达标程度给出。）

考核表 3-2-2　实训课业成绩考核表

课业名称：

课业评估指标	课业评估标准	分项成绩
1. （%）	（1） （2） ……	
2. （%）	（1） （2） ……	
3. （%）	（1） （2） ……	
4. （%）	（1） （2） ……	
5. （%）	（1） （2） ……	
6. （%）	（1） （2） ……	
……	……	
总成绩（100%）		
教师评语	签名： 20　年　月　日	
学生意见	签名： 20　年　月　日	

（说明：“综合实训”之“实训课业”的“课业评估指标”和“课业评估标准”是专门针对各项“职业综合技能”的，其内容由教材作者根据教学大纲要求并参照“行业指标与标准”详细列出。栏内空间不足的可适当放大。）

考核表 3-2-3　综合实训成绩考核总表

序　　号	“过程考核”成绩（50%）	课业考核成绩（50%）	总成绩（100%）
综合案例 1			
综合案例 2			
……			
综合平均			

参 考 文 献

[1] 曾国安．战略市场营销．大连：东北财经大学出版社，2001．

[2] 章晓懿．超越市场策略营销新说．上海：华东理工大学出版社，2002．

[3] 唐纳德·莱曼．产品管理．北京：北京大学出版社，1996．

[4] [美] Jakki·Mohr．新产品与创新的营销．北京：机械工业出版社，2002．

[5] 周建波，刘志梅．金融服务营销学．北京：中国金融出版社，2004．

[6] 周英，赵凡．金融营销学导论．北京：中国商业出版社，2003．

[7] 迈克尔·帕金．经济学（第五版）．北京：人民邮电出版社，2003．

[8] 曼昆．经济学原理（第三版）．北京：机械工业出版社，2003．

[9] 梁小民．经济学是什么．北京：北京大学出版社，2001．

[10] 张亦春．金融市场学．北京：中国金融出版社，2002．

[11] 周正庆．证券知识读本．北京：中国金融出版社，1998．

[12] 蒋丽君．金融产品营销．大连：东北财经大学出版社，2010．

[13] 证券资格考试系列教材．